Ullstein Sachbuch

ÜBER DAS BUCH:
In diesem Lexikon der Küchenkräuter präsentiert Maurice Mességué eine große Vielfalt wohlschmeckender und heilkräftiger Kräuter, informiert über Herkunft, Verwendung, Aufbewahrung und ihre Wirkung auf die einzelnen Körperfunktionen. Was sich mit Hilfe dieser verschiedenen Kräuter alles zubereiten läßt, zeigt er im zweiten Teil. Hier findet man Rezepte für raffinierte französische Kompositionen vor ebenso wie für deftige Hausmannskost, die durch Kräuter nicht nur schmackhafter, sondern auch bekömmlicher wird.

DER AUTOR:
Maurice Mességué, geboren 1921 in Calyrac-Saint-Cirq in der Gascogne, hat sich schon früh einen Namen als Naturheilarzt weit über sein Heimatland Frankreich hinaus geschaffen. Er hat viele Menschen erfolgreich behandelt, darunter zahlreiche Persönlichkeiten aus der Welt der Politik und Kunst.

Weitere Veröffentlichungen:
Das Mességué Heilkräuter-Lexikon (1980); *Das Mességué Schönheitskräuter-Lexikon* (1984); *Rettet unsere Heilpflanzen* (1985); *Das Gesetz der Natur* (1989); *Die Natur hat immer recht* (1989); *Von Menschen und Pflanzen* (1989); *Lernen wir wieder zu lieben* (1990). Mit Michel Bontemps: *Heilpflanzen* (1988).

Maurice Mésségué

DIE KRÄUTERKÜCHE

Ein Lexikon der Küchenkräuter
mit über 200 französischen Rezepten

In Zusammenarbeit
mit Madeleine Peter

Ullstein Sachbuch

Ullstein Sachbuch
Ullstein Buch Nr. 34900
im Verlag Ullstein GmbH,
Frankfurt/M – Berlin
Titel der französischen
Originalausgabe:
Mon herbier de cuisine
Übersetzt von Inge Andreas

Ungekürzte Ausgabe
(Neuauflage von UB 34279)

Umschlagentwurf und Foto:
Gudrun Hänsel-Geneletti
Alle Rechte vorbehalten
© der Originalausgabe by
Edition Robert Laffont, Paris
© der deutschen Ausgabe by
nymphenburger Verlagshandlung,
München
Printed in Germany 1992
Druck und Verarbeitung:
Clausen & Bosse, Leck
ISBN 3 548 34900 5

Juli 1992

›Gedruckt auf Papier mit chlorfrei
gebleichtem Zellstoff‹

Vom selben Autor
in der Reihe der
Ullstein Bücher:

Von Menschen und Pflanzen
(34077)
Die Natur hat immer recht
(34019)
Rettet unsere Heilpflanzen
(34571)
Das Gesetz der Natur (34615)
Das Mességué
Schönheitskräuter-Lexikon
(347609)
Mit Michel Bontemps:
Heilpflanzen (34705)

Die Deutsche Bibliothek –
CIP-Einheitsaufnahme

Mességué, Maurice:
Die Kräuterküche: ein Lexikon
der Küchenkräuter mit über
200 französischen Rezepten/
Maurice Mességué. In
Zusamenarbeit mit Madeleine Peter.
[Übers. von Inge Andreas]. –
Ungekürzte Ausg., Neuaufl. von
UB 34279. – Frankfurt/M; Berlin:
Ullstein 1992
  (Ullstein-Buch; Nr. 34900:
  Ullstein-Sachbuch)
  Einheitssacht.: Mon herbier
  de cuisine <dt.>
  ISBN 3-548-34900-5
NE: GT

INHALTSVERZEICHNIS

   VORWORT 13

1 KRÄUTER 17

   Basilikum 19
   Bohnenkraut 19
   Dill 20
   Estragon 21
   Kerbel 23
   Knoblauch 24
   Kräuterstrauß 25
   Kresse 26
   Lorbeer 27
   Majoran und Oregano 28
   Minze 29
   Petersilie 30
   Rosmarin 32
   Salbei 32
   Schnittlauch 34
   Thymian und Quendel 34
   Ysop 36

2 GEWÜRZE 37

   Chili und Paprika 39
   Curry 40
   Fenchel 41
   Ingwer 42
   Kardamom 43
   Koriander 43
   Kreuzkümmel 44
   Kümmel 45
   Muskat und Macis 46
   Nelke 47
   Pfeffer 48
   Safran 49

Sternanis 50
Wacholder 51
Zimt 52

3 SAUCEN UND MAYONNAISEN 55

Vinaigrette 57
Anchovis-Dip 57
Barbecue-Sauce 58
Kräuterbutter 59
Schneckenbutter 60
Anchovisbutter 61
Mayonnaise 61
    Mayonnaise mit Eischnee 62
    Leichte Mayonnaise 62
    Pikante Mayonnaise 62
    Kräutermayonnaise 63
    Tomatenmayonnaise 63
Aïoli 63
Provenzalische Fischsauce 64
Sauce Tatare 66
Provenzalische Kapernsauce 66
Béchamelsauce 67
    Einfache Béchamelsauce 68
    Sauce Mornay 68
    Leichte Weiße Sauce 69
    Champignonsauce 69
    Zitronensauce 69
    Currysauce 69
Holländische Sauce 70
Feine Buttersauce 71
Sauerampfer-Sauce 72
Sauce Béarnaise 73
Tomatensauce 74
Füllung und Sauce nach Bologneser Art 75
Paniermischung 77

4 SUPPEN 79

Gazpacho 81
Vichyssoise (Kalte Kartoffel-Lauch-Suppe) 82
Avocadocreme 83
Knoblauchsuppe „Tourin" 83
Sauerampfersuppe mit Kerbel 84
Kräftige Gemüsesuppe 85
Gemüsesuppe mit Pistou 87
Kohlsuppe mit Roquefort 88
Bohnensuppe nach provenzalischer Art 89

5 VORSPEISEN UND SALATE 93

Spinatsalat 95
Gurkensalat 95
Weißkohlsalat 96
Bunter Salat mit Kräutern 97
Salade Niçoise 98
Festlicher Salat aus dem Périgord 99
Geflügelsalat 100
Tabbouleh 101
Sandwich provenzalisch 102
Marinierte Paprika 103
Auberginen-Creme 104
Spargel 105
Artischocken gekocht 106
Überbackene Artischocken 107
Zucchini mit Reis-Käse-Kruste 108
Eier auf Sauerampfer und Kerbel 109
Eiertürmchen 110
Baskische Rühreier 111
Dänischer Eierkuchen 112
Kartoffelomelett gebacken 113
Crêpes mit Champignons 114
Blinis (Russische Pfannkuchen) 115
Provenzalischer Zwiebelkuchen (Pissaladière) 116
Quiche mit Weinbergschnecken 117
Kartoffelkuchen 119
Tomatenkuchen mit Basilikum 120

Spinattorte 121
Käsekrapfen aus Brandteig 122
Lasagne Bolognese 123
Nudeln mit Basilikum 124
Hirn fritiert 125

6 GEMÜSE 127

Glasierte Karotten 129
Glasierte Rübchen 129
Erbsen nach französischer Art 130
Blattspinat 131
Gurkengemüse 132
Fritierte Petersilie 133
Gedünstete Champignons 133
Tomaten provenzalisch 134
Auberginen überbacken 135
Gefüllte Auberginen 136
Ratatouille aus Nizza 137
Überbackene Ratatouille 139
Geschmorte Sellerieherzen 140
Geschmorte Fenchelherzen 141
Chicorée in Sahne 142
Endivienpastete 143
Rotkohl 144
Gemüsepüree 145
Feine Bratkartoffeln 147
Gratin Dauphinois 148

7 FISCH UND MEERESFRÜCHTE 149

Fisch vom Holzkohlengrill 151
Gegrillter Lachs 152
Gegrillte Barbe 153
Seebarben mit Anchovisbutter 154
Gegrillte grüne Heringe mit Sauerampfersauce 155
Süßwasserfische im Ofen gebacken 157
Steinbutt mit Schalotten 158
Knurrhähne im Ofen gebacken mit Anchovisbutter . 159

Goldbrasse mit frischem Koriander 160
Seeteufel in der Folie 161
Seeteufel am Stück gebraten 162
Seezunge Müllerin 164
Forellen mit Mandeln 165
Schollen paniert 166
Gedämpfte Barbe 166
Forellen aus dem Sud 167
Seezungen in Sahnesauce 168
Rochen in Kapernsauce 170
Rochen nach kreolischer Art 171
Aal in grüner Sauce 172
Thunfisch nach indischer Art 174
Tintenfische in pikanter Sauce 175
Fischterrine in Aspik 176
Seeaal-Suppe mit Kräutern 179
Südfranzösische Fischsuppe 180
Nordfranzösische Fischsuppe 182
Muschelsuppe 184
Jakobsmuscheln in Butter 185
Jakobsmuscheln in Lauchsauce 186
Nudeln mit Herzmuscheln 187
Kammuscheln in Schneckenbutter 188
Muscheln nach bretonischer Art 189
Muschelsalat mit Basilikum 190
Gesottene Krebse 191
Festlicher Salat mit Krustentieren 192

8 FLEISCH 195

Fleisch vom Grill 197
Gegrilltes Rinderfilet nach normannischer Art 198
Pikantes Grillfleisch vom Rind 199
Tournedos mit Kräuterbutter 200
Roastbeef mit Gemüsegarnitur 201
Schmorfleisch in Rotweinsauce 202
Tatare 203
Rindfleischsülze 204
Kalbsschnitzel in Kräutersauce 206
Frikandeau mit grünem Pfeffer 207

Kalbfleisch-Schmortopf mit Möhren 209
Kalbfleisch-Schmortopf aus Nizza 210
Kalbfleischragout mit Kräutern 211
Gefüllte Kalbsbrust 212
Osso Buco Milanese 214
Kalbsleberbraten mit frischen Kräutern 216
Feine Hackfleischpastete 217
Gegrillte Schweinerippchen 219
Schweinekoteletts mit Kräutern der Provence 221
Schweinefilet mit Salbeisauce 222
Schulterbraten mit Salbei 223
Schlegelbraten vom Jungschwein
  mit Kräutern der Provence 224
Jungschwein-Ragout 225
Provenzalische Fleischklopse 227
Hammelkeule „Bäckerin" 228
Hammelkeule mit Nieren gefüllt 229
Hammelschulter mit Kartoffeln und Tomaten 231
Lammkoteletts mit Thymian 231
Lamm mit Kräutern 232
Lammbraten mit Kräutern 232
Lamm oder Zicklein in Gelee 234
Eintopf aus der Champagne 236

9 GEFLÜGEL UND WILD 239

Geflügelleber-Spießchen 241
Hähnchen-Blitzrezept 241
Brathähnchen vom Holzkohlengrill 242
Mariniertes Hähnchen nach amerikanischer Art . . . 243
Gebratenes Knoblauchhähnchen 244
Poularde im Salzbett 245
Hähnchen in Estragonsauce 247
Hähnchentopf nach baskischer Art 248
Indischer Hähnchentopf 249
Hähnchen-Curry 251
Gebratene Jungenten 252
Entenbrüstchen nach Gascogner Art 253
Gänseragout 255
Täubchen mit Bohnenkraut 256

Fasan mit Sauerkraut 257
Kaninchen mit Backpflaumen 259
Kaninchen mit provenzalischer Kapernsauce 260
Gefülltes Kaninchen 262
Gedünstetes Kaninchen in Schneckenbutter 263

10 NACHSPEISEN UND KONFITÜREN 265

Frischkäse nach Art der Seidenweber 267
Ziegenkäse in Olivenöl 268
Blätterteig-Häppchen mit Roquefort 269
Pfirsiche mit Minze 270
Crème Caramel 271
Mousse au Caramel 273
Einfacher Mürbeteig 274
Süßer Mürbeteig 275
Windbeutel aus Brandteig 276
Pflaumenkuchen vom Blech 278
Zitronentorte 279
Johannisbeer-Baiser 280
Die berühmte „Torte der Fräulein Tatin" 281
Apfelkuchen mit Zimt 282
Lyoner Kuchen 284
Gedeckter Kirschkuchen 285
Amerikanischer Käsekuchen 286
Orangenmarmelade 287
Rhabarbermarmelade 288

VORWORT

Beim Schreiben dieser Seiten habe ich den Eindruck, ein schon vor langem begonnenes Gespräch fortzusetzen. Hier möchte ich die Fragen beantworten, die mir viele Leser stellten, nachdem sie durch meine vorangegangenen Bücher die vielfältigen Heilkräfte der Pflanzen aus ihrem eigenen Garten entdeckt hatten.
Richtig: Knoblauch, Thymian, Bohnenkraut, alle unsere aromatischen Küchenkräuter und Gewürze, wirken ganz gezielt auf die großen Funktionen unseres Körpers ein: den Kreislauf, die Verdauung, die Ausscheidung. Und darüberhinaus sorgen sie für die herrlichsten Gaumenfreuden!
In diesem Werk, dem letzten einer Trilogie, die mit meinem „Heilkräuter-Lexikon" begonnen hat, möchte ich Sie mit der Herkunft, gegebenenfalls dem Anbau, mit der Aufbewahrung und dem Gebrauch dieser Naturgeschenke vertraut machen. Ich werde ihre Heilkräfte beschreiben, die selbst in kleinen Dosierungen ihre Wirkung nicht verfehlen – vorausgesetzt, die Pflanzen werden regelmäßig verwendet, wie es in der Küche ja geschieht. Genaue Angaben hierzu finden Sie in den Rezepten.
Seit einigen Jahren hat das wiedererwachte Interesse an diesen Kräutern dazu geführt, daß die Großmarkthändler ganze Stände voll davon anbieten. Als Folge werden frische und getrocknete Kräuter nicht mehr nur in Delikatessen- oder Spezialgeschäften, sondern auch beim Gemüsehändler, auf dem Markt und im Supermarkt verkauft.
Koriander ist heute genauso leicht erhältlich wie Petersilie, Minze, Dill und viele andere Kräuter. Die meisten davon werden nicht nur bei uns, sondern auch in Ländern ohne Luftverschmutzung angebaut, ohne Unkraut- und Insektenvertilgungsmittel, DDT und andere chemische Produkte.
Darin besteht eine meiner größten Sorgen. Ich werde nie müde, es zu wiederholen: Genau wie die Heilpflanzen dürfen auch alle

unsere Gewürzpflanzen auf keinen Fall mit Unkraut- oder Insektenvertilgungsmitteln behandelt werden.

Schon in der frühesten Antike gaben diese Küchenkräuter der Nahrung auf der ganzen Welt ihre Würze. Nicht nur das Gold reizte die Eroberer; ihr vordringliches Ziel waren die Gewürze, die – unentbehrlich für das menschliche Wohlbefinden – bekannter und begehrter Reichtum, Gegenstand von Erpressung und von Piratenüberfällen und allezeit ergiebige Profitquelle waren.

Bevor man die Kältekonservierung entdeckte, dienten diese Pflanzen mit ihrem intensiven Aroma vor allem dazu, Geruch und Geschmack von verdorbenem Fleisch oder von scharfer Salzlake zu überdecken. Die Kräuterkundigen verordneten sie schon lange vor dem Beginn der christlichen Zeitrechnung bei Fieber, Vergiftungen, „bösem Zauber" usw. Dann kam die große Zeit der griechischen Ärzte, die die Kräuter katalogisierten und ihre Eigenschaften näher bestimmten, – sie erkannten übrigens als erste, wie wichtig die Sauberkeit beim Umgang mit Lebensmitteln war.

Im Laufe der Jahrhunderte gelang es den Gärtnern, die Kräuter auch in anderen Klimazonen anzusiedeln. Durch genetische Eingriffe verbesserten sie die äußere Erscheinung der Pflanzen und paßten sie damit veränderten klimatischen Verhältnissen an, ohne jedoch Geschmack und Wirkungskraft zu beeinträchtigen – so konnten diese Kräuter vor dem Vergessen bewahrt werden.

Das kleinste Stückchen Erde, auch schon ein Blumenkasten auf dem Balkon genügt, um die wichtigsten Kräuter, die nur frisch verwendet werden können, selbst zu ziehen. Dank der modernen Gefriertrocknung und Vakuumverpackung können wir uns das ganze Jahr hindurch mit denjenigen Kräutern versorgen, die sich zum Trocknen eignen.

Ich hatte das Glück, Madeleine Peter kennenzulernen. Ihre Fähigkeiten kannte ich schon, ihre genauen, nachvollziehbaren Rezepte und die Kochkarten, die sie für die Zeitschrift „Elle" geschaffen hatte, jede eine kleine Lektion in guter und gesunder Ernährung, schätzte ich sehr.

Gemeinsam haben wir die Rezepte für dieses Buch entwickelt. Wir haben ausprobiert, ob sich bestimmte Gerichte nach meinen

Vorschlägen mit bestimmten Kräutern verbinden lassen – eben jenen dreißig Kräutern, deren „Steckbriefe" ich ihr übergeben hatte; sie werden in den ersten Kapiteln dieses Buches beschrieben.
Dem praktischen Teil eines jeden Rezepts geht eine Erläuterung voraus. Wer über ein Gericht Bescheid weiß, wird es um so mehr schätzen.
Unser Kochbuch umfaßt mehr als zwanzig Grundsaucen, die allen Hobbyköchen, auch Anfängern, gelingen werden.
Dann gehen wir zu den Suppen über: Wir zeigen Ihnen Rezepte für Suppen aus rohem Gemüse, für kalte oder warme Suppen, darunter auch wenig bekannte Gerichte wie Kohlsuppe mit Roquefort oder eine üppige Bohnensuppe mit Gänse- oder Entenklein, nicht zu vergessen die spanische Gazpacho, im Grunde ein Salat, der sich in eine Suppe verwandelt hat.
Verlockend sind die Vorspeisen – meist ein Problem bei den alltäglichen und weniger alltäglichen Mahlzeiten; über dreißig Rezepte helfen Ihnen, dieses Problem zu lösen. Entdecken Sie neue Arten der Zubereitung, wie bei der Quiche mit Schnecken, einer herzhaften burgundischen Köstlichkeit; experimentieren Sie mit neuen Zutaten wie beim Tabbouleh, einem libanesischen Salat aus Bulgur (vorgekochtem, dann geschrotetem Weizen).
Gemüse führen schon längst keine Schattendasein mehr. Ob Sie nun ein echtes Gratin Dauphinois, Rotkohl oder Ratatouille zubereiten wollen – von der Vorbereitung bis zum Garvorgang wird alles genau erklärt.
Im Kapitel über Fische und Meeresfrüchte werden Ihnen Überraschungen begegnen, aber auch Altbekanntes, raffiniert abgewandelt und serviert.
Im Kapitel über Geflügel erwarten Sie kulinarische Höhepunkte wie Entenbrüstchen nach Gascogner Art ...
Den Abschluß bilden die Nachspeisen, etwa zwanzig Rezepte für Süßspeisen, von denen ich mir wünsche, daß Sie sie entdekken und schätzen mögen: zum Beispiel die Pfirsiche mit Minze. Sie wissen ja – die Krönung jeder Mahlzeit, von der schlichtesten bis zur raffiniertesten, ist das selbstgemachte, gelungene Dessert.
Im Mittelpunkt dieses originellen, ausgewogenen Kochbuchs stehen Gerichte, die durch heilkräftige Kräuter aromatisiert

werden. Dazu kommen aber auch jene Rezepte, ohne die ein praktisches Kochbuch einfach unvollständig bliebe.

Das Werk liest sich spannend von der ersten bis zur letzten Seite, wie ein Reisebericht durch das Reich der Kochkunst. Jedes Rezept lehrt ein wissenswertes Detail, einen neuen Handgriff und gibt so der nie endenden „Mühsal", jeden Tag, zu jeder Jahreszeit, zu jedem Anlaß eine Mahlzeit auf den Tisch zu bringen, neue Impulse. Kochen wird zu dem Vergnügen, Freude um sich herum zu verbreiten.

1
KRÄUTER

BASILIKUM

Dieses wahrhaft königliche Kraut verströmt einen einzigartigen, unnachahmlichen Duft. Wird es im Freien angebaut, entwickelt es große Blätter; zieht man es im Topf auf dem Balkon oder auf der Fensterbank, werden die Blätter kleiner und heller.
Wie der Kerbel darf Basilikum nicht mitgegart werden. Man hackt es auch nicht, sondern schneidet es auf einem Brett oder mit der Schere in feine Streifen. Basilikum paßt zu Salaten und Rohkost, aber auch zu heißen Gerichten wie gedünstetem Gemüse und Ragouts.
In Italien und Frankreich bereitet man damit eine köstliche Sauce zu, als Pesto oder Pistou bekannt. Dafür zerreibt man im Mörser eine Handvoll frischer Blätter und eine Knoblauchzehe mit etwas Olivenöl und manchmal auch mit Parmesan zu einer glatten Paste. Im Rezeptteil werden Sie eine kräftige Gemüsesuppe aus Südfrankreich finden, die erst durch die Zugabe von Pistou ihren typischen Geschmack erhält.
Basilikum vertreibt Migräne, hilft bei Erschöpfungszuständen und man nimmt an, daß es vorbeugend gegen Gicht wirkt.

BOHNENKRAUT

Bei uns ist dieses Kraut untrennbar mit der Zubereitung grüner Bohnen verbunden: man sollte seine Anwendung jedoch nicht allein darauf beschränken. Wegen seines stark würzigen, pfefferartigen Geschmacks trägt es auch den Namen „Pfefferkraut". Sein Aroma erinnert ein wenig an Thymian, Rosmarin und Minze. Wegen seiner Schärfe verlangt es bei der Dosierung großes Fingerspitzengefühl, zu viel davon macht die Speisen bitter. Eine Prise oder ein Zweiglein genügt, um das Aroma einer Füllung, einer Pastete, einer Bohnensuppe abzurunden. Fast immer wird es in Verbindung mit anderen Gewürzen gebraucht. Bohnenkraut entwickelt wie Fenchel einen aromatischen Rauch, der gegrilltem Fisch und Lammfleisch eine köstliche Geschmacksnote verleiht. Legen Sie die Zweige kurz vor Ende der Garzeit auf die Glut. Wie Thymian trägt Bohnenkraut zum

Wohlgeschmack von kurzgebratenem Fleisch bei, wenn man es im Bratfett erhitzt. So würzt es das Fleisch und entfaltet einen angenehmen Duft, der den Geruch von heißem Fett verdrängt.
Bohnenkraut ist eine einjährige Pflanze, die sich im Garten an sonnigen Standorten kultivieren läßt. Säen Sie die Samen in Furchen, die nicht zu tief in einem mit Kompost angereicherten Boden gezogen werden sollten. Die Pflanzen müssen gut bewässert werden. Sie vermehren sich wucherartig durch verstreute Samenkörner. Wie bei vielen Kräutern lohnt es sich, Bohnenkraut selbst zu ziehen.
Und so bewahren Sie es auf: Kurz bevor die Knospen aufblühen, schneidet man die Zweige ab und bündelt sie, oder man zieht die ganze Pflanze heraus. Hängen Sie das Bohnenkraut kopfüber im Schatten oder an einem trockenen, luftigen Ort auf – keinesfalls in der Sonne.
Legen Sie sich ruhig einen größeren Vorrat davon zu, denn es lassen sich daraus Kräutertees mit vielen guten Eigenschaften zubereiten.
Im Mittelalter empfahl man Bohnenkraut gegen Gicht. Im Licht der heutigen Erkenntnisse betrachtet heißt das, daß es diejenigen Verdauungsstörungen bekämpft, die der Rheuma verursachenden Selbstvergiftung zugrunde liegen. Bohnenkraut wirkt auch gegen Magenkrämpfe, beruhigt Asthmaanfälle und löst Raucherhusten.

DILL

Diese bei Skandinaviern und Russen sehr beliebte Pflanze wird im nördlichen Europa angebaut, wo man sie nur frisch verwendet – sogar im Winter. In den Nachbarländern Mitteleuropas bis hin zum Schwarzen Meer entdeckt man Dill in so großen Mengen, daß man meinen könnte, er sei das einzige Küchenkraut; Petersilie, Kerbel und Estragon sind dort wenig verbreitet, um nicht zu sagen unbekannt. Den meisten Franzosen wiederum ist Dill kein Begriff, da an seiner Stelle der Fenchel in der französischen Küche die Herrschaft übernommen hat.
Dill kann man leicht mit den Frühlingstrieben des Fenchels ver-

wechseln. Wenn sie auch aus der gleichen Pflanzenfamilie stammen, unterscheiden sie sich doch erheblich im Geschmack. Dill hat ein zarteres Aroma; seine gefiederten Blätter, feiner als die des Fenchels, sind eine köstliche Garnitur für Fischgerichte, Salate, saure Sahne, Gurken und sogar Borschtsch, Kartoffeln, Räucherfisch und den königlichen „Gravlax", rohen Lachs in Salzlake.

Wie Kerbel und alle Kräuter mit zarten Blättern darf Dill nicht mitgegart werden, sonst büßt er seinen Geschmack ein. Er wird wie gehackte Petersilie oder andere feine Gewürzkräuter als Garnitur über das fertige Gericht gestreut. Im Unterschied zur Petersilie verträgt er sich ganz und gar nicht mit Knoblauch und Olivenöl.

Dill ist reich an Vitaminen und Mineralsalzen, Natrium, Schwefel usw. In den medizinischen Kräuterbüchern, die in vergangenen Zeiten die einzig maßgebenden Medizinbücher waren, nahm er einen bedeutenden Platz ein. Man schrieb ihm die Fähigkeit zu, bei stillenden Müttern die Milchbildung anzuregen, Schluckauf zu beseitigen und bei Säuglingen Blähungen entgegenzuwirken. Kurzum, Dill fördert die Verdauung und lindert Magenschmerzen.

ESTRAGON

Die Heimat des Estragons sind die Ebenen Sibiriens und der Westen Nordamerikas. Eingeführt wurde er bei uns jedoch aus den arabischen Ländern, und zwar von den Kreuzfahrern. In seinem Namen steckt denn auch eine arabische Wurzel: das Wort „tharchoum", das über den Umweg des lateinischen „draco", der Drache, zu Dragon und schließlich Estragon umgeformt wurde.

Mag er auch in seiner ursprünglichen Heimat eine robuste und kräftige Pflanze gewesen sein, hier will er mit Samthandschuhen angefaßt werden. Er gedeiht nur auf gutem Boden und in guter Lage. Im Winter wirft er die Blätter ab, noch bevor die Samen in den winzigen Blüten ausgereift sind. Man vermehrt ihn durch Teilung des Wurzelstocks.

Daß diese launische kleine Pflanze dennoch ihren festen Platz bei uns erobern konnte, liegt an ihrem unvergleichlichen Aroma. Nicht umsonst wird Estragon der Aristokrat unter den „Fines Herbes" genannt; keine Mischung feiner Kräuter könnte auf ihn verzichten. Er steuert sein Aroma bei, ohne andere Geschmacksnuancen zu übertönen. Zahlreiche Gerichte verdanken ihren erlesenen Geschmack allein dem Estragon.
Er verfeinert Essig, saure Gurken und Senf. Junges Geflügel, Hähnchen, Täubchen gewinnen, reichlich mit Estragon gewürzt, an Wohlgeschmack; ebenso Kaninchen und fette Fische wie Aal in grüner Sauce. Für kalte Kräutersaucen benötigt man ihn ebenso wie für Sauce Béarnaise, edle Krustentiere in Sahne oder für Grillbutter. Sülzen werden mit ihm aromatisiert und gleichzeitig hübsch garniert; kurzum – in der schönen Jahreszeit ist Estragon genauso unentbehrlich wie Petersilie oder Schnittlauch.
Und im Winter? Getrocknet schmeckt er nach nichts, gefriergetrocknet ebenfalls. In Großstädten wird er ab und zu frisch in Feinkostläden angeboten; von Dezember bis Ende Februar jedoch ist er vom Markt so gut wie verschwunden.
Ich möchte Ihnen eine Methode der Konservierung nicht vorenthalten, die oft empfohlen wird, die ich aber nicht selbst noch ausprobiert habe. Anspruchsvolle Liebhaber dieser kostbaren Pflanze raten: Am Anfang des Sommers, zu Beginn der Blütezeit also, wenn die Pflanze voll entwickelt ist und die schönsten Blätter trägt, schnürt man einige Zweige zu Bündeln zusammen. Man wäscht sie, läßt sie abtropfen und taucht sie eine Minute lang in eine reichliche Menge kochendes Wasser. Dann schreckt man sie sofort mit kaltem Wasser ab und tupft sie trocken, ohne dabei die Blätter zu zerdrücken. Hängen Sie die Zweige mit dem Kopf nach unten in ein Schraubglas, das einen Liter faßt, und füllen Sie es mit kaltem Salzwasser (lösen Sie 60 g Salz in 1 l Wasser auf). Bewahren Sie das gut verschlossene Glas an einem dunklen Ort auf.
Wollen Sie den Estragon einfrieren, dann pflücken Sie die Blätter zur selben Jahreszeit, tupfen sie gut trocken und wickeln sie zum Einfrieren portionsweise in Alufolie. Wie bei Petersilie bleibt so die ganze Würzkraft erhalten.
Nach hervorragenden, nur leider zu üppigen Mahlzeiten wird

ein Estragon-Aufguß sehr geschätzt. Er entlastet spürbar den überforderten Magen und besänftigt grollende Eingeweide. Verwenden Sie pro Tasse ein Zweiglein.

KERBEL

Dieses zierliche, zart duftende Kraut ist nicht ganz so empfindlich, wie es aussieht. Angeblich stammt es aus Sibirien, die jungen Pflanzen vertragen aber keinen Frost. Am besten sät man die Samen im Frühling auf einem Stück Rasen aus, nachdem das Gras zum ersten Mal geschnitten worden ist.
Zum Pflücken biegt man dann die Grashalme auseinander. In ihrem Schutz wächst der Kerbel bis in den Winter hinein, sogar unter dem Schnee findet man ihn frisch wie im Frühling.
Kerbel sollte überhaupt nicht oder nur ganz kurz mitgegart werden. Meist wird er durch andere Kräuter ergänzt; zum Beispiel gehört er zu den „Fines Herbes", der Mischung feiner Kräuter, die so gut zum Omelett passen. Als eigenständiges Würzkraut verwendet man Kerbel für Salate, Winter- und Sommersuppen, die man kurz vor dem Servieren damit bestreut. Er soll nicht gehackt, sondern mit der Schere kleingeschnitten oder mit den Fingern zerpflückt werden.
Kerbel hält sich nicht lange. Wenn man ihn gewaschen und trockengetupft in einer Plastiktüte verstaut, kann man ihn im Kühlschrank bis zu acht Tage lang aufbewahren. Beim Trocknen verliert er sein Aroma.
Nutzen Sie die Hauptangebotszeit für köstliche Verdauungstees. Sie helfen auch bei Erschöpfungszuständen und bei Übelkeit, falls ihr eine gestörte Leberfunktion zugrunde liegt.
Ihre Mahlzeiten werden sich durch Raffinesse und Erlesenheit auszeichnen, wenn Sie häufig Kerbel in Salaten, Suppen und Salatmarinaden verwenden – letztere sollten Sie übrigens mit dem milderen Apfelessig zubereiten.

KNOBLAUCH

In der vornehmen Familie der Liliengewächse, zu der auch die edle Lilie und das Maiglöckchen gehören, ist der Knoblauch das schwarze Schaf. Angeblich ist er als Mitbringsel der Kreuzzüge zu uns gekommen; aber schon die Römer schätzten ihn, Vergil rühmte seinen Gebrauch. Ganz sicher hat die Frau des Vercingetorix damit gekocht. Einerlei.
Heute jedenfalls hat der Knoblauch die Küchen aller Länder erobert. Auf dem Markt findet man zwei Knoblauchsorten, die sich leicht voneinander unterscheiden: Der Knoblauch aus südlichen Ländern besitzt eine kleine Knolle mit länglichen, zartviolett gefärbten Zehen, die dicht aneinanderliegen. Aus nördlicheren Regionen stammt der weiße Knoblauch mit einer größeren Knolle und dicken, saftigen Zehen. Jede Sorte hat ihre leidenschaftlichen Anhänger.
Schon für den im Frühling geernteten, stark duftenden, aber milden Knoblauch gilt eine Vorsichtsmaßnahme, die man ab Juli in keinem Fall unterlassen sollte: Man beseitigt den Keim, der sich in der Mitte jeder Zehe bereits entwickelt hat. Dazu halbiert man sie der Länge nach und entfernt bei jeder Hälfte die Fasern mitsamt dem Häutchen, das sie umschließt. So ist der Knoblauch leichter verdaulich.
Manche Leute behaupten, daß man Knoblauch nicht schneiden dürfe, sondern zerdrücken müsse – entweder unter einer Messerklinge, auf die man mit der Faust schlägt, oder in einem Spezialwerkzeug, der Knoblauchpresse. Für die südfranzösische Aïoli jedoch, die in der ganzen Welt berühmte Knoblauchmayonnaise, wird der Knoblauch in einem Mörser zu einer Paste zerrieben, mit der man dann die Mayonnaise zubereitet. Als Garnitur für Gerichte „nach provenzalischer Art" hackt man den Knoblauch ganz einfach zusammen mit der Petersilie fein; für Knoblauch- oder Schneckenbutter dagegen zerdrückt man ihn in der Knoblauchpresse.
Kaufen Sie im Herbst einen schönen Knoblauchzopf; wenn Sie ihn an einem kühlen, jedoch vor Frost geschützten Ort aufhängen, hält er sich den ganzen Winter über. Städter kaufen die Knoblauchknollen in kleinen Netzen, die im Lebensmittelgeschäft erhältlich sind.

Sein Nachteil: Nach dem Genuß von Knoblauch riecht man unangenehm. Man hört den Rat, Kaffeebohnen, Petersilie oder Kerbel zu kauen, langsam einen geriebenen Apfel mit einigen Löffeln Honig zu essen – doch das sind alles eher vergebliche Bemühungen. Pfefferminz-Kaugummi dagegen ist recht empfehlenswert.
Die Orientalen, vor allem die Chinesen, raten als große Knoblauchesser, den Gästen nach der Mahlzeit einige von den Kapseln befreite Kardamomsamen anzubieten, die dann einzeln gründlich durchgekaut werden müssen.
Seine Vorteile: Die Medizin erkennt ihm wichtige Eigenschaften zu. Knoblauch bekämpft die Zuckerkrankheit und senkt den Blutdruck. Zu allen Zeiten war er als wirksames Antiseptikum für die Darmflora, als Wurmmittel, als Anregungsmittel und als Regulator der inneren Drüsen (Schilddrüse, Nebennieren) sowie des Cholesterinspiegels bekannt.

Knoblauch im Blumenladen

Sicher haben Sie schon die schönen hellblauen, violetten oder zartrosa Kugelblüten bewundert, die auf einen Meter langen oder manchmal noch längeren Stielen sitzen; der Blumenhändler bietet sie ab Juni an. Dabei handelt es sich um allium gigantum, mit anderen Worten, um „Riesenknoblauch".
Die Kugeln sind aus tausend winzigen Blüten zusammengesetzt, die nacheinander blühen; sie duften angenehm und halten sich lange in der Vase. Riesenknoblauch ist in jedem Garten leicht zu kultivieren.

KRÄUTERSTRAUSS (Bouquet Garni)

Eigentlich müßte man von „Kräutersträußen" sprechen, da es mehrere Ausführungen gibt.
Grundsätzlich verwendet man einen solchen Bund aromatischer Kräuter nur bei Gerichten, die in etwas Flüssigkeit gegart werden.

Die Kräuter müssen fest zusammengebunden werden, damit sie sich nicht in der Sauce auflösen und vor dem Servieren leicht entfernt werden können. Am besten verschnüren Sie sie zu einer Rolle.
Ist im Rezept nichts anderes angegeben, besteht der Kräuterstrauß nur aus ganzen Petersilienstengeln, einigen Zweiglein Thymian und einem Lorbeerblatt.
Weitere Zutaten werden eigens genannt; hier ein Beispiel: 1 Kräuterstrauß mit einem Stück Sellerie oder einem Zweig Estragon, einem kleinen Bund Kerbel.
Außer Thymian und Lorbeerblatt enthält der Kräuterstrauß oft noch Fenchel, Rosmarin, Bohnenkraut – in jedem Fall wird das Rezept solche Kräuter einzeln aufführen.
In der südfranzösischen Küche wird auf die Petersilie oft verzichtet, besonders bei Fischgerichten.

KRESSE

Es gibt zwei Arten von Kresse: Brunnenkresse, die bundweise auf dem Markt verkauft wird, und Gartenkresse, ein Zwerggewächs mit krausen Blättchen. Letztere gewinnt immer mehr an Beliebtheit, da sie sich sehr leicht kultivieren läßt: in Schalen mit stets feuchtgehaltener Watte oder auf „Kressetieren" aus Ton, die der Kressepelz in einen hübschen Zimmerschmuck verwandelt.
Mit Brunnenkresse, einer beliebten Beigabe zu Gegrilltem, läßt sich ein ebenso ausgezeichneter wie gesunder Salat zubereiten. Die Pflanze ist reich an Vitamin C, Mineralsalzen und Eisen und wird deshalb bei Kreislaufschwäche, Schwindelanfällen und Blutarmut empfohlen. Die ersten Frühlingstriebe wirken gleichzeitig blutreinigend und anregend.
Brunnenkresse eignet sich hervorragend für kalte Speisen mit vielen grünen Kräutern, zum Beispiel für Kräuterbutter, grüne Mayonnaise-Saucen, Salatmarinaden, Kräuterquark und für festliche Fischpasteten.
Schließlich darf die leckere Kressesuppe nicht übergangen werden, die im Sommer so erfrischend schmeckt. Wer auch im Win-

ter nicht darauf verzichten möchte, zieht Brunnenkresse im Wasserbecken.
Wenn Sie einen Garten haben, sollten Sie auf jeden Fall im Frühling die würzige Gartenkresse ansäen. Schneiden Sie die Blättchen sofort ab, sobald sie erscheinen. Garnieren Sie damit Kopfsalat, Römischen Salat und andere grüne Salate; oder machen Sie es den Engländern nach, die gesalzene Butterbrote mit Kresse bestreuen – diese erfrischenden Sandwiches sind nicht nur beim Picknick beliebt.
Sicher kommen Sie schnell auf den Geschmack, und die Gartenkresse wird sich rasch einen festen Platz bei der Garnierung Ihrer Vorspeisen erobern ...

LORBEER

Der Lorbeer, in der Antike die Pflanze des Apoll, der Cäsaren und siegreichen Feldherren, erntet heute den größten Ruhm in der Küche. Der echte Lorbeer des Kräutergartens ist nicht zu verwechseln mit dem ungenießbaren Kirschlorbeer, einem Hekkenstrauch mit lederartigem Blattwerk.
Der Lorbeerstrauch, dessen dunkelgrüne Blätter nie welk werden, ist robust genug, um Fröste zu überstehen; sollte er seine Blätter verlieren, wird er wieder neu austreiben. Dennoch empfiehlt sich sein Anbau nur in südlicheren Zonen. Bei uns erhält man ihn als kugelförmig zurechtgestutztes Zierbäumchen im Pflanzkübel; man kann ihn gut in der Wohnung überwintern.
In der Küche zählt der Lorbeer zu den unerläßlichen Zutaten für den Kräuterstrauß, für Marinaden, Pasteten und vieles mehr.
Die frischen Blätter sind mit Vorsicht zu dosieren, da sie ziemlich scharf, sogar bitter schmecken; wo ein Rezept ein ganzes getrocknetes Blatt verlangt, genügt ein halbes frisches.
Wenn Sie Gelegenheit dazu haben, binden Sie im Sommer einige Lorbeerzweige zu einem Strauß zusammen und hängen Sie ihn kopfüber an einem trockenen, luftigen und dunklen Ort auf. So bleibt das frische Grün der Blätter erhalten – ihre Würzkraft wird zwar dadurch weder gesteigert noch verfeinert, sie sehen aber appetitlicher aus.

Außer zum Würzen genügt dieser Vorrat auch, um Küchengerüche zu vertreiben: Man legt dazu einige Blätter auf die heiße Herdplatte oder verbrennt sie auf einem Teller. Lorbeer besitzt außerdem die gute Eigenschaft, Kornkäfer fernzuhalten: Mischen Sie unter je ein Kilo getrocknete Hülsenfrüchte oder Mehl drei bis vier Lorbeerblätter. Dies ist nicht nur bei Vorräten in Landhäusern anzuraten, die den Winter über kaum bewohnt sind, sondern vor allem auch in geheizten Stadtwohnungen.

Gemahlener Lorbeer, der im Glasfläschchen angeboten wird, ist gewöhnlich von guter Qualität.

Lorbeerblätter dienen nicht nur der Verfeinerung von Speisen, sondern regen auch den Appetit an. Wer sie regelmäßig genießt, wird weniger unter Grippe, Erkältung, chronischer Bronchitis und sogar Rheuma zu leiden haben. Lorbeer zeichnet sich durch konservierende und antiseptische Eigenschaften aus. In der Apotheke gewinnt man aus seinen Beeren ein Öl, mit dem Prellungen, Verstauchungen und rheumatische Schmerzen behandelt werden. Es ist nur zu äußerlicher Anwendung bestimmt.

MAJORAN UND OREGANO

Beide sind Mitglieder derselben Kräuterfamilie, die etwa dreißig Varianten umfaßt.

Man kann nicht behaupten, daß sich Majoran und Oregano ähnlich sehen, sie gleichen sich jedoch in Geschmack und Aroma. In den Mittelmeerländern können diese Pflanzen wild wachsen, werden aber auch angebaut. Die Kulturpflanze, deren Blüten wie winzige Hopfenknospen aussehen, wird meist als Majoran bezeichnet; bei der Wildpflanze dagegen, deren winzige, eiförmige Blätter in einer Spitze mit einem kleinen Sporn auslaufen, soll es sich um Oregano handeln. Oregano schmeckt angeblich etwas bitterer – unterscheide sie, wer will.

Beide bewahren beim Trocknen ihr volles Aroma. Sie sind die typischen Pizzakräuter, passen aber auch hervorragend zu Tomatengerichten aller Art, vor allem zu Tomatensaucen, zu Fischen, die im Rohr gebraten werden, zu Grillspießchen und zu Schmorbraten.

Frischer Majoran, wie er in südfranzösischen Salaten zu finden ist, stößt nicht immer sofort auf uneingeschränkte Begeisterung. Seiner mächtigen Wirkung jedenfalls kann sich niemand entziehen; sogar in kleinsten Mengen genossen, kurbelt er die Verdauung gewaltig an.
Majoran und Oregano werden milden und verdauungsfördernden Tees zugesetzt, zum Beispiel Lindenblüten-Pfefferminz-Tee oder Eisenkrauttee. Der Geschmack dieser Kräutertees gewinnt dadurch an Aroma und wird feiner.
Für sich allein verwendet, wirken sie belebend, reinigen das Blut, steigern die Aktivität träger innerer Organe und bekämpfen Angstgefühle.
Da man nach ihrem Genuß sehr stark schwitzt, befreien sie den Körper von allerlei Giftstoffen. Sie tragen auch dazu bei, die Atemwege von Schleim und den Rückständen von Erkältungen und Bronchialkatarrh zu reinigen, den Leiden der kalten Jahreszeit.

MINZE

Unter den unzähligen Arten von Minze sind vor allem die Grüne Minze und die Pfefferminze hervorzuheben, die als Gewürzkräuter kultiviert werden.
Die feinen Blätter der Grünen Minze haben einen gezacken Rand; die rosa Blüten stehen in kleinen Büscheln beieinander.
Die Pfefferminze hat ein gröberes Aroma; die violetten Blütenbüschel, die in mehreren „Stockwerken" übereinander am Stengel sitzen, verströmen einen an wilden Thymian erinnernden Duft.
Welche Sorte Sie auch verwenden – Minze unterstreicht den feinen Geschmack unserer Frühlingsgemüse, von Erbsen, feinen Kräutern und Salaten.
Von China bis zum Mittelmeer würzt man damit die verschiedensten Speisen, kalte und warme. Minze macht sich auch in Getränken gut, von der Fruchtbowle bis zum Pfefferminztee.
Minze verliert beim Aufbewahren ihre Frische nicht, obwohl sich der Geschmack etwas verändert. Für getrocknete Minze gilt

ebenso wie für frische, daß sie in warmen Gerichten sehr zurückhaltend zu verwenden ist – sie schmeckt schnell vor. Eine Spur davon ist angenehm, penetranter Minzegeschmack dagegen nicht. Ein Leibgericht der Engländer, „Lammfleisch mit Minzsauce", sowie einige andere ihrer Fleischzubereitungen verlangen vom Besucher schon eine gewisse Abhärtung, wenn er ihnen etwas abgewinnen soll.
Dem arabischen Salat Tabbouleh dagegen verleiht die Minze einen besonderen Reiz.
Auch Minestrone und die südfranzösische Gemüsesuppe mit Pistou, die ihr Aroma vor allem dem Basilikum verdanken, werden durch ein kleines Sträußchen Minze noch pikanter.
Fast in jedem Haushalt wird ein kleiner Vorrat an getrockneter Pfefferminze aufbewahrt, der für Tee bestimmt ist. Der klassische Kräutertee besteht aus Lindenblüten und Pfefferminze; die beruhigenden Wirkstoffe der Linde gleichen dabei die oft unerwünschten Begleiterscheinungen der Minze aus: sie verursacht Schlaflosigkeit. Alle Minzenarten werden wegen ihrer verdauungsfördernden und anregenden Eigenschaften geschätzt; sie bekämpfen allgemeine Müdigkeit und Schlappheit.
Aber sie besitzen auch noch einen anderen Vorzug, der außer in Indien und in der Bretagne kaum bekannt ist: Milch wird nicht so schnell sauer, wenn man ihr einige frische, zerquetschte Minzeblätter zufügt.

PETERSILIE

Dieses schon seit Jahrtausenden bekannte Wunderkraut wächst überall in den gemäßigten Breiten. Auf dem Markt und in der Samenhandlung hat man die Wahl zwischen zwei Sorten: der dunkelgrünen glatten Petersilie und der etwas helleren krausen Petersilie. Krause Petersilie macht sich hübsch als Dekoration, schmeckt aber weniger kräftig. Zum Würzen zieht man die glatte Sorte vor.
Die Vorzüge der Petersilie sind unschätzbar: Reich an den Vitaminen A, B und C, an Eisen und Kalzium, verleiht sie Kindern

„rote Backen". Als Antiseptikum bekämpft sie Infektionskrankheiten, Blutarmut, Rheuma und sogar Zellulitis.
Sie sorgt dafür, daß aufgestautes Blut abfließt, und verschönt dadurch den Teint. Außerdem wirkt sie günstig auf die Verdauung ein, regelt die Tätigkeit der Eingeweide und somit auch die der Leber; Gallensteine läßt sie erst gar nicht entstehen.
Wer Petersilie regelmäßig verwendet, stellt nicht nur seine Kochkunst unter Beweis, sondern zeigt auch Sinn für gesunde Ernährung.
In der Küche ist Petersilie für den berühmten Kräuterstrauß unerläßlich; sie kann sogar als wichtigste Zutat gelten. Mit Petersilie würzt man fast alle Gerichte, die mit Flüssigkeit zubereitet werden: Ragouts, Geschmortes, Suppenfleisch und vieles andere.
Unangenehmer Knoblauchgeruch läßt sich durch das Kauen von Petersilienblättern beseitigen. Fritierte Petersilie schließlich ist ein besonderer Leckerbissen zu gegrilltem oder kurzgebratenem Fleisch oder Fisch.
Im Kühlschrank bleibt Petersilie bis zu drei Wochen frisch, wenn man sie in einer fest verschlossenen Plastiktüte aufbewahrt – zuvor muß man sie natürlich waschen und gründlich abtropfen lassen.
Sie läßt sich auch gut als Wintervorrat einfrieren. Die gewaschene Petersilie muß gut trocknen, anschließend wickelt man sie portionsweise in Alufolie. Verschließen Sie die Päckchen sorgfältig!
Man braucht die Petersilie nicht einmal aufzutauen, bevor man sie verwendet. Wickeln Sie sie einfach aus und zerbröckeln Sie sie zwischen den Fingern; das ersetzt das Feinhacken.
Eines sollte man nicht tun, nämlich Petersilie in ein Wasserglas stellen und als trauriges Sträußchen auf dem Fensterbrett verkümmern lassen. So verliert sie ihre Würze und all ihre guten Eigenschaften; die verschmutzte Stadtluft gibt ihr dann noch den Rest.

ROSMARIN

Dieser kleine Strauch, der bei uns nur im Garten wächst, gehört zu den intensivsten Würzkräutern überhaupt. Rosmarin sollte man äußerst sparsam verwenden, frisch ebenso wie getrocknet oder gemahlen. Sein kampferartiges Aroma herrscht sonst sehr schnell vor und übertönt dann diejenigen Geschmacksnuancen, die er hätte unterstreichen sollen.

In der italienischen Küche nimmt der Rosmarin eine Vorrangstellung ein. Fisch, Kalbfleisch, Gemüse, Pizza und Salate sind dort von einem feinen, unaufdringlichen Rosmarinaroma durchzogen. Aber nicht nur in den Mittelmeerländern ist Rosmarin beliebt. In allen Gegenden Europas schätzt man ihn bei Fleischzubereitungen: bei Braten, Wild und in Wurstwaren.

Wie Thymian und Lorbeer verträgt sich Rosmarin ausgezeichnet mit Olivenöl, Räucherfisch, Anchovis, grünen und schwarzen Oliven, Gemüse „nach griechischer Art", Knoblauch und dem goldgelben Safran.

Er gehört zu den getrockneten Kräutern, die in keiner Küche bei der Gewürz-Grundausstattung fehlen dürfen. Nicht nur beim Kochen schätzt man ihn: Ein kleines Bündel der dicken Rosmarinzweige im Kaminfeuer erfüllt das ganze Haus mit Wohlgeruch.

Rosmarin besitzt auch mannigfaltige Heilkräfte. Er stärkt den Kreislauf, regt die Galle an und verleiht Spannkraft.

Bei chronischer Bronchitis und bei Asthma wird empfohlen, Rosmarindämpfe zu inhalieren. Auch Rheuma- und Gichtkranken verschafft Rosmarin Linderung.

SALBEI

Salbei wächst als wildes Kraut an den Nordküsten des Mittelmeers. Er wird nun schon seit so langer Zeit kultiviert, daß die Gärtner mehrere Varianten heranzüchten konnten, die sich in Farbe und Form unterscheiden. Sie sind alle sehr aromatisch, weichen aber im Geschmack voneinander ab.

Der in der Küche verwendete Salbei besitzt widerstandsfähige graue Blätter, die mit einem samtartigen Haarpelz überzogen sind, und schmeckt leicht nach Kampfer. Er gehört zu den wenigen Küchenkräutern, die auf jedes begleitende Gewürz verzichten können. Sein Aroma allein genügt, um einem Gericht eine charakteristische Note zu verleihen: zum Beispiel der Gans mit Salbei, dem Schweinebraten mit Salbei, gefülltem Geflügel, Kichererbsen, weißen oder grünen Bohnen mit Salbei usw.

Man pflückt nur die Blätter und bewahrt sie, vor Licht geschützt, in luftdicht verschlossenen Gläsern auf. Salbei wird fast immer für sich allein verwendet; jedenfalls nie mit anderen Kräutern vermischt. Er darf weder mitgekocht werden, noch verträgt er die hohen Temperaturen eines Grills oder einer Friteuse – dort würde er seine zarten Duftstoffe verlieren und dann nur noch nach Kampfer schmecken. Deshalb streut man ihn erst kurz vor dem Servieren über die Suppe – in Italien über die Minestrone, in Frankreich über die Gemüsesuppe mit Pistou.

In Fleischbeizen allerdings ist Salbei nur eines unter mehreren Aromata; der in Möhren und Zwiebeln enthaltene Zucker mildert seine Schärfe, Gewürzkörner drängen seinen ausgeprägten Geschmack etwas zurück. Dennoch darf er nicht fehlen, besonders bei Beizen für Wild und Wasservögel.

In der italienischen Küche, deren Tradition bis in die Antike zurückreicht, nimmt Salbei einen Ehrenplatz ein. Bei allen Gerichten, in denen Olivenöl oder tierische Fette vorherrschen, gibt man auch Salbei zu. Er hat nämlich die besondere Eigenschaft, die Verdauung von fettreichen und stärkehaltigen Speisen zu fördern.

Salbei zählte lange zu den wichtigsten Heilpflanzen. Nicht umsonst bedeutet der Name, der von dem lateinischen Wort „salvia" herrührt, soviel wie „die Heilende". Die krampflösende Pflanze wirkt gegen nervöses Zittern, Angstgefühle, Übelkeit und Asthma. Sie kann die Erschöpfungszustände der Wechseljahre beseitigen und gibt dem Organismus seine Vitalität zurück.

SCHNITTLAUCH

Die verschiedenen Schnittlauchsorten haben mehr oder weniger dicke, röhrenförmige Blätter und Stiele. Schnittlauch schmeckt immer scharf und kräftig; die größten Sorten nähern sich dem Aroma der Zwiebel an.
Man liebt ihn vor allem in Skandinavien. Er ist der wichtigste Bestandteil des dänischen Eierkuchens, eines sehr dicken Omeletts, das langsam in der Pfanne gegart wird. Über die Eier streut man in Würfel geschnittenen, ausgebratenen Räucherspeck, den Abschluß bildet eine dicke Schicht Schnittlauch. Schnittlauch wird übrigens nicht gehackt, sondern mit der Schere oder auf dem Brett in Röllchen geschnitten.
Hat der Schnittlauch einmal im Garten Fuß gefaßt, wird man lange Freude an ihm haben. Die Dauerpflanze übersteht die kalte Jahreszeit in einer Art „Winterschlaf" und läßt sich durch Teilung vermehren.
Im Frühling bringt der Schnittlauch kleine, blaßrosa Kugelblüten hervor. Auch mit Hilfe ihrer Samen könnte man den Schnittlauch vermehren. Man sollte die Knospen jedoch noch vor dem Aufblühen abzwicken, damit sich die Pflanze kräftiger entwikkelt und die abgeschnittenen Blätter rascher ersetzen kann.
Die robuste Pflanze entzieht dem Boden rasch seine Nährstoffe. Wenn sie zu schnell gelb wird, muß man sie mit Kompost düngen und kräftig gießen. Sorgen Sie dafür, daß die Pflanze vor Einbruch des Winters wieder zu Kräften kommt.

THYMIAN UND QUENDEL

Es gibt zahlreiche Arten von Thymian; im Geschmack und in der Verwendung sind sie beinahe gleich. Zunächst möchte ich nur vom Gartenthymian sprechen, denn dies ist die Sorte, die man das ganze Jahr über auf dem Markt oder beim Gemüsehändler findet. Oft wird er mit in den Kräuterstrauß gebunden; beim Kochen und beim Einlegen in Öl entfaltet er sein volles Aroma.
Im Frühling sind junge Thymianpflanzen erhältlich, die man im Blumentopf ziehen kann, besser jedoch im Garten einsetzt.

Dort vermehrt man sie durch Wiederaussaat der Samen, durch Stecklinge oder durch Teilung der Wurzelstöcke. Außer in südlichen Ländern müssen die Pflanzen den Winter über geschützt werden: bedecken Sie sie mit trockenem Laub oder Stroh oder umgeben Sie den kurzen Stamm des Strauchs mit einem kleinen Erdwall.

Die meisten Küchenkräuter, die in Europa verwendet werden, stammen aus Südfrankreich, vor allem aus den nördlichen Mittelmeergegenden. Urlauber werden dort noch einige andere Thymianarten entdecken, deren Aroma ziemlich kräftig ist. Dieser wilde Thymian, auch Quendel genannt, wächst auf steinigen, sonnendurchglühten Böden. Im Mai, wenn er blüht, wird er gesammelt. Vielleicht werden manche von Ihnen einmal die Gelegenheit haben, ein „Thymian-Erntefest" mitzuerleben, wie es in einigen Dörfern der Provence gefeiert wird. Auch Quendel läßt sich übrigens im Garten ziehen.

Man trocknet den geernteten Thymian im Schatten, wo man ihn ausbreitet oder mit den Zweigen nach unten aufhängt. Er sollte bis zur nächsten Ernte aufgebraucht werden.

Wer Thymian nicht selbst sammelt oder anbaut, kauft die getrockneten Blättchen. Wenn man sie vor Licht geschützt in gut verschlossenen Glasbehältern aufbewahrt, halten sie sich ausgezeichnet. Kompliziertere Arten der Konservierung erübrigen sich damit.

Quendel ist in der Küche der Mittelmeerländer eines der Grundgewürze. Sein Aroma verträgt sich hervorragend mit Knoblauch und Olivenöl; in dieser Kombination schätzt man ihn bei Fischgerichten sowie bei eingelegtem Ziegenkäse, den der Quendel um neue Geschmacksnuancen bereichert.

Thymian ist ein wahrer Segen für die Gesundheit. Er hilft bei Kreislaufstörungen, die sich manchmal in Ohrensausen auswirken – dieses Leiden kann er lindern.

Außerdem wirkt Thymian blutreinigend und keimtötend. Er ist bei Harnverhaltung zu empfehlen, einer häufigen Begleiterscheinung von Infektionskrankheiten.

YSOP

Dieser im Mittelmeerraum beheimatete Strauch verdiente es, auch bei uns mehr Kenner zu finden. Wie Lavendel kann man Ysop an sonnigen Standorten im Garten anbauen. Die buschigen Pflanzen verströmen einen feinen Duft; schon allein deshalb lohnt sich der Anbau. Darüber hinaus bietet der Ysop mit seinen Würz- und Heilkräften zahlreiche Anwendungsmöglichkeiten.
Er wird sowohl als Küchen- wie auch als Heilkraut gesammelt. Sobald die Pflanze voll entwickelt ist und ihre bläulichen oder blaßrosa Blüten entfaltet, erntet man die Zweige. Zum Trocknen werden sie mit dem Kopf nach unten im Schatten aufgehängt.
Das durchdringende Aroma des Ysops ist zwischen Rosmarin und Bohnenkraut angesiedelt; ihm fehlt jedoch der kampferartige Beigeschmack des ersteren und die Bitterkeit des letzteren.
Wie Bohnenkraut fördert er die Verdauung, seine Anwendung empfiehlt sich daher bei Fleischgerichten, bei üppigen, mit Gänse- oder Entenklein angereicherten Suppen, bei fetten Fischen, stärkehaltigen Nahrungsmitteln, Füllungen und Wurst. Eine Prise frischer Blätter, allein oder in Verbindung mit Schnittlauch, Petersilie oder Kerbel, verfeinert Sommersalate, Gemüse und Kartoffeln in Vinaigrette, Kompotte aus roten Früchten, Pflaumen oder Äpfeln.
Auch in der Branntweinindustrie hat der Ysop einen nicht geringen Stellenwert: er aromatisiert so berühmte Liköre wie Chartreuse und Pastis.
Als Aufguß oder Gurgelwasser bewährt sich Ysop bei Erkrankungen der Atemwege und des Verdauungsapparats. Bäder und Tees mit Ysop lindern rheumatische Schmerzen; unsere Vorfahren kurierten ihren Hexenschuß mit Umschlägen aus frischen Blättern, die gehackt und mit kochendem Wasser überbrüht wurden.

2
GEWÜRZE

CHILI UND PAPRIKA

Chilies und Paprikapulver stammen von zwei unterschiedlichen Pflanzen, die beide zur Familie der Nachtschattengewächse gehören. Chilies sind die Früchte eines langlebigen Strauchs. Die Paprikapflanze, die zu den Hülsenfrüchtlern zählt, hat dagegen eine Vegetationszeit von nur einem Jahr.

Viele Arten von Chilies werden in allen tropischen Ländern der Erde angebaut. Man erhält sie entweder als getrocknete, winzige Schoten oder als feingemahlenes Pulver, das etwas irreführend als Cayennepfeffer bezeichnet wird.

Was man unter dem Namen Chilipulver kauft, ist in Wirklichkeit eine Mischung aus Chilies und anderen Aromata: Kreuzkümmel, Knoblauch, Majoran usw. Chilipulver läßt sich in der Küche leichter handhaben, da es großzügiger dosiert werden kann. Die frischen und getrockneten Schoten dagegen sind ebenso wie der Cayennepfeffer für unsere Gaumen wahres „Dynamit".

Chilies wirken belebend, desinfizieren die Eingeweide und regen die Verdauung an; sie enthalten viel Vitamin C. In ihren Heimatländern werden sie gegen Fieber, Erkältung und Darmparasiten verabreicht.

Das in kleine Fläschchen abgefüllte Tabasco ist eine Würzsauce auf Chili-Basis, die mit verschiedenen Aromata angereichert ist. Sie hat den Vorteil, daß sie sich tröpfchenweise, genau kontrolliert, dosieren läßt. Auch ist das Gewürz, mit dem sich Salate, Getränke und Saucen verfeinern lassen, sofort gebrauchsfertig.

Paprika, Gemüse und Gewürz in einem, wird roh oder gegart gegessen. Roh ist er für manche Mägen schwer verdaulich. Merkwürdigerweise verliert er seine Schärfe und schmeckt wesentlich feiner, wenn man ihm die Haut abzieht.

Die getrockneten und gemahlenen roten Schoten ergeben den edelsüßen Paprika, der in der Küche der östlichen Mittelmeerländer, der arabischen Länder und Spaniens sehr geschätzt wird – nicht nur seines Aromas, sondern auch seiner Farbe wegen.

In den Balkanländern wird auch eine schärfere Sorte kultiviert, der Rosenpaprika.

CURRY

Sofort fragt man sich: welcher Curry? Zunächst sei daran erinnert, daß Curry, der von den Hindus „masala" genannt wird, eine Mischung aus verschiedenen Gewürzen ist. Unter anderem enthält sie meist Koriander, Kardamom, Muskat, Ingwer, Kreuzkümmel, Pfeffer, Nelken und Chilies. Curry verdankt seine mehr oder weniger ausgeprägte Gelbfärbung dem jeweiligen Anteil an Kurkuma, dem Safran Indiens. Dieses leicht pfefferartig schmeckende Gewürz ist bei uns auch als Gelbwurz bekannt; Kurkuma ist nämlich wie Ingwer eine Wurzel. Wir verwenden sie in unserer Küche fast nie allein für sich.

Curry ist in mehreren Sorten erhältlich. Am beliebtesten ist der sattgelbe Madras-Curry; er eignet sich vorzüglich für pikante, feine Saucen und ist dem europäischen Gaumen angepaßt. Bengal-Curry, auch indischer Curry genannt, schmeckt noch etwas milder. Ich kann hier nur die bekanntesten Mischungen nennen; daneben finden sich weitere Sorten im Handel.

Für welche Currymischung Sie sich auch entscheiden, kaufen Sie Curry nur in Läden, die ihre Ware rasch umsetzen. Blechdosen sind Glasfläschchen vorzuziehen, da Curry lichtempfindlich ist. Außerdem wird bei jedem Gericht eine ziemlich große Menge davon benötigt, so daß ein Fläschchen nicht lange reicht.

Es ist sehr wichtig, angebrochene Dosen wieder gut zu verschließen, sonst verliert der Curry schnell sein Aroma.

In Indien, Malaysia sowie in allen anderen fernöstlichen Ländern, in denen die Speisen stark gewürzt werden, bereitet jede Hausfrau ihren Curry selbst im Mörser zu. Meist enthält er mehr brennend-scharfe Gewürze als der Export-Curry.

Fertig gekauften Curry kann man leicht durch eine Prise Cayennepfeffer schärfer, durch zerstoßenen Koriander aromatischer machen. Nach Meinung von Kennern ist übrigens der Export-Curry dem einheimischen Curry weit überlegen.

Die Dosierung wird in jedem Rezept genau angegeben. Curry gewinnt immer größere Beliebtheit als Gewürz für Saucen, die Fisch und Eierspeisen begleiten, sowie für Ragouts aus Schwein, Kalb und Geflügel, zu denen man grundsätzlich Reis serviert.

Köstlich zu solchen Currygerichten schmecken die berühmten Chutneys, süßsaure „Marmeladen" aus exotischen Früchten wie

zum Beispiel den ungemein würzigen Mangos. Gleichzeitig stellt man kleine Schälchen mit Kokosflocken, Kräuterjoghurt, Mandeln, Erdnüssen, Bananenscheibchen, Rosinen usw. auf den Tisch. Manche dieser kleinen Beilagen sind dazu gedacht, die Schärfe des Gerichts noch zu verstärken, andere dagegen sollen dem brennenden Gaumen Linderung verschaffen.
All diese Gewürzmischungen sind nicht von ungefähr entstanden. Curry ist nicht nur dazu da, dem Gaumen aufregende Genüsse zu verschaffen. Wie alle orientalischen Gewürze erweist sich Curry bei täglicher Verwendung als Stimulans, das für den Menschen in den erdrückend heißen Klimazonen geradezu lebensnotwendig ist. Nicht zuletzt desinfiziert Curry die Eingeweide. Die in ihm enthaltenen pflanzlichen Desinfektionsstoffe werden auch bei uns in der Apotheke verkauft, wenngleich natürlich in anderer Form.

FENCHEL

Von den vielen Fenchelarten möchte ich zuerst den Gemüsefenchel vorstellen. Die Knolle, von den fleischig verdickten Stengelenden gebildet, wird in der französischen Küche erst seit einigen Jahrzehnten verwendet. Der leicht anisartige Geschmack, den man in Salaten schätzt, geht beim Kochen fast ganz verloren. Dennoch ist der Fenchel als feines, mildes Gemüse sehr begehrt; er schließt die Lücke zwischen Winter- und Frühlingsgemüsen und läßt sich auf vielfältige Weise zubereiten. Das beim Putzen der Knollen abfallende Fenchelgrün wird als Garnierung für Salate zurückbehalten.
Viel gibt es über den wilden Fenchel zu erzählen, der auf den Hügeln und dem Ödland der Provence wächst. Die zartgefiederten Blätter werden von der Sonne rasch versengt, während in der gelben Blütendolde die Samen heranreifen. Die bald blattlosen Stengel verdorren zu einer Art Reisig, das beim Verbrennen einen aromatischen Rauch abgibt. Es wird in kleinen Bündeln auf den Märkten Südfrankreichs verkauft.
So geht von dieser Pflanze nichts verloren: die Samenkörner und das Reisig verwandeln den bescheidensten Fisch in ein Fest-

mahl. Köstlich schmeckt der mit Fenchelkörnern gewürzte, über Fenchelreisig gegrillte Wolfsbarsch, auch als Barbe bekannt. Der Ruhm dieses Gerichts reicht über Südfrankreich hinaus.
Unser Fenchel hat weitere verborgene Qualitäten: er regt den Appetit an, reinigt das Blut, stärkt und beruhigt. Ein Aufguß aus Fenchelsamen ist ein wirkungsvolles Wurmmittel und sorgt bei hochgradig nervösen Kindern für ruhigen Schlaf. Er löst die Hustenkrämpfe bei Keuchhusten und wirkt Wunder bei Halsentzündungen, wenn man damit gurgelt.
Ein Aufguß aus drei Prisen Fenchelsamen und zwei bis drei Pfefferminzblättern hilft gegen Luftschlucken.
Während der im Mittelmeerraum wachsende Fenchel süßlich schmeckt, wird in Mitteleuropa und Rußland eine eher bittere Fenchelart angebaut. Der an Küsten wachsende Meerfenchel, der im Geschmack stark an Anis erinnert, wird vor allem in England geschätzt. Damit würzt man dort gekochten Fisch, Eintöpfe und kalten Braten.

INGWER

Eine merkwürdig gewundene Knolle hat in letzter Zeit ihren Weg vom fernöstlichen Delikatessenladen zum Gemüsehändler gefunden. Was da unsere Neugier erweckt, ist der Ingwer, der Wurzelstock einer tropischen Pflanze mit stark ausgeprägtem Pfeffergeschmack.
Man behauptet von ihm, er wirke dermaßen anregend, daß er auch in Liebesmüden neue Glut entfachen könne. Dies verleiht ihm in orientalischen Ländern einen gewissen Glorienschein – und nicht nur dort …
In der französischen und deutschen Küche ist der Ingwer fast unbekannt; am intensiven Aroma orientalischer Gewürze und zahlreicher chinesischer und japanischer Speisen dagegen hat er großen Anteil.
Die frische Wurzel wird dünn geschält und dann gerieben; sie ist jedoch nicht zu jeder Jahreszeit erhältlich. Ingwerpulver besitzt weniger Würzkraft. Wer eine salzlose Diät einhalten muß, füllt Ingwerpulver in den Salzstreuer und würzt damit bei Tisch. Es

nimmt den Gerichten ihre Fadheit, Gemüsen ebenso wie Brühen oder Fleischspeisen.
Die Engländer sind große Ingweresser. Ginger ale, eine belebende Limonade, Ingwerbier und Ingwerbrandy sind nur die bekanntesten Ingwerspezialitäten. Man findet Ingwer auch im traditionellen Gebäck, im Christmaspudding und in Marmeladen; größere Stücke davon werden in Sirup eingelegt. Knabbern Sie sie mit Vorsicht, denn der Zucker verstärkt die Schärfe des Geschmacks ganz beträchtlich.

KARDAMOM

Seine kleinen, schwarzen Körner sind in Kapseln eingeschlossen, die je nach Herkunft rund wie Kichererbsen oder aber länglich geformt sind – der Geschmack bleibt derselbe.
Fast alle Gewürzzubereitungen des Fernen Ostens enthalten Kardamom, so auch die verschiedenen Currymischungen. In Europa ist er vor allem in der slawischen und skandinavischen Küche verbreitet; bei uns würzt man damit Gebäck und Früchtebrot.
Die harten, schwarzen Körnchen besitzen die sagenhafte Eigenschaft, Knoblauchgeruch zu vertreiben; Sie sollten also immer einige davon bei sich haben. Außerdem hilft Kardamom gegen geschluckte Luft und erleichtert dadurch die Verdauung.

KORIANDER

Koriander ist die Petersilie der Orientalen. Bei uns jedoch werden die frischen Blätter, die reich an Vitamin A sind, nur in exotischen Rezepten verwendet.
Die ganzen Samenfrüchte dagegen nehmen in unserer Küche eine Vorzugsstellung ein. Mit ihnen würzt man Wurstwaren, alle Gerichte „nach griechischer Art", Gulaschgerichte, Schweinefleisch mit Bohnen, Hasenpfeffer und Hackbraten; auch Currymischungen ist oft Koriander beigemengt.

Köstlich schmeckt Koriander frisch aus der Pfeffermühle: Mahlen Sie ein wenig über gedünstetes Obst, Äpfel oder Dörrpflaumen. Auch Spinat, gedünstete Salate wie Gurken und sogar Endivienherzen lassen sich mit frischgemahlenem Koriander verfeinern.

Hervorzuheben sind seine heilkräftigen Wirkungen: Koriander hilft bei Migräne und vertreibt die Giftstoffe, die ihr meist zugrunde liegen; außerdem fördert er die Verdauung. Ein Dutzend zerstoßener Körner auf eine Tasse Rosmarintee lindern Menstruationsschmerzen.

KREUZKÜMMEL

Es gibt mehrere Arten von Kreuzkümmel; die mehr oder weniger dunklen Körner unterscheiden sich in Intensität und Schärfe des Aromas. Beim Einkauf kann man allerdings selten zwischen mehreren Sorten wählen.

In Mitteleuropa wird dieses Gewürz nicht sehr häufig verwendet. In Marokko, Algerien und Tunesien sowie in den Ländern des Mittleren Ostens dagegen gehört der Kreuzkümmel zur alltäglichen Küche. Die Körner entfalten erst nach langer Kochzeit ihren Geschmack, deshalb verwendet man den Kreuzkümmel oft gemahlen. Das Pulver ist leichter zu dosieren; es wird in kleinen Gläschen verkauft, in denen es sein Aroma gut bewahrt.

Kreuzkümmel wird manchmal mit dem gewöhnlichen Kümmel verwechselt. Zwar ähneln sich die Körner, die Gewürze schmecken aber so unterschiedlich, daß man jeden Irrtum ausschließen sollte.

Kreuzkümmel bringt träge Verdauung in Schwung und unterdrückt auf diese Weise schädliche Zersetzungsprozesse. Man kann ihn daher zu Recht einen Freund des Verdauungsapparats nennen.

KÜMMEL

Die kleinen, sichelförmig gebogenen Kümmelkörner besitzen einen feinen Geschmack, der leicht an Anis erinnert. Die wild wachsende Form heißt auch »Wiesenkümmel«.

In Holland wird Kümmel in großen Mengen angebaut. Man ißt ihn in ganz Nordeuropa, einschließlich Rußland. Man findet ihn in Brot, in Keksen, in Fischgerichten, in Ragouts, im Sauerkraut, in Wurstwaren und nicht zuletzt auch in einem hochprozentigen Schnaps: dem Kümmel, der sich in Deutschland und Rußland großer Beliebtheit erfreut.

In Frankreich ist der Gebrauch dieses Gewürzes nicht allgemein üblich. Nur sehr versierte Gastgeberinnen bieten zu kräftigen, stark duftenden Käsesorten ein Schälchen Kümmel an. Er verträgt sich jedoch nicht mit Roquefort oder Ziegenkäse.

In der Küche Deutschlands, Skandinaviens und der Balkanländer ist der Kümmel ein ganz alltägliches Gewürz für Fleisch- und Kohlgerichte, Suppen, Kartoffeln und sogar für Bratäpfel, wie sie in England beliebt sind.

Auch Marinaden für eingesalzene oder geräucherte Fische werden häufig stark mit Kümmel gewürzt, ebenso der Kochsud für Schellfisch. Überhaupt serviert man zu Fisch gern mit Kümmel abgeschmeckte, zerlassene Butter – in Frankreich wird hier Fenchel bevorzugt.

Kümmel ist reich an Mineralsalzen und Proteinen; seine verdauungsfördernden Eigenschaften sind wohlbekannt. Ein Kümmelaufguß erleichtert die Verdauung schwerer, stark fetthaltiger Mahlzeiten. Man kann auch Kümmel kauen, um Knoblauchgeruch zu vertreiben oder um den Appetit anzuregen. Kurzum: Kümmel kann sich sehen lassen. Um so mehr, als noch längst nicht alles über seine wohltätigen Wirkungen gesagt wurde: Der Verzehr von Kümmel steigert die Aktivität der Gehirnzellen und lindert die Angstzustände von Herzkranken.

MUSKAT UND MACIS

Der schöne Muskatnußbaum, dessen Blätter nie abfallen, ist in den tropischen Regionen, im Fernen Osten und auf den Antillen beheimatet. Er ist getrenntgeschlechtig, das heißt, es gibt männliche und weibliche Bäume. Letztere werden durch Insekten und Wind befruchtet.

Die reife Frucht, die einer Aprikose ähnelt, platzt auf und gibt ihren Kern frei. Er ist von einer aromatischen Netzhülle umgeben, dem Macis; sie wird zum Trocknen abgezogen. Macis kommt meist gemahlen in den Handel.

Die Kerne werden getrocknet und aufgebrochen, sobald die Nüsse in der Schale zu klappern beginnen. Damit erhält man die Muskatnuß, wie wir sie kaufen. Oft kalkt man die dunkelbraunen Nüsse, um sie gegen Würmer und Fäulnis zu schützen. Kaufen Sie am besten ganze Nüsse und reiben Sie sie nach Bedarf. Da sich ihre ätherischen Öle sehr schnell verflüchtigen, sollte man die Nüsse in luftdicht verschließbaren Glasfläschchen oder Blechdosen aufbewahren.

Muskatnuß und Macis haben dieselbe Geschmacksrichtung, nur ist Macis etwas feiner und milder im Aroma. Mit Macis würzt man vor allem Lebkuchen, Fleischbrühen, Füllungen und Wurstwaren.

Mit Muskat schmeckt man weiße Gemüse, Spinat, Käsesaucen, Fleischspeisen, Füllungen und Pasteten ab; das Gewürz wird fast immer in Verbindung mit anderen verwendet.

Im Winter würzt man damit Glühwein; auch heiße Schokolade und Milch lassen sich mit einer Prise Muskat verfeinern. Das heißt, daß Muskat zu Süßem ebenso gut paßt wie zu Pikantem; die Kombination von Zucker und Muskat wird vor allem in Italien, England und Skandinavien geschätzt.

Muskat vertreibt die Müdigkeit, die sich nach dem Mittagessen einstellt und oft genug zur Siesta verführt. Das Gewürz fördert die Verdauung, reinigt den Atem und regelt den Kreislauf – es kann sogar etwas mehr Ordnung in unregelmäßige Menstruationszyklen bringen.

NELKE

Vom prächtigen Gewürznelkenbaum, dessen glockenförmige rosa Blüten in kleinen Sträußchen zusammenstehen, kennen wir nur die Blütenknospen. Sie werden gebrüht, getrocknet, geräuchert und schließlich als Gewürznelken verkauft. Lange Zeit bildeten sie die Haupteinnahmequelle Sansibars.
Im 16. Jahrhundert war ihr Anbau der Gegenstand folgenreicher Konflikte. Jeder Entdecker der sagenhaften Gewürzinseln verstand sich gleichzeitig als ihr Eroberer und wollte aus der Nelkenproduktion Profit ziehen. Unter Ludwig XV. gelang es einem Handelsfürsten, den Holländern einige Pflänzchen vor ihrer Nase wegzuschnappen. Sie gediehen und gedeihen noch heute auf den Inseln des Indischen Ozeans sowie in allen tropischen Ländern des Erdballs.
Die berühmten Gewürznelken besitzen ein stark ausgeprägtes, eigentümliches Aroma. Wir zählen sie einzeln ab, wenn wir unsere Eintöpfe, Ragouts usw. damit würzen. Wir stecken sie in Zwiebeln, damit wir sie leichter wieder herausfischen können, sobald sie ihren Dienst getan haben. Wir begegnen ihnen in fast allen Gewürzmischungen, in Fruchtsirup und Fruchtlikören, bei der Parfümherstellung und sogar in der pharmazeutischen Industrie. Die Zeiten sind zwar vorbei, in denen der Zahnarzt zum Desinfizieren eines hohlen Zahns seinen Wattebausch mit Nelkenöl tränkte, die Zahnpasten jedoch sind der Nelke treu geblieben.
Nelken sind nach wie vor eines der besten natürlichen Heilmittel gegen Erkältungen, Halsweh und Husten. Man bereitet dazu einen Nelkenabsud zu, dem man auch Holunderblüten und -beeren beifügt. Hier dürfen Sie ruhig etwa zehn Nelken auf einen Liter Wasser nehmen.
Mit Nelken gespickte Orangen schließlich schmücken den Weihnachtsbaum und parfümieren den Wäscheschrank. Ihr Duft hält sich sehr lange. Die Orange verfärbt sich dunkelbraun und verschrumpelt, ohne daß die Nelken dabei herausfallen. Sie verströmt ihr Aroma bis zum nächsten Weihnachtsfest.

PFEFFER

Seit undenklichen Zeiten ist der Pfeffer in Europa das gebräuchlichste aller Gewürze. Er wurde sogar als Zahlungsmittel verwendet. Um den Pfeffer ging es, als die portugiesische Flotte im 16. Jahrhundert das Kap der Guten Hoffnung umschiffte – auf diese Weise glaubte man, zu den Gewürzinseln zu gelangen.

Die Heimat des Pfeffers sind die Äquatorialwälder Asiens, wo er sich als Schlinggewächs an die Bäume rankte. Heute wird er in allen tropischen Ländern als Strauch kultiviert.

Bis vor kurzem kannte die Hausfrau nur den weißen und den schwarzen Pfeffer. Dieser besitzt eine runzelige Oberfläche: wenn die unreif gepflückten Beeren an der Sonne trocknen, schrumpelt die Fruchthaut ein. Beim weißen Pfeffer handelt es sich um die Kerne der reifen Pfefferbeeren; nach dem Pflücken werden die Beeren gewässert, was das Abreiben der Fruchthaut erleichtert. Anschließend werden die weißen Pfefferkerne getrocknet.

Jede der beiden Pfeffersorten hat ihren eigenen Anwendungsbereich. Schwarzer Pfeffer schmeckt kräftiger als weißer. Wegen seines feineren Aromas zieht man weißen Pfeffer für helle Saucen wie Buttersauce oder Holländische Sauce und für helle Fleischragouts usw. vor.

Am besten kauft man die ganzen Pfefferkörner. Da sie sich sehr gut halten, kann man gleich einen größeren Vorrat davon anlegen, so daß die Pfeffermühlen immer gefüllt bleiben. Ist der Pfeffer erst einmal gemahlen, verflüchtigt sich sein Aroma sehr rasch. Die Vielzahl der Pfeffermühlen, die heute angeboten werden, ist allein schon ein Beweis für ihren großen Nutzen.

Der sogenannte Steakpfeffer ist eine Mischung aus den beiden Pfeffersorten; die Körner werden hierfür nicht gemahlen, sondern nur grob zerstoßen. Mit dieser gebrauchsfertigen Pfeffermischung würzt man Gegrilltes, darunter natürlich auch Pfeffersteak, und bestimmte Füllungen.

Erst seit einigen Jahren hat sich der grüne Pfeffer unter unsere Gewürze gereiht. Auch hier handelt es sich um unreife Pfefferbeeren, die sofort nach der Ernte zu Konserven verarbeitet oder gefriergetrocknet werden.

Mit grünem Pfeffer kann man auch Essig und Öl aromatisieren;

sehr begehrt ist der französische „Senf mit grünem Pfeffer", dessen Ruhm die Landesgrenzen weit überschritten hat. Im Unterschied zu den anderen Pfeffersorten wird grüner Pfeffer nicht gemahlen, sondern im Mörser oder mit Hilfe eines Rollholzes zerdrückt.
Cayennepfeffer ist keine Pfeffersorte, sondern wird aus den Chilischoten der Antillen oder der Reunionsinsel hergestellt. Man kann die getrockneten kleinen Schoten zwischen den Fingern zerreiben, allerdings ist es praktischer, sie in gemahlener Form, das heißt als Cayennepfeffer, zu kaufen. Er ist äußerst sparsam zu dosieren: eine Messerspitze oder eine kleine Prise genügt, um ein ganzes Gericht pikant zu würzen. Bringen Sie ihn nie im Gewürzstreuer auf den Tisch.
Der vitaminreiche Cayennepfeffer ersetzt den Pfeffer in der scharf-würzigen orientalischen Küche, die von Kennern sehr geschätzt wird.
In Maßen genossen, regen alle Pfeffersorten die Produktion von Magensäften und Galle an. Zu große Mengen davon verfälschen jedoch den Eigengeschmack der Speisen und reizen den gesamten Verdauungsapparat.

SAFRAN

Dieses teuerste aller unserer Gewürze ist zugleich ein intensives Färbemittel. Außer in Italien, Südfrankreich, Spanien und im Orient wird es beim Kochen selten pur verwendet. Man kauft entweder die ganzen Blütennarben, kleine, orangerote Fädchen, oder gemahlenen Safran. Ich persönlich ziehe die Safranfädchen vor, da ich der Reinheit des Pulvers, das vergleichsweise billig ist, mißtraue.
Aber was ist Safran eigentlich?
Er wird aus einer prächtigen Krokusart gewonnen, deren blaue oder rosa Blüten aus langen, schmalen Blütenblättern bestehen. Die Safranzwiebeln werden in Ländern mit mildem Klima kultiviert; sie gedeihen nur auf fruchtbarem, gut entwässertem Boden an geschützten Standorten. Sobald die Pflanzen voll aufgeblüht sind, zwickt man die drei langen Narbenschenkel ab, die, wenn sie reif sind, aus der Blüte heraushängen.

Wenn man bedenkt, daß fast hunderttausend Blütennarben mühsam von Hand gepflückt werden müssen, um ein Pfund Safran zu erhalten, ist man vom Preis nicht länger überrascht. Zum Würzen und Färben braucht man jeweils nur eine kleine Prise davon. Bewahren Sie Safran vor Licht geschützt in luftdicht verschlossenen Fläschchen auf.
Safranfädchen von guter Qualität sind leuchtend rot gefärbt, brechen leicht und duften stark. Alter Safran riecht nach verschimmeltem Heu.
Safran entfaltet seine Würzkraft am besten, wenn man ihn vor Gebrauch auf einem Stück Alufolie trocknen läßt – entweder im mäßig warmen Backofen oder auf dem heißen Topfdeckel. Zerkrümeln Sie beim Würzen die Fädchen zwischen den Fingern. Bei Speisen, die in reichlich Flüssigkeit garen, zum Beispiel bei Reis oder Fischsuppe, läßt man die Fädchen ganz. Die Rezepte, die Safran enthalten, geben meist genau Auskunft über die Verwendungsweise. Halten Sie sich unbedingt an die angegebenen Mengen – Geschmack und Farbe entfalten sich nicht sofort! Zu viel Safran macht die Speisen bitter, außerdem nehmen sie eine unansehnliche Farbe an.
Bevor der Kühlschrank in allgemeinen Gebrauch kam, hat Safran aufgrund seiner stark keimtötenden Eigenschaften gewiß manchen vor einer Lebensmittelvergiftung bewahrt, vor allem in den heißeren Klimazonen, wo er heute noch weit verbreitet ist.
Vor zehn Jahren mußte ich ihn beim Apotheker kaufen. Heute, da das Interesse an den Küchenkünsten anderer Länder stark gestiegen ist, findet man ihn in jedem Lebensmittelgeschäft.

STERNANIS

Sternanis stammt weder von einem Kraut noch von einem Strauch, sondern von einem Baum mit immergrünem Laub, das wie Magnolienblätter glänzt. Dieser im Fernen Osten beheimatete Baum ist als chinesischer oder indischer Anisbaum bekannt. Seine Samenkapseln haben die Form achtstrahliger Sterne; jede enthält acht glänzende Körner, die intensiv nach Anis schmek-

ken. Die zerstoßenen Körner werden in Currymischungen und anderen fertigen Gewürzmischungen verwendet, wie zum Beispiel dem indischen Garam masala, das sich aus dreizehn intensiven Gewürzen zusammensetzt.
Sternanis kann man in der Apotheke kaufen. Er dient nicht nur der Zubereitung von Kräutertees, sondern auch als Gewürz für Saucen und Ragouts – aber bitte sparsam verwenden! Ein Hauch Sternanis genügt, um den Geschmack köstlich abzurunden, zu viel jedoch verdirbt das Ganze.
Die hübschen Sternkapseln bewahrt man am besten in gut verschlossenen Gläsern oder Blechdosen auf. Da Sternanis Magen- und Verdauungsbeschwerden sowie Blähungen wirksam bekämpft, ist es sehr zu empfehlen, immer einen kleinen Vorrat davon zur Hand zu haben.
In Europa wird Sternanis von vielen geschätzt. Die Schweden zum Beispiel würzen damit ihr Anisbrot. Auch bei Touristen finden die gebutterten Anisbrote großen Anklang, die den herzhaften, geräucherten und gepökelten Fisch oder Schinken begleiten.
In China aromatisiert man damit bestimmte Teesorten, in Deutschland Gebäck und Kuchen, in Frankreich vor allem Getränke und Liköre. Außerdem ist Sternanis in vielen Zahncremes enthalten.

WACHOLDER

Dieser stachelige, widerspenstige Strauch gehört zu der Familie der Nadelhölzer. Man begegnet seinem zerzausten Buschwerk vor allem auf Kalk- und Kreideböden, an Waldrändern und im Brachland. Die Blüten haben die Form kleiner Zapfen, die bei den männlichen Pflanzen gelb, bei den weiblichen blaugrün getönt sind. Sie werden von Bienen und Wind befruchtet und reifen zu kleinen, schwarzen Kugelfrüchten. Diese Beeren können Sie pflücken und an der Sonne trocknen lassen.
Sie können sie aber auch im Glas kaufen. Wacholder wird in der Küche zwar nur begrenzt verwendet, ist aber trotzdem unentbehrlich. Sein harziger und dennoch milder Geschmack gehört

bei ganz bestimmten Gerichten einfach dazu, zum Beispiel bei Sauerkraut und bei Fleischbeizen. Vor allem Wildbeizen für Reh, Wildschwein und Hase sowie alle Arten von Wildpasteten sind ohne Wacholderbeeren undenkbar.
Die Beeren werden meist ganz oder grob zerstoßen verwendet. Gegrilltes schmeckt angenehm würzig, wenn Sie Wacholderbeeren frisch aus der Pfeffermühle darübermahlen.
Auch Wacholderrauch verleiht Fleisch oder Fisch vom Holzkohlengrill ein köstliches Aroma: Kurz vor Ende der Garzeit legt man einige Wacholderzweige auf die Glut.
In skandinavischen Ländern kennt man einen Verdauungstrunk aus Wacholderbeeren: Ein Teelöffel zerdrückter Beeren, die man in einem Liter kochendem Wasser ziehen läßt, hilft stärkehaltige Nahrungsmittel verdauen.
Wacholder regt auch die Nierentätigkeit an, wirkt stark harntreibend und lindert Blasenentzündungen; so beruhigt er den ganzen Harntrakt.
Auch Rheumakranke halten große Stücke auf ihn.
Englischer und skandinavischer Gin, Aquavit und andere hochprozentige Schnäpse werden aus Wacholderdestillat gebrannt.

ZIMT

Bei den kleinen, hohlen Stangen handelt es sich um zusammengerollte Stückchen Rinde, die von den jungen Zweigen des großen Zimtbaumes, einem Vetter unseres Lorbeerstrauchs, abgeschält wird.
Zimtbäume wachsen im Fernen Osten, von China bis Indien, auf Madagaskar und auf Ceylon, das den besten Zimt liefert.
Zimt ist blaßrot gefärbt, er schmeckt süßlich und leicht pfefferartig. Seine ätherischen Öle verflüchtigen sich schnell. Es empfiehlt sich, Zimt in Form von Stangen zu kaufen; sie halten sich länger und man kann sich ihrer Qualität sicher sein.
Zimt aus China besitzt ein weniger feines Aroma; die Stangen sind etwas dicker und haben eine dunklere, ins Bräunliche übergehende Farbe. Das meiste Zimtpulver wird aus chinesischem Zimt hergestellt.

In der europäischen Küche bleibt Zimt fast ausschließlich den Süßigkeiten vorbehalten; man würzt damit Gebäck, Desserts wie Milchreis, Bratäpfel, Apfelmus und Konfekt. Manche Feinschmecker schwören auf eine winzige Prise Zimt zur Verfeinerung von Hasenpfeffer, Wildschweinragout und Frikassees aus Wasservögeln wie Schnepfen und Wildenten.
Der berühmte englische Christmaspudding, aber auch Apfelkuchen und Apfel- oder Quarkstrudel, die auf der ganzen Welt geschätzt werden, haben dem Zimt viel zu verdanken.
Die Gewürzmischungen der arabischen Küche beweisen, wie gut Zimt auch zu pikanten Gerichten paßt. Aus dem nordafrikanischen Nationalgericht Kuskus, das aus Weizengrieß und Hammelfleisch zubereitet wird, ist Zimt nicht wegzudenken.
Wie viele andere Gewürze wirkt Zimt belebend, fördert die Verdauung und ist ein Antiseptikum für die Eingeweide.
Ein halber Teelöffel auf eine Tasse Tee hilft bei Magenbeschwerden und sogar bei Durchfall. Wintersportler und Grippekranke ersetzen den Tee gern durch heißen Wein.
Bestimmte asiatische Völker betrachten Zimt als universales Heil- und Vorbeugemittel; außerdem soll er Grippe bekämpfen und den Kreislauf anregen.

3
SAUCEN UND MAYONNAISEN

VINAIGRETTE

Wer kennt sie nicht, diese einfache und doch so aromatische Sauce aus Öl, Essig, Salz, Pfeffer und Senf?
Vom grünen Salat bis zum warm oder kalt servierten Kartoffelsalat paßt sie zu allen rohen oder gekochten Gemüsen, aber auch zu Fisch, Krustentieren und vielem mehr.
Manche runden sie mit einer Prise Zucker ab, andere wieder sind strikt dagegen; einige Tropfen Worcestersauce oder Tabasco sind jedoch kein Stilbruch.
Der Geschmack der Vinaigrette hängt ganz von der Qualität ihrer Zutaten ab. An Ölen stehen Olivenöl, Nußöl, Erdnußöl, Maisöl und andere zur Wahl; auch gibt es viele verschiedene Essigsorten: Weinessig, Apfelessig, Sherryessig oder auch mit Früchten aromatisierter Weinessig wie zum Beispiel Himbeeressig. Weiße Essigessenz jedoch ist zu vermeiden; man verwendet sie nur zum Einlegen von sauren Gurken, Silberzwiebeln und anderen Pickles.
Die Zutaten sollten in folgendem Mengenverhältnis stehen: Auf 4 Eßlöffel Öl verwendet man 1 Eßlöffel Essig oder etwas weniger; dazu etwas Salz und Pfeffer. Wer Senf untermischen will, soll dies mit Maßen tun: ein halber Teelöffel genügt.
Ernährungswissenschaftler empfehlen, die Zutaten aufgrund ihrer chemischen Beschaffenheit in einer ganz bestimmten Reihenfolge zu verarbeiten: Man gibt zuerst Salz und Pfeffer in die Schüssel und gießt anschließend zunächst das Öl, dann erst den Essig darüber. Wenn Essig direkt mit Salz in Berührung kommt, wird sein Säuregrad stark erhöht. Wie stark, läßt sich daran erkennen, daß man Kupfer mit einer Mischung aus nichts anderem als Essig und Salz reinigen kann.

ANCHOVIS-DIP

Machen Sie es den Südfranzosen nach: reichen Sie frischen, mit Anchovis-Dip bestrichenen Toast zum Apéritif vor dem Essen. Ergänzt durch eine Rohkostplatte wird der Dip zur leckeren Vorspeise: Bringen Sie zum Einstippen die Gemüse der Jahreszeit auf den Tisch, zum Beispiel Tomaten, Artischocken, Selleriestangen, Blumenkohlröschen, Radieschen, Gurken usw.

Für ¼ l Dip:

- *125 g Anchovisfilets (in Öl eingelegt)*
- *2 bis 3 Knoblauchzehen*
- *¼ l Olivenöl*
- *1 bis 2 EL Weinessig*
- *frisch gemahlener Pfeffer*

Von den Anchovisfilets eventuelle Grätenreste entfernen. Die Filets mit dem Öl in den Mixer geben, den zerdrückten Knoblauch und die Hälfte des Essigs zufügen und das Ganze fein pürieren. Anschließend wie bei der Zubereitung einer Mayonnaise das Öl in feinem Strahl zugießen, dabei mit einem Holzlöffel ständig umrühren. Pfeffer darübermahlen; nach dem Abschmecken den restlichen Essig unterrühren.
Am besten läßt man den Dip vor dem Servieren ein bis zwei Stunden durchziehen, damit sich der Geschmack voll entfalten kann.

BARBECUE-SAUCE

Diese Sauce gehört zu den besten hausgemachten Saucen, die ich je probiert habe. Sie paßt hervorragend zu Schmorrippchen, den berühmten Spareribs der Amerikaner, aber auch zu allem anderen vom Holzkohlengrill: zu Geflügelteilen oder Geflügel vom Spieß, zu Fisch usw. Reichen Sie sie auch zu Fleischfondue. Da sie sich im Kühlschrank lange hält, können Sie ruhig größere Mengen davon auf Vorrat zubereiten.

Für ¾ l Sauce:

- *3 mittelgroße Zwiebeln*
- *2 Knoblauchzehen*
- *1 Lorbeerblatt*
- *5 EL Olivenöl*

- 1 TL Thymian
- 5 Blättchen Minze oder Basilikum
- 4 EL Apfelessig
- 4 EL Honig
- 1 gehäufter TL scharfer Senf
- 200 g Tomatenmark
- 1 dl Worcestersauce
- 1 dl Weißwein oder entfettete Fleischbrühe
- Salz, Pfeffer, Cayennepfeffer
- Tabasco (nach Belieben)

Das Öl in einem tiefen Topf erhitzen und die feingehackten Zwiebeln darin glasig werden lassen. Sobald sie leicht zu bräunen beginnen, das mit dem Essig verrührte Tomatenmark hinzufügen. 2 Minuten schmoren lassen, dann mit dem Weißwein oder der Brühe und der Worcestersauce ablöschen. Thymian, Lorbeerblatt, zerdrückten Knoblauch, Honig, Senf und die zerriebenen Minz- oder Basilikumblättchen zufügen. Bei schwacher Hitze ohne Deckel etwa 15 Minuten köcheln lassen, bis die Sauce cremig ist. Mit Salz, Pfeffer und einer kleinen Messerspitze Cayennepfeffer abschmecken, alles gut vermischen. Vom Feuer nehmen und die Sauce zugedeckt erkalten lassen.

Bevor Sie die Sauce servieren – heiß oder kalt –, nochmals abschmecken, ob sie pikant genug ist; gegebenenfalls vorsichtig einige Tropfen Tabasco zufügen.

Anmerkung: Tabasco ist ein aus den Chilies der Antillen hergestelltes scharfes Konzentrat, das im Fläschchen verkauft wird.

KRÄUTERBUTTER

Diese Butter, der die aromatischen Kräuter Petersilie, Kerbel und Schnittlauch ihre Würze verleihen, kann im voraus zubereitet werden. So hat man im Kühlschrank immer einen gebrauchsfertigen Vorrat davon.

Kräuterbutter verfeinert Pfannenfleisch, Steaks, Schnitzel, gekochte oder geröstete Kartoffeln und grüne Bohnen; sie verwandelt einfache Gerichte in ein Festessen.

Für 125 g gesalzene Butter:

- *2 EL Petersilie*
- *1 EL Kerbel*
- *1 EL Schnittlauch*

Die Kräuter feinhacken, mit Ausnahme des Schnittlauchs, der mit der Schere in kleine Röllchen geschnitten wird. Mit Küchenkrepp trockentupfen, ohne die Kräuter dabei zu zerdrücken. Mit einer Gabel unter die gesalzene Butter mischen.
Kräuterbutter zu einer Rolle formen, in Alufolie einwickeln und im Kühlschrank aufbewahren.
Auf dieselbe Weise wird Estragonbutter zubereitet: drei Eßlöffel Estragonblättchen feinhacken und unter die Butter mischen, mit etwas frisch gemahlenem Pfeffer abschmecken.

SCHNECKENBUTTER

Man reicht sie nicht nur zu Schnecken oder Muscheln, sondern auch zu Froschschenkeln, gebratenem Geflügel, gegrilltem oder gekochtem Fisch, zu Waldpilzen und zu rohem oder gedünstetem Gemüse.
Da ihr Geschmack feiner wird, wenn man sie einige Zeit ruhen läßt, bereitet man sie am besten einen Tag vor ihrer Verwendung zu, formt sie zu einer Rolle und schlägt sie in Alufolie ein. So hält sie sich im Kühlschrank mehrere Tage.

Für 250 g gesalzene Butter:

- *4 Schalotten*
- *3 bis 4 Knoblauchzehen*
- *4 EL feingewiegte Petersilie*
- *$1/2$ TL gemahlener Piment*
- *frisch gemahlener weißer Pfeffer*
- *2 kleine Blättchen getrockneter Salbei (nach Belieben)*

Schalotten und Knoblauch zunächst getrennt kleinschneiden und dann noch einmal zusammen durchhacken. Falls Sie einen Mörser besitzen, anschließend zu einer Creme zerdrücken.

Die Butter auf einem Holzbrett oder in einer Rührschüssel mit einer Gabel geschmeidig rühren; dabei die Petersilie, die Knoblauch-Schalotten-Mischung, die zerdrückten Salbeiblättchen und die restlichen Gewürze unterrühren.

ANCHOVISBUTTER

Für 6 Personen:

- *200 g frische Butter*
- *75 g in Öl eingelegte Anchovisfilets, gut abgetropft*
- *1 kleine Knoblauchzehe*
- *Pfeffer*

Anchovisfilets mit der Knoblauchzehe im Mixer zerkleinern, dabei nach und nach die Butter einarbeiten. Wenn die Mischung glatt und cremig ist, durch ein Haarsieb streichen und mit dem Stößel durchdrücken, so daß keine Anchovisstückchen in der Butter zurückbleiben. Mit Pfeffer abschmecken.
In ein Glas füllen oder zu einer Rolle formen und in Pergamentpapier einwickeln (Alufolie ist für Anchovisbutter ungeeignet). Luftdicht verschlossen kann die Anchovisbutter im Kühlschrank mehrere Wochen lang aufbewahrt werden. Soll sie heiß serviert werden, erhitzt man sie im Wasserbad und schlägt sie dabei mit dem Schneebesen schaumig.

MAYONNAISE

Sie ist der Grundtyp einer aufgeschlagenen kalten Sauce. Anfänger schrecken oft vor ihr zurück. Das Geheimnis ihres Gelingens ist mit einem Satz erklärt, an den man sich aber unbedingt halten muß: Alle Zutaten und beteiligten Geräte müssen die gleiche Temperatur haben, sogar die Rührschüssel. Die Mengenverhältnisse: Man rechnet 1 Eigelb auf $^{1}/_{4}$ l Öl.

Für 4 bis 6 Personen:

– *1 Eigelb*
– *¹/₂ TL scharfer Senf*
– *¹/₄ l Öl*
– *Salz, Pfeffer*
– *Essig oder Zitronensaft*

In einem Gefäß, das höher als breit ist und einen guten Stand hat, das Eigelb mit Senf, Salz, wenig Pfeffer und zwei bis drei Tropfen Essig oder Zitronensaft verrühren. Ein bis zwei Minuten warten, dann zu rühren beginnen: entweder mit einem Holzlöffel, einem Schneebesen oder einem elektrischen Handrührer. Dabei das Öl in feinem Strahl einlaufen lassen. Auf das Rührgerät kommt es nicht an; entscheidend ist vielmehr, daß sich die Mischung sofort festigt, nicht von Ölspuren durchsetzt ist oder sich in ihre Bestandteile auflöst. Nach und nach die Ölzugabe verstärken und schneller rühren. Die Mayonnaise ist fertig, wenn sie fest ist. Abschmecken, falls nötig, mehr Essig, Salz und Pfeffer zufügen.

MAYONNAISE MIT EISCHNEE

Das übriggebliebene Eiweiß zu steifem Schnee schlagen. Löffelweise unter die Mayonnaise ziehen. Besondere Vorsicht ist dabei nicht nötig, nur sollte man nicht zu schnell rühren.

LEICHTE MAYONNAISE

Man fügt der Mayonnaise löffelweise Wasser, Milch oder saure Sahne zu, bis sie die gewünschte leichte Konsistenz erreicht hat.

PIKANTE MAYONNAISE

Schmecken Sie die Mayonnaise mit einigen Tropfen Tabasco, einer Messerspitze Cayennepfeffer, in etwas Wasser aufgelöster Chilipaste oder mit Sojasauce ab. All diese Zutaten verleihen der Mayonnaise eine angenehme Schärfe. Dosieren Sie sie jedoch mit Maßen.

KRÄUTERMAYONNAISE

Hacken Sie nacheinander folgende Kräuter fein und stellen Sie sie in den angegebenen Mengen bereit:

- *1 EL Kresseblättchen*
- *1 EL Kerbel*
- *1 EL Petersilie*
- *1 bis 2 Blättchen Minze*

Mischen Sie die Kräuter und rühren Sie sie löffelweise unter die Mayonnaise. Der Saft der Kräuter wird sie bereits etwas verflüssigen; falls gewünscht, verfahren Sie weiter wie bei der leichten Mayonnaise angegeben.

TOMATENMAYONNAISE

Am besten schmeckt diese Mayonnaise, wenn Sie vollreife, sattrote Tomaten daruntermischen: enthäuten und entkernen Sie sie und streichen Sie das Fruchtfleisch durch ein Sieb, so daß Sie eine weiche Creme erhalten. Mischen Sie die Tomatencreme löffelweise unter die Mayonnaise und würzen Sie gegebenenfalls nach.
Aber auch weichgerührtes, gut gewürztes Tomatenmark ist zu empfehlen. Runden Sie den Geschmack mit einer Prise Zucker und einer Messerspitze Cayennepfeffer ab.

AÏOLI

Die Grundsubstanz dieser berühmten provenzalischen Knoblauchmayonnaise ist ein feines Knoblauchpüree, das im Mörser hergestellt wird. Dabei ist nicht unwichtig, welcher Knoblauch verwendet wird: bereiten Sie die Aïoli, wenn möglich, mit südfranzösischem Knoblauch zu, dessen zartviolette Zehen kleiner als die des weißen Knoblauchs sind. (Manche sind auch von seinem feineren Aroma überzeugt.) Worauf es vor allem ankommt, ist die Mengenangabe: in einem provenzalischen Rezept wird immer die violette Knoblauchsorte verlangt. Wenn Ihnen nur weißer Knoblauch zur Verfügung steht, müssen Sie von der angegebenen Menge ein Viertel abziehen. Auch die Wahl des richtigen Öls ist entscheidend: Aïoli schmeckt nur mit Olivenöl. Wenn Sie die Mayonnaise mit einem anderen Öl zubereiten, wird sie zwar genauso aussehen, aber geschmacklich an die „echte" nicht heranreichen – außerdem wird sie weniger leicht verdaulich sein.

Für 6 Personen:

– 6 Knoblauchzehen
– 1 Eigelb
– ¹/₄ l Olivenöl
– Salz, Pfeffer

Für 8 bis 10 Personen:

– 8 bis 10 Knoblauchzehen
– 2 Eigelb
– ¹/₂ l Olivenöl
– Salz Pfeffer

Nach dem Entfernen des Keims die Knoblauchzehen in einem Mörser zu einer Paste zerreiben. Eigelb, Salz und Pfeffer zufügen, alles gut vermischen. Falls die Eier im Kühlschrank aufbewahrt worden sind, wartet man ein bis zwei Minuten, bis sich die Mischung auf Zimmertemperatur erwärmt hat. Damit eine Mayonnaise oder andere aufgeschlagene Saucen gelingen, müssen alle Zutaten diegleiche Temperatur haben. Nach und nach das Olivenöl zugießen und mit dem Stößel, einem Schneebesen oder einem elektrischen Rührgerät unterschlagen. Die fertige Sauce muß dick und fest sein.
Abschmecken und gegebenenfalls nachwürzen. Falls Ihnen der Knoblauchgeschmack nicht kräftig genug ist, geben Sie weitere Zehen zu, die mit der Knoblauchpresse zerdrückt werden.

PROVENZALISCHE FISCHSAUCE

Ähnlich wie die Aïoli hat diese Sauce die Konsistenz einer Mayonnaise – auch an Knoblauch wird nicht gespart. Sie schmeckt jedoch sehr scharf, da sie mit Chilischoten gewürzt wird. Dieses Gewürz verleiht der Sauce eine rostrote Farbe; daher wird sie in der Provence, wo man sie sehr schätzt, „Rouille" genannt, was soviel wie „Rost" bedeutet. Sie begleitet immer die berühmte Bouillabaisse und andere kräftige Fischgerichte, schmeckt aber auch zu gekochtem weißfleischigem Fisch und zu weißen Fischragouts.

Die Aïoli besteht immer aus Knoblauch und Öl; bei der „Rouille" dagegen gehen die Meinungen auseinander. Manche binden sie mit eingeweichtem und dann ausgedrücktem Brot, andere mit Kartoffeln, die in der Bouillabaisse mitgekocht und heiß zerdrückt werden.

Es beruhigt zu wissen, daß von diesem kleinen Vulkan nichts Schreckliches zu befürchten ist: Chilies und Knoblauch machen die Sauce zum wirkungsvollen Desinfektionsmittel für den Verdauungstrakt, das stets gut vertragen wird.

Für 6 Personen:

- *2 Knoblauchzehen*
- *2 kleine rote Chilischoten oder 1 gestrichener TL Cayennepfeffer*
- *1 Eigelb*
- *2 cl Olivenöl*
- *1 Scheibe Weißbrot ohne Kruste*
- *2 EL Fischsuppe oder Bouillabaisse*
- *Salz*

Knoblauch und feingehackte Chilischoten in einem Mörser zerstampfen, bis eine glatte Paste entsteht. Ein etwa eigroßes Stück eingeweichtes und gut ausgedrücktes Brot untermischen. Eigelb und eine Prise Salz unterrühren und dann die Sauce wie eine Mayonnaise aufschlagen, dabei das Öl in einem dünnen Strahl einlaufen lassen. Zum Schluß die Sauce mit löffelweise zugefügter Fischsuppe glattrühren.

Jeder nimmt sich von der „Rouille" einen Klecks auf den Teller und bestreicht damit Weißbrotscheiben, die im Ofen getrocknet, jedoch nicht geröstet werden.

SAUCE TATARE

Die Grundsubstanz dieser Mayonnaise besteht aus den Dottern von hartgekochten Eiern. Sie wird mit feingehackten Frühlingszwiebeln, sauren Gurken, Schnittlauchröllchen, Kapern usw. verfeinert.
Man zieht sie der reinen Mayonnaise vor bei Krustentieren, kaltem Fisch, Salaten mit Meeresfrüchten und gekochten Eiern.

Für 6 Personen:

- *Eigelb von 2 hartgekochten Eiern*
- *1 EL Schnittlauch oder Kerbel, mit der Schere kleingeschnitten*
- *1 EL feingehackte Frühlingszwiebeln, mit oder ohne Grün*
- *1 EL feingehackte saure Gurken*
- *½ EL kleine Kapern (Nonpareilles)*
- *¼ l Erdnußöl*
- *Wein- oder Apfelessig, Salz, Pfeffer, scharfer Senf*

Eigelb mit einem halben Teelöffel scharfem Senf zu einer Paste zerdrücken, pfeffern und leicht salzen, mit einigen Tropfen Essig geschmeidig rühren. 2–3 Minuten stehen lassen, dann das Öl in feinem Strahl zugießen, dabei ständig umrühren. Es ist gleichgültig, ob man die Mayonnaise mit einem Schneebesen oder einem Holzlöffel aufschlägt; was hier zählt, ist hohe Geschwindigkeit. Falls die Mayonnaise zu schnell fest wird, ab und zu einige Tropfen Essig zufügen. Zum Schluß die Kräutermischung portionsweise unterziehen, abschmecken und nachwürzen.

PROVENZALISCHE KAPERNSAUCE

Kapern und Anchovis verleihen dieser südfranzösischen Sauce einen pikanten Geschmack. Man streicht sie auf Zwieback und ißt diese Häppchen zum Apéritif. Man kann die Kapernsauce auch zusammen mit gekochten Eiern als Vorspeise servieren oder als Würzsauce zum Eintopf reichen. Zum Aufbewahren im Kühlschrank füllt man sie in Schraubgläser.

Zutaten:

- *1 kleine Dose in Öl eingelegte Anchovisfilets*
- *200 g schwarze Oliven*
- *1–2 EL in Essig eingelegte Kapern*
- *Eigelb von 3 hartgekochten Eiern*
- *3 Knoblauchzehen*
- *1 kleine Dose Thunfisch*
- *1 Prise Thymian*
- *Pfeffer*
- *Olivenöl*
- *Zitronensaft*

Knoblauchzehen im Mörser zerdrücken und in einem Schälchen beiseite stellen; später wird die Paste in kleinen Mengen unter die Sauce gemischt. Der Knoblauch darf nicht vorschmecken. Die entkernten Oliven, Anchovis mitsamt dem Öl, Eigelb, abgetropften Thunfisch, Thymian und die Hälfte des Knoblauchs in den Mörser geben und zerstampfen.

Sobald all diese Zutaten zu einer glatten Paste verarbeitet sind, ein Drittel ihres Volumens an Kapern zugeben. Alles zu einer feinen Paste zerdrücken und, falls nötig, mit noch mehr Knoblauch abschmecken. Einige Eßlöffel Olivenöl unterschlagen, dabei einen Holzlöffel verwenden. Mit Pfeffer und einigen Tropfen Zitronensaft würzen.

Die Sauce muß glatt und geschmeidig sein. Stellt man sie eine Stunde oder länger in den Kühlschrank, wird sie so fest wie Butter.

Wer keinen Mörser besitzt, kann auch mit dem Mixer arbeiten.

BÉCHAMELSAUCE

Die Béchamel- oder helle Sauce ist eine der am häufigsten verwendeten Saucen in unserer Küche. Sie dient als Grundlage für so viele Gerichte, daß die umsichtige Hausfrau davon immer einen Vorrat im Kühlschrank haben sollte. Und zwar in Form der einfachen, ungewürzten Grundsauce.

Denn aus ihr lassen sich auch süße oder pikante Soufflés sowie

Cremefüllungen für Kuchen herstellen. Man kann sie zur Sahne-Béchamel verfeinern oder mit Käse als Sauce Mornay zubereiten. Gibt man saure Sahne zu, entsteht eine sehr leichte, weiße Sauce, die man mit Zitronensaft oder Champignons geschmacklich abrunden und mit Eigelb legieren kann.

In ihrer Vielseitigkeit paßt die Sauce zu Kabeljau ebenso gut wie zu Gratins und verträgt sich mit allen möglichen Geschmackszutaten: Thymian, Lorbeerblatt, Petersilie, Kerbel, Estragon, Schnittlauch, Zwiebeln usw.

EINFACHE BÉCHAMELSAUCE

Für ¼ l Sauce:

- *1 EL Butter*
- *2 gestrichene EL Mehl*
- *¼ l abgekochte kalte Milch*
- *Salz, Pfeffer, Muskat*

In einem Topf einen guten Eßlöffel Butter zerlassen. Sobald sie Blasen wirft, aber noch nicht bräunt, das Mehl einstreuen. Mit einem Holzlöffel umrühren, bis die Mischung trocken und krümelig wird. Nicht bräunen lassen. Nun die Milch auf einmal zugießen und gut umrühren, damit sich keine Klümpchen bilden. Unter ständigem Rühren erhitzen, bis die Sauce kräftig kocht. Hitze herunterschalten und die Sauce zwei Minuten köcheln lassen; dabei ständig rühren, da sie leicht am Topfboden anhaftet. Würzen.

Kurz vor dem Servieren oder der weiteren Verwendung ein gut nußgroßes Stück Butter unterrühren; Sie können auch einen Eßlöffel Crème fraîche unterziehen; dadurch wird die Sauce sämiger und noch heller.

SAUCE MORNAY

Für Eier, Gratins, Kalbfleisch, Geflügel.
In der fertigen Béchamelsauce vor dem Würzen drei bis vier Eßlöffel geriebenen Käse (Gruyère, Emmentaler) auflösen. Soll die Sauce noch kräftiger nach Käse schmecken, zusätzlich einen Eßlöffel Parmesan zufügen.

Erst zum Schluß salzen und pfeffern und mit Muskat fein abschmecken.

LEICHTE WEISSE SAUCE

Für weißfleischiges Geflügel, Kabeljau, Schellfisch.
Unter die fertige Béchamelsauce drei oder vier Eßlöffel saure Sahne rühren. Erhitzen und noch eine Minute durchziehen lassen. Nachdem die Sauce die gewünschte Konsistenz erreicht hat, mit Salz, Pfeffer und Muskat abschmecken. Die Sauce darf einen Löffel nur leicht überziehen und nicht in einer dicken Schicht daran hängen bleiben.

CHAMPIGNONSAUCE

Für Gratins, zum Binden von Bratensaft usw.

Für ¼ l Béchamelsauce:

150 g Champignons feinhacken und mit Zitronensaft beträufeln, damit sie sich nicht verfärben. In etwas Butter dünsten, bis die austretende Flüssigkeit verdampft ist, und in die Sauce geben.

ZITRONENSAUCE

Für Innereien von Geflügel und Kalb, festfleischige Fische.
Unter ¼ l Béchamelsauce folgende Zutaten ziehen:

- *125 g Crème fraîche*
- *1 Eigelb*
- *2 TL Zitronensaft*

CURRYSAUCE

Für ¼ l Béchamelsauce:

- *100 g feingehackte Zwiebeln*
- *1 EL Currypulver*
- *30 g Butter*
- *Salz, Pfeffer*

Die feingehackten Zwiebeln in der Hälfte der Butter bei schwacher Hitze glasig werden lassen – sie dürfen nicht bräunen. Currypulver darüberstäuben. Umrühren und die Béchamelsauce zufügen, die nicht zu dick sein sollte. Unter Rühren bei starker Hitze kochen. Wenn die Sauce sämig ist, durch ein feines Sieb passieren. Sauce kräftig abschmecken, dann die restliche Butter zerlassen und zufügen.

HOLLÄNDISCHE SAUCE

Die „Sauce Hollandaise" ist eigentlich eine mit Butter zubereitete Mayonnaise – man kann sie als den Grundtyp einer heißen, aufgeschlagenen Sauce bezeichnen. Sie ist einfach zuzubereiten, aber schwierig warmzuhalten. Man kann ihr Erkalten höchstens dadurch hinauszögern, daß man sie in ein Wasserbad stellt und ständig umrührt. Es empfiehlt sich daher, sie schon im voraus vorzubereiten, aber erst in letzter Minute fertigzustellen.

Für 6 Personen:

– 3 Eigelb
– 250 g Butter
– 1 Zitrone
– 2 EL Apfelessig
– Salz, Pfeffer

Bereiten Sie die Sauce in einem Topf zu, den man bequem in ein Wasserbad stellen kann. Stellen Sie auch einen mit kaltem Wasser gefüllten Topf in Reichweite bereit. Er leistet gute Dienste, wenn man den Topfboden rasch abkühlen muß, da die Sauce zu heiß geworden ist.
Die Requisiten stehen nun bereit, es kann losgehen. Saft von einer halben Zitrone ausdrücken. Die drei Eigelb mit Essig, Salz und Pfeffer in den Topf geben und gut durchmischen, einige Zeit ruhen lassen. Währenddessen die kühle, aber nicht kalte Butter in pflaumengroße Stückchen zerteilen. Dieser Arbeitsgang kann schon im voraus erledigt werden.
Wasserbad erhitzen. Das Wasser muß ziemlich heiß sein und ge-

rade zu sieden beginnen, darf jedoch niemals sprudelnd kochen. Nun den Topf für die Sauce in das Wasserbad stellen und von diesem Augenblick an ständig rühren – man darf keinen Moment lang damit aufhören.
Butter unter Rühren einfügen. Sobald sich ein Stückchen aufgelöst hat, das nächste zugeben. Wenn die Sauce dicklich zu werden beginnt, kann man die Butter in schneller Folge zufügen; dabei ständig weiterrühren, bis alle Butter verbraucht ist und die Sauce die Konsistenz von Mayonnaise besitzt. Topf aus dem Wasserbad nehmen und dabei kräftig weiterrühren, bis die Sauce nicht mehr ganz so heiß ist. Abschmecken, ein bis zwei Teelöffel Zitronensaft zufügen und gegebenenfalls mit Salz und Pfeffer abschmecken. Sofort servieren.
Zu Spargel reicht man Sahne-Hollandaise: ziehen Sie drei Eßlöffel steifgeschlagene Sahne unter die Holländische Sauce.

Tip: Wenn Sie während der Zubereitung feststellen, daß sich die Sauce verflüssigt, ist sie überhitzt worden. In diesem Fall fügt man ihr sofort einen Eßlöffel eiskaltes Wasser zu und taucht den Topfboden in kaltes Wasser.

FEINE BUTTERSAUCE

Dies ist die leichteste aller mayonnaiseartigen, also aller aufgeschlagenen Saucen. Wie die Holländische Sauce wird sie lauwarm serviert, da sie beim Erhitzen gerinnen würde. Dennoch ist sie nicht schwer zuzubereiten. Mit ihrem unvergleichlich feinen Geschmack paßt sie hervorragend zu blaugekochten Fluß- oder Meeresfischen, zu Jakobsmuscheln und zu vielen Gemüsen mit zartem Aroma, zum Beispiel Spargel oder Artischocken.

Für 6 Personen:

– 300 g (gesalzene) Butter
– 4 EL gehackte Schalotten
– 8 EL Apfelessig
– 4 EL trockener Weißwein

– *Pfeffer*
– *2 EL Wasser*
– *1 Zitrone*

Kaufen Sie, wenn möglich, offene Butter. Je weniger die Butter vorbehandelt wurde, desto sicherer gelingt die Sauce. Bei gesalzener Butter erübrigt es sich, die Sauce mit Salz abzuschmecken; man darf sicher sein, daß die Sauce ein harmonisch abgerundetes Aroma entfalten wird.
Schalotten mit Essig und Weißwein in einen Topf mit bauchigem Boden geben, der groß genug ist, daß man die Sauce bequem mit dem Schneebesen aufschlagen kann.
Die Schalottenmischung bei mäßiger Hitze köcheln lassen, bis die Flüssigkeit verdampft ist und die Schalotten zu einer cremigen Masse verkocht sind. Achtung: Die Schalotten dürfen nicht bräunen oder am Topfboden anhaften!
Inzwischen die Butter – die ziemlich fest sein sollte – in nußgroße Stückchen zerteilen.
Einen Eßlöffel Wasser unter die Schalotten rühren; die Masse bei mäßiger Hitze heiß werden lassen, jedoch nicht zum Kochen bringen. Dann 4 bis 5 Stückchen Butter zufügen und mit dem Schneebesen kräftig durchrühren. Sobald die Masse cremig ist, weitere Butterflöckchen unterschlagen. Wenn die Hälfte der Butter verbraucht ist, einen weiteren Eßlöffel Wasser zufügen. Bei dieser Sauce kommt es darauf an, daß sie niemals zum Kochen gebracht wird.

SAUERAMPFER-SAUCE

Die Zubereitung einer Sauerampfer-Sauce ist ganz einfach: Eine Handvoll Sauerampferblätter wird in Butter weichgedünstet; anschließend zieht man Sahne darunter oder mischt den Sauerampfer unter andere Saucen, wie zum Beispiel Holländische Sauce. Rezepte, in denen Sauerampfersauce als Beilage vorkommt, geben immer genau an, von welcher Sauce auszugehen ist. Sauerampfer-Sauce ist die ideale Ergänzung zu blaugekochtem oder im Ofen gebackenem Fisch, zu Jakobsmuscheln, zu pochierten Eiern, zu kurzgebratenem Kalbfleisch usw.

Für ¼ l Sauce:

- *250 g küchenfertiger Sauerampfer*
- *250 g saure Sahne oder Crème fraîche*
- *30 g Butter*
- *Salz, Pfeffer*

Von den Sauerampferblättern den Stiel bis zur Blattmitte abzupfen. Waschen und trockentupfen, dann in breite Streifen schneiden. Butter in einem Topf zerlassen, Sauerampfer darin weichdünsten. Dabei ständig umrühren, damit die Blätter rasch zerfallen und ihr frisches Grün möglichst gut bewahren.
Saure Sahne hat den Vorzug, daß sie die Sauce nach einer Minute Köcheln legiert. Die gesamte Menge auf einmal zugeben und unter Rühren aufkochen lassen. Sobald die Sauce den Löffel überzieht, Topf vom Herd nehmen. Mit Salz und Pfeffer abschmecken.
Falls Crème fraîche verwendet wird, in einem zweiten Topf köcheln lassen, bis sie den Löffel überzieht. Über den Sauerampfer gießen und noch eine halbe Minute köcheln lassen, dann salzen und pfeffern.
Die fertige Sauce kann im Kühlschrank aufbewahrt und bei Bedarf ohne besondere Vorsichtsmaßnahmen erhitzt werden.
Der weichgedünstete Sauerampfer allein kann unter eine Holländische Sauce gezogen werden; Voraussetzung ist allerdings, daß er genau die gleiche Temperatur wie die Sauce hat. Diese Sauce schmeckt köstlich zu großen, blaugekochten Fischen mit feinem Geschmack, wie zum Beispiel Barbe, Zander und sogar Kabeljau und verwandte Fische.
Man serviert sie in einer Sauciere, mit zerpflückten Kerbelblättchen bestreut.

SAUCE BÉARNAISE

Für 6 Personen:

- *250 g Butter*
- *3 Eigelb*
- *1 Gläschen (2 cl) Estragon-Weißwein-Essig*

- *5 feingehackte Schalotten*
- *2 EL Estragonblättchen*
- *1 EL gehackter Kerbel*
- *Salz, Pfeffer*

Den Essig mit den Schalotten und einem Eßlöffel Estragon bei starker Hitze kochen lassen, bis alle Flüssigkeit verdampft ist. Abkühlen lassen.

Inzwischen ein Wasserbad vorbereiten: einen großen Topf zur Hälfte mit Wasser füllen, Wasser bis zum Siedepunkt erhitzen. Die Eigelb mit 2 Eßlöffeln kaltem Wasser unter die Schalotten mischen, salzen und pfeffern. Im Wasserbad erhitzen und wie bei der Holländischen Sauce die Butter stückchenweise unterrühren.

Kurz vor dem Servieren nachwürzen, den restlichen Estragon und den Kerbel zufügen.

Buttersaucen sind nicht ganz einfach zuzubereiten. Damit sie gelingen, muß man darauf achten, daß das Wasserbad nie sprudelnd kocht, sonst gerinnt das Eigelb. Um dies zu verhindern, kann man auch einen halben Teelöffel Mehl unter das Eigelb rühren (nicht mehr!).

TOMATENSAUCE

Tomatensauce läßt sich ganz einfach zubereiten, indem man Tomaten so lange kocht, bis sie auf die gewünschte Konsistenz eingedickt sind. Das vorliegende Rezept jedoch ist raffinierter; Sie können die cremige Sauce pur verwenden oder andere Gerichte damit abschmecken.

Für ½ l Sauce:

- *1 kg Tomaten*
- *2 Zwiebeln*
- *3 Knoblauchzehen*
- *1 Kräuterstrauß mit viel Thymian*
- *2 Stangen Sellerie*
- *2 Möhren*

- *50 g Butter oder Olivenöl*
- *Salz, Pfeffer, Zucker*
- *Estragon oder Basilikum oder Mischung feiner Kräuter*

Butter oder Öl in einem Topf erhitzen, die feingehackten Zwiebeln, den Knoblauch, den in Stücke geschnittenen Sellerie und die geraspelten Möhren darin andünsten; die Gemüse dürfen nicht bräunen. Inzwischen die Tomaten häuten, entkernen und zerdrücken, damit das Wasser austritt. Sobald die Gemüse fast gar sind, Tomaten und Kräuterstrauß zufügen. Zugedeckt schmoren lassen; den Deckel abnehmen, wenn die Tomaten zerfallen sind. Auf die gewünschte Konsistenz einkochen lassen, Kräuterstrauß entfernen und die Sauce durch ein Sieb passieren. Würzen. Ist eine pikante Sauce erwünscht, mit einer kleinen Messerspitze Cayennepfeffer abschmecken. Falls sie zu säuerlich schmeckt, einen gestrichenen Teelöffel Zucker zufügen.
Kurz vor dem Servieren je nach Belieben mit Estragon, Basilikum oder „Fines Herbes" abschmecken.

FÜLLUNG UND SAUCE NACH BOLOGNESER ART

Für ½ l Füllung:

- *200 g gekochter Schinken*
- *200 g Rinderhack*
- *150 g Champignons*
- *1 geriebene Möhre*
- *2 gehackte Zwiebeln*
- *2 Stangen Sellerie*
- *1 Knoblauchzehe*
- *2 EL Olivenöl*
- *2 dl Rotwein*
- *500 g enthäutete und entkernte Tomaten*
- *1 EL Mehl*
- *Salz, Pfeffer, Muskat*
- *Thymian, Petersilie, Majoran, Lorbeerblatt*
- *1 knapper Eßlöffel geriebener Parmesan*

Das Öl in einem dickwandigen Topf langsam erhitzen; den Schinken mitsamt dem Fett feinhacken und bei schwacher Hitze im Öl andünsten. Sobald er sich hell zu verfärben beginnt, das Rinderhack hinzufügen, einige Minuten später die blättrig geschnittenen Champignons, die Zwiebeln, die kleingeschnittenen Selleriestangen und die geriebene Möhre.

Die Masse 5 Minuten unter Rühren dünsten, dann mit dem Wein aufgießen, der von guter Qualität sein sollte. Ohne Deckel bei schwacher Hitze köcheln lassen, dabei gelegentlich umrühren, bis der Wein verdunstet ist. Dann einen gehäuften Eßlöffel Mehl darüberstäuben. Durchrühren und etwas anbräunen lassen, anschließend das gewürfelte Tomatenfleisch und die Kräuter zugeben. Das Lorbeerblatt mit der Petersilie, dem Thymian und einem Zweiglein Majoran zusammenbinden und dazugeben oder je einen dreiviertel Teelöffel getrockneten Thymian und Majoran zufügen. Mit Salz, Pfeffer und Muskat würzen und mit einigen Eßlöffeln Wasser geschmeidig rühren. Zudecken und auf kleinster Flamme köcheln lassen, bis sich die zerkochten Tomaten mit der Fleischmischung zu einer dicken, cremigen Masse verbunden haben.

Abkühlen lassen; unter die lauwarme Masse den Parmesan rühren, abschmecken und nachwürzen. Wenn die Füllung wegen der Tomaten etwas säuerlich schmeckt, eine Prise Zucker zufügen.

Diese Füllung bildet den Ausgangspunkt für die Sauce Bolognese: man verdünnt sie mit entfetteter Rinds- oder Geflügelbrühe. Die Sauce verleiht den berühmten „Spaghetti Bolognese" und den meisten anderen italienischen Nudelgerichten wie Ravioli und Cannelloni ihren unvergleichlichen Geschmack.

PANIERMISCHUNG

Auf diese Weise paniert man Fischfilets, Schnitzel, Fleischklößchen usw., die anschließend fritiert oder in der Pfanne gebraten werden.

Für 6 Personen:

- *– 100 g Mehl*
- *– 2 Eier*
- *– 1 TL Öl*
- *– 150 g Semmelbrösel*
- *– Salz, Pfeffer*

Drei Teller bereitstellen. Auf dem ersten das Mehl verteilen; auf dem zweiten die Eier mit Salz, Pfeffer und Öl verquirlen; auf den dritten die Semmelbrösel geben.
In dieser Reihenfolge wird auch das Paniergut überzogen; nach jedem Wenden leicht schütteln, damit das überschüssige Mehl und Ei entfernt wird. Die Panierstücke sofort mit Semmelbröseln überziehen; gut festdrücken, damit die Brösel haften bleiben. Anschließend in Öl fritieren; es soll nicht so heiß sein, daß es raucht, damit das Fritiergut schön goldgelb wird.
Fertig panierte Stücke können vor dem Garen bis zu 30 Minuten auf einem Brett liegen bleiben; sie müssen dann allerdings vor dem Braten oder Fritieren noch einmal mit Semmelbröseln überzogen werden.
Produkte, die selbst viel Feuchtigkeit enthalten, können auch vor dem Garen nur in Semmelbröseln gewälzt werden; so kann man den Paniervorgang vereinfachen.
Wenn man gekaufte Semmelbrösel verwendet, wird die Panade beim Braten oft ziemlich dunkel. Dies läßt sich vermeiden, wenn man seine eigenen Semmelbrösel herstellt: Von altem Weißbrot oder Brötchen die Kruste abreiben, so daß nur die Krume übrigbleibt. Diese wird mit Hilfe einer Reibe oder im Mixer zu Bröseln zerkleinert. Auf diese Weise erhält man sehr helle Brösel, die nicht so schnell bräunen. Will man sie nicht sofort verwenden, läßt man sie 24 Stunden an der Luft trocknen und bewahrt sie dann in einem gut verschlossenen Glas auf.

4
SUPPEN

GAZPACHO

Diese herrliche Sommersuppe ist eigentlich ein „verflüssigter" Salat. Sie besteht aus pürierten rohen Gemüsen und wird eiskalt serviert.

Für 6 Personen:

- *1 kg Tomaten*
- *½ Gurke*
- *1 Knoblauchzehe*
- *2 weiße Zwiebeln*
- *200 g altbackenes Weißbrot ohne Kruste*
- *4 EL Olivenöl*
- *2 El Essig*
- *1 kleine rote Paprikaschote*
- *¾ l Wasser*
- *Salz*
- *Croutons*

Tomaten kurz in kochendes Wasser legen, dann schälen, entkernen und das Fruchtfleisch kleinschneiden. Brot in Wasser einweichen und wieder ausdrücken. Gurke schälen, entkernen und in sehr kleine Würfel schneiden. Die weißen Zwiebeln sehr fein hacken.
Tomaten mit dem Brot im Mixer fein pürieren, so daß eine cremige Masse entsteht. Öl, Essig, Salz (keinen Pfeffer!), die zerdrückte Knoblauchzehe, zwei Eßlöffel von den Gurkenwürfelchen und die Hälfte der Paprikaschote, in Stückchen geschnitten, zufügen. Mit ¾ l Wasser aufgießen und alles fein pürieren. 2–3 Stunden im Kühlschrank ziehen lassen; kurz vor dem Servieren Eiswürfel hineingeben.
Dazu reicht man in kleinen Schälchen die restlichen Gurkenwürfel, die Zwiebeln, den Rest der Paprikaschote und Croutons – kleine Brotwürfel, die in Öl goldbraun gebraten wurden.
Wer keine rohen Gemüsestückchen verträgt, ißt die Gazpacho ohne Einlagen; die anderen bedienen sich nach Belieben aus den Schälchen. Stilecht wird Gazpacho in Tassen serviert.

VICHYSSOISE
(KALTE KARTOFFEL-LAUCH-SUPPE)

Servieren Sie diese erfrischende Suppe in Tassen und reichen Sie dazu knackig-frischen Schnittlauch oder Frühlingszwiebeln.

Für 6 Personen:

- 4 mittelgroße Stangen Lauch
- 2 Zwiebeln
- 5 mittelgroße Kartoffeln
- 40 g Butter
- 1 l Geflügelbrühe
- 150 g Crème fraîche
- Salz, Pfeffer
- 1 Bund Schnittlauch oder Frühlingszwiebeln

Vom Lauch nur das Weiße verwenden. Lauch mit den Zwiebeln grob hacken. In der Butter andünsten, aber nicht bräunen lassen. Sobald die Gemüse glasig sind, in Scheiben geschnittene Kartoffeln zufügen. 3–4 Minuten unter Rühren andünsten, so daß von den Kartoffeln der größte Teil der Flüssigkeit verdampft und sie gut mit Butter überzogen werden.

Mit der kochenden Brühe aufgießen. Zugedeckt leise köcheln lassen, bis die Kartoffeln zerfallen. Im Mixer fein pürieren, dann durch ein Haarsieb streichen. In dieser cremigen Suppe dürfen keine Klümpchen zurückbleiben. Erkalten lassen, Crème fraîche zugeben, salzen und Pfeffer darübermahlen. Suppe in den Kühlschrank stellen. Vor dem Servieren Eiswürfel zugeben; sie dürfen ruhig mit in die Suppentassen geschöpft werden. Dazu kleingeschnittene Frühlingskräuter reichen: Kerbel, Schnittlauch, Frühlingszwiebeln.

Erst nach der Zugabe der Eiswürfel überprüft man, ob die Suppe die richtige Konsistenz hat. Sie sollte leicht und cremig, auf keinen Fall dickflüssig sein.

AVOCADOCREME

Die kalte Suppe erst „in letzter Minute" im Mixer zubereiten, nachdem alle Zutaten bereitgestellt und vorbereitet worden sind. Avocadocreme darf nämlich nicht lang stehen, sonst verfärbt sich das hübsche Hellgrün ins Bräunliche. Auch diejenigen, die Avocados „pur" nicht vertragen, werden von dieser Suppe begeistert sein. Servieren Sie sie in zierlichen Tassen.

Für 4 Personen:

- *2 Avocados*
- *1 Zitrone*
- *½ l Hühnerbrühe (Würfel)*
- *2 EL trockener Sherry*
- *1 EL frischer Dill oder 1 TL gemahlener Dill*
- *½ TL Zwiebelpulver*
- *100 g Crème fraîche*

Brühwürfel in etwas heißem Wasser auflösen, dann mit kaltem Wasser zu einem halben Liter aufgießen.
Avocados schälen und in Stücke schneiden, dabei mit Zitronensaft beträufeln, damit sie sich nicht verfärben. Avocados mit der Hälfte der Brühe, dem gemahlenen Dill (frischer Dill darf erst später zugefügt werden) und dem Zwiebelpulver in den Mixer geben und fein pürieren. Dabei entsteht eine dicke, glatte Creme. In eine Glas- oder Porzellanschüssel geben und mit dem Sherry, der Crème fraîche, Salz und Pfeffer sowie der restlichen Brühe verrühren. Abschmecken. Falls Sie frischen Dill verwenden, wird er nun über der Suppe mit der Schere kleingeschnitten. Avocadocreme einige Minuten ins Gefrierfach stellen oder einige Eiswürfel zugeben, damit sie gut gekühlt auf den Tisch kommt.

KNOBLAUCHSUPPE „TOURIN"

Diese Suppe stammt aus dem Südwesten Frankreichs. Je nach Gegend wird sie unterschiedlich zubereitet; dieses Rezept ist eine der herzhaftesten Varianten. Ich habe es aus einem kleinen

Dorf mitgebracht, wo man die Suppe an einem eisigen Morgen einigen Jägern serviert hatte. Nach dem Essen bekamen sie rote Backen und hätten Bäume ausreißen können, sagte mir die Hausfrau.

Für 6 Personen:

- *8–10 Knoblauchzehen*
- *2 l Wasser*
- *2 Eier*
- *200 g Olivenöl*
- *Salz, Pfeffer*
- *altbackenes Weißbrot*

Knoblauchzehen schälen und im Mörser oder in der Knoblauchpresse zu einer Paste zerdrücken. Wer die Knoblauchpresse benutzt, nimmt 15 Knoblauchzehen. Auf dem Boden einer Suppenterrine verteilen und mit zwei Lagen Weißbrotscheiben abdecken. Den Deckel auf die Terrine setzen; die Mischung durchziehen lassen.
Eier trennen; die Eigelb mit dem Öl zu einer Mayonnaise aufschlagen.
Salzwasser zum Kochen bringen. In das sprudelnd kochende Wasser das Eiweiß hineingeben. Sobald es fest geworden ist, Topf vom Herd ziehen. Mayonnaise mit einigen Eßlöffeln kochend heißem Wasser verdünnen, die nach und nach untergerührt werden. Dann die ganze Mayonnaise in den Topf geben; den Topf nicht mehr auf den Herd stellen. Suppe gut durchrühren, abschmecken, pfeffern und in die Terrine gießen. Zugedeckt noch 5–8 Minuten ziehen lassen, dann servieren.

SAUERAMPFERSUPPE MIT KERBEL

Diese Suppe schmeckt köstlich und ist schnell zubereitet. Ihr Aroma wird am Schluß durch den Kerbel noch verfeinert.

Für 6 Personen:

- *eine große Handvoll Sauerampferblätter*
- *2–3 mittelgroße Kartoffeln*
- *1 Bund Kerbel*
- *40 g Butter*
- *1 Eigelb*
- *100 g süße Sahne*
- *1 EL Mehl*
- *Salz*

Von den Sauerampferblättern den Stiel und die dicke Mittelrippe abzupfen. 4–5 Blätter zurückbehalten; sie werden in feine Streifen geschnitten und kurz vor dem Servieren unter die Suppe gerührt. Restlichen Sauerampfer grob hacken. Butter in einem großen Topf erhitzen, Sauerampfer zugeben. Sobald er weich ist, mit Mehl überstäuben, durchrühren und mit 2 l Wasser aufgießen.
Kartoffeln in Würfel oder dünne Scheiben schneiden und zugeben. Suppe kochen lassen, bis die Kartoffeln weich sind. Im Mixer pürieren und noch einmal aufkochen lassen, dann die Sauerampferstreifchen und die süße Sahne zugeben und den Topf sofort vom Herd nehmen. Salzen.
Währenddessen den Kerbel mit der Schere grob zerschneiden oder mit der Hand zerpflücken, in der Suppenterrine mit dem Eigelb verquirlen und mindestens 10 Minuten ziehen lassen. Dann die heiße Suppe vorsichtig übergießen, dabei schnell rühren, damit das Eigelb nicht gerinnt. Dazu Croutons reichen.
Die Kartoffeln lassen sich auch gut durch eine Tasse gekochten Reis ersetzen. In diesem Fall läßt man das Mehl weg.

KRÄFTIGE GEMÜSESUPPE

Alle Gemüse werden in kleine Würfel geschnitten und in Butter oder Gänseschmalz angedünstet – auf diese Weise erhalten sie ein besonders feines Aroma. Geflügelklein und Hühnerfüße, die vor dem Servieren entfernt werden, sorgen dafür, daß die Brühe kräftig wird.

Für 6 Personen:

- *300 g Möhren*
- *100 g weiße Rübchen*
- *300 g Kartoffeln (fest kochend)*
- *3 mittelgroße Stangen Lauch*
- *1 Stange Sellerie*
- *Geflügelklein von 2 Hühnern: Flügel, Hals, Magen; dazu 4–6 Hühnerfüße oder die Knochen von einem Huhn*
- *2 l Wasser*
- *60 g Butter oder Gänseschmalz*
- *2 EL Petersilie*
- *1 Eigelb*

Das Geflügelklein und die Hühnerfüße kurz aufkochen lassen, dann von den Füßen die Krallen entfernen und die Füße zusammenbinden. Nun die Hühnerteile mit 2 l Wasser in einen großen Topf geben. Leicht salzen, 4 Pfefferkörner zufügen. So lange kochen lassen, bis das Hühnerklein weich ist.

Inzwischen alle Gemüse in kleine Würfel schneiden; vom Lauch die grünen Teile entfernen. In der Hälfte der Butter bei mäßiger Hitze andünsten, jedoch nicht bräunen lassen. Gemüse in die Brühe geben. 30–40 Minuten leise köcheln lassen. Die Suppe ist fertig, wenn die Möhren weich sind.

Hühnerklein und -füße entfernen, kräftig abschmecken. Kurz vor dem Servieren die restliche Butter unterrühren. Falls die Suppe mit Gänseschmalz zubereitet wurde, kein weiteres Fett zufügen.

Falls die Brühe zu stark eingekocht ist, vor dem Nachwürzen mit kochendem Wasser auffüllen.

Das Tüpfelchen auf dem i: zwei Eßlöffel feingehackte Petersilie mit einem Eigelb verquirlen, in die leere Suppenterrine geben und 10–15 Minuten durchziehen lassen. Dann langsam die kochende Suppe darübergießen. Sofort servieren.

GEMÜSESUPPE MIT PISTOU

Diese an der Côte d'Azur beheimatete Suppe duftet herrlich nach frischem Basilikum. Sie werden diesem Duft in der ganzen Provence begegnen; überall steht die kurz „Pistou" genannte Suppe auf der Speisekarte.

Jede Familie schwört auf ihr eigenes Rezept. Die einen essen ihre „Pistou" gern mit Nudeln, die anderen rümpfen über solche Eßgewohnheiten die Nase. Die Grundzutaten jedoch bleiben immer die gleichen. Das vorliegende Rezept verdanke ich Jeanine Raibaud-Dumas, einer berühmten Köchin aus Nizza.

Für 6–8 Personen:

SUPPE:

- *500 g Kartoffeln*
- *200 g frische weiße Bohnenkerne oder getrocknete, eingeweicht gewogene Bohnen*
- *200 g dickfleischige grüne Bohnen*
- *4 mittelgroße Möhren*
- *3 mittelgroße Stangen Lauch*
- *200 g junge Erbsen, frisch entschotet oder tiefgekühlt*
- *4 mittelgroße Zucchini*
- *3 mittelgroße Tomaten*
- *125 g Räucherspeck*

PISTOU:

- *1 Sträußchen frisches Basilikum (oder 15 große Blätter)*
- *2 Knoblauchzehen*
- *50 g geriebener Käse*
- *Olivenöl*
- *1 EL Parmesan (nach Belieben)*
- *Salz, Pfeffer*

Kartoffeln und Möhren in Würfel schneiden. Die gut eingeweichten Bohnen abtropfen lassen und abwiegen. Grüne Bohnen in etwa 1 cm lange Stücke schneiden, ebenso die von den grünen Teilen befreiten Lauchstangen. Das Gemüse mit 3 l Wasser in einen großen Topf geben. 10 Minuten kochen lassen, dann

den kleingeschnittenen Räucherspeck, die ungeschälten, in 1 cm dicke Scheiben geschnittenen Zucchini, die gehäuteten und geschälten Tomaten sowie die Erbsen zugeben. Hitze herunterschalten. Suppe 2 Stunden lang leise köcheln lassen. Anschließend mit einer Gabel durchrühren, so daß die Suppe sämig wird, die Gemüse jedoch nicht gänzlich zerfallen.
Inzwischen die Basilikumpaste, das eigentliche Pistou, zubereiten: In einem Holz- oder Marmormörser die Basilikumblätter und den Knoblauch zu einer Paste zerstampfen. Löffelweise den geriebenen Käse zufügen, dabei die Paste mit etwas Olivenöl geschmeidig halten. Das fertige Pistou ist eine feine, glatte, aber nicht dünnflüssige Creme.
Kochende Suppe vom Herd nehmen, Pistou unterrühren. Mit Salz und Pfeffer abschmecken. Suppe noch einmal kurz aufkochen und sofort servieren.

KOHLSUPPE MIT ROQUEFORT

Kohl ist so reich an Vitaminen und Spurenelementen, daß er in einer ausgewogenen Ernährung ebensowenig fehlen darf wie die Küchenkräuter.
Das Besondere an dieser schmackhaften Suppe ist der Roquefort, den jeder bei Tisch selbst dazugibt. Er macht die Suppe sämig und würzig.

Für 6 Personen:

- *1 kleiner Kopf Grünkohl*
- *300 g geräucherter Schweinebauch*
- *4 Möhren*
- *2 Stangen Lauch*
- *3 Kartoffeln*
- *1 Zwiebel*
- *Salz, Pfeffer, Gewürznelken*
- *200 g Roquefort oder ein anderer kräftiger Blauschimmelkäse.*

Den Schweinebauch waschen, trockentupfen und würfeln. In 2 l kaltes Wasser geben, aufkochen lassen und abschäumen. 30 Mi-

nuten kochen lassen. Dann die in Stifte oder kleine Würfel geschnittenen Möhren sowie die mit ein bis zwei Gewürznelken gespickte Zwiebel zufügen.
Inzwischen den Kohl vierteln; die Stücke 10 Minuten in kochendem Wasser blanchieren. Mit kaltem Wasser abschrecken und in feine Streifen schneiden, dabei die dicken Blattrippen entfernen. In die Suppe geben und wieder aufkochen lassen. Eine weitere halbe Stunde leise köcheln lassen. Den Lauch von den grünen Teilen befreien und in Stücke schneiden, die Kartoffeln in große Würfel schneiden. Lauch und Kartoffeln in die Suppe geben.
Nach insgesamt 2 Stunden Kochzeit ist die Suppe fertig; es schadet ihr jedoch nicht, wenn sie noch länger kocht. Abschmecken und nachwürzen – dabei nicht vergessen, daß auch der Käse salzig ist. Ist die Brühe zu stark eingekocht, mit kochendem Wasser auffüllen.
Dazu in dünne Scheiben geschnittenes Brot reichen. Jeder legt davon ein paar Scheiben in seinen Teller und gibt darauf ein Stückchen Roquefort, das etwa so groß wie ein Zuckerwürfel ist. Schöpft man die heiße Suppe darüber, schmilzt der Käse.

BOHNENSUPPE
NACH PROVENZALISCHER ART

Die Bezeichnung „Suppe" ist irreführend – es handelt sich hier vielmehr um ein deftiges Hauptgericht, wie es in den ländlichen Gegenden der Gascogne auf den Tisch kommt, der Heimat des Armagnac und der feinsten Gänseleberpastete.
Die Hauptbestandteile sind Gänse- oder Entenfleisch (oder ein Gemisch aus beiden); grüne Bohnenkerne, die jungen, zarten Samen der Puffbohnen, die nicht geschält zu werden brauchen; und schließlich eine üppige „Einlage" aus Geflügelinnereien und Schweinebauch, die zunächst zu einer Art Pfannkuchen vorgebacken und dann in der Suppe fertig gegart wird.
Man kann sich vorstellen, daß diese handfesten Zutaten dem Magen einigermaßen zu schaffen machen – ein Sträußchen Ysop sorgt dafür, daß das Ganze trotzdem gut bekömmlich wird;

außerdem paßt die herzhafte Würze des Ysop hervorragend zu fetten, stärkehaltigen Gerichten wie diesem.

Für 6 bis 8 Personen:

- *1 Gänseflügel oder -bein oder 6 ganze Entenschenkel*
- *4 Zwiebeln oder 12 kleine Silberzwiebeln*
- *2–3 Knoblauchzehen*
- *3 kg junge Puffbohnen, mit Schoten*
- *1 dicker Kräuterstrauß (Petersilie, Thymian, Lorbeer)*
- *1 Stange Sellerie oder 1 Bund Selleriegrün*
- *1 Bund Schnittlauch*
- *2 Zweiglein frischer Ysop oder 1 EL getrockneter Ysop*
- *Salz, Zucker*

EINLAGE

- *3 Geflügellebern und -herzen*
- *300 g frischer Schweinebauch*
- *2 gekochte Gänse- oder Entenmägen*
- *4 Schalotten*
- *1 kleines Schälchen Semmelbrösel*
- *3–4 Eier, je nach Größe*
- *1 gehäufter EL feingehackte Petersilie*
- *Gänse- oder Entenfett*
- *Salz, Pfeffer, Zucker*

SUPPE

Bohnen entschoten; es sollen etwa 1 kg Bohnenkerne übrigbleiben. Einen Teelöffel Zucker in 3 l Salzwasser auflösen; Wasser zum Kochen bringen. Bohnenkerne zufügen, Hitze herunterschalten.

Knoblauchzehen und Zwiebeln feinhacken und in einer Pfanne in Gänse- oder Entenfett glasig werden lassen; sie dürfen nicht bräunen.

Von den Geflügelteilen das Fett ausbraten: In den heißen Backofen auf den Bratrost legen; Fett in der Fettpfanne auffangen. Die Haut soll dabei jedoch nicht bräunen.

Zwiebelmischung, sämtliche Kräuter und das Fleisch zu den Bohnen geben und alles 45 Minuten leise köcheln lassen. Vom Herd nehmen; Deckel nicht entfernen.

FÜLLUNG

Geflügelmägen von ihrer harten Haut befreien; Leber, Herzen, Schweinebauch und Mägen feinhacken. Das Fleisch in einer Schüssel mit den Semmelbröseln, den Eiern, den feingehackten Schalotten und der Petersilie vermengen. Mit Salz, Pfeffer und einer Prise Zucker abschmecken.

In einer großen Pfanne einen gehäuften Eßlöffel Fett zerlassen. Die Füllung wie ein Omelett darin braten. Sobald sie fest geworden ist, beide Seiten zur Mitte hin einschlagen und die Füllung umdrehen, so daß die Faltseite nach unten zu liegen kommt.

Suppe entfetten, abschmecken und wieder erhitzen. Sobald sie zu sieden beginnt, die Füllung vorsichtig hineingleiten lassen; darauf achten, daß sie nicht zerfällt. Noch 25–30 Minuten in der siedenden Suppe ziehen lassen, die auf keinen Fall sprudelnd kochen darf!

So wird die Suppe serviert: Kräuter aus der Brühe nehmen. Auf jeden Teller eine Scheibe von der Füllung legen, das Fleisch verteilen und Suppe darüberschöpfen. Dazu getoastetes Bauernbrot reichen.

Wenn die Puffbohnen schon älter sind, muß man die Bohnenkerne einige Minuten lang aufkochen lassen, damit sich die bitter gewordene Haut gut entfernen läßt. Auf diese Weise geschälte Bohnenkerne zerkochen leicht zu Brei. Um dies zu vermeiden, gibt man sie in die bereits halb fertiggekochte Brühe, die von nun an nicht mehr sprudelnd kochen darf.

Im Winter werden die Puffbohnen durch weiße Bohnen ersetzt, die man 2 Stunden lang in lauwarmem Wasser einweicht.

5

VORSPEISEN UND SALATE

SPINATSALAT

Wer sich gesund ernähren will, bringt öfter einen frischen Salat als einfache Vorspeise auf den Tisch. Er regt den Appetit an und führt dem Körper Vitamine und Mineralsalze zu.

Für 6 Personen:

- *1 kg junger Spinat*
- *Olivenöl*
- *3 Zitronen*
- *Salz, Pfeffer aus der Mühle*

Spinat putzen, dabei die dicke Mittelrippe der Blätter entfernen. Gründlich waschen; mehrmals das Wasser wechseln. Gut abtropfen lassen.
In einem großen Topf mindestens 2 l Salzwasser zum Kochen bringen. Spinat portionsweise jeweils 1 Minute darin kochen, mit dem Schaumlöffel herausnehmen und in einem Sieb abtropfen lassen. Eine Handvoll Spinat auf einmal genügt; auf diese Weise fortfahren, bis der ganze Spinat gegart ist. Gut abtropfen lassen und in den Kühlschrank stellen.
Auf einer Platte anrichten, mit einigen dünnen Zitronenscheiben garnieren. Dazu eine Karaffe mit Olivenöl, Zitronenhälften, Salzstreuer und Pfeffermühle auf den Tisch stellen. Jeder macht seinen Salat selbst an; Sie können aber auch eine Marinade zubereiten und den Gästen in einem Schälchen reichen.
Wer Spinat im eigenen Garten zieht, kann aus den jungen, regelmäßig geformten Blättern einen Rohkostsalat zubereiten. In einer Salatschüssel anrichten und mit einer Vinaigrette, für die das feinste Olivenöl verwendet wurde, übergießen.

GURKENSALAT

Servieren Sie diesen erfrischenden Salat zusammen mit anderen Vorspeisen.

Für 6 Personen:

- *2 Gurken*
- *2 Zitronen*

- *200 g Crème fraîche*
- *10 Zweiglein Estragon*
- *Salz, Pfeffer*

Kaufen Sie feste, knackige Gurken. Waschen und abtrocknen, nicht schälen. Mit dem Gurkenhobel in möglichst dünne Scheiben hobeln. In ein Standsieb geben und mit reichlich Salz bestreuen. Durchmischen und 30 Minuten Saft ziehen lassen. Dann mit kaltem Wasser gründlich abspülen, abtropfen lassen und trockentupfen. Die Gurkenscheiben mit den gehackten Estragonblättchen in eine Schüssel geben, pfeffern und den Saft einer Zitrone darüberträufeln. Kühlstellen.

Kurz vor dem Servieren löffelweise die Crème fraîche unterrühren. Wenn alle Gurkenscheiben mit Sahne überzogen sind, abschmecken. Gegebenenfalls mehr Zitronensaft und Crème fraîche zugeben; die Gurken sollen jedoch nicht in Sahne schwimmen! Auf Schälchen verteilen oder in einer Salatschüssel anrichten und mit kleinen Estragonsträußchen garnieren.

WEISSKOHLSALAT

Dieser knackig-frische Salat ist eine herrliche Winter-Vorspeise. Außer Vitaminen, darunter vor allem Vitamin C, führt er dem Körper in dieser Jahreszeit ein weiteres lebensnotwendiges Element zu: Schwefel.

Für 6 Personen:

- *1 Kopf Weißkohl*
- *2 Zitronen*
- *5–6 EL Olivenöl, mit Thymian aromatisiert*
- *Salz, Pfeffer*
- *4–5 Wacholderbeeren (nach Belieben)*

Kohlkopf vierteln, dann mit einem großen, scharfen Messer auf einem Holzbrett in feine Streifen schneiden, dabei die dicken Blattrippen entfernen. Waschen und mit einem Küchentuch abtrocknen.

Den geschnittenen Kohl in eine große Salatschüssel geben, einen gestrichenen Teelöffel Salz darüberstreuen und reichlich Pfeffer darübermahlen. Je nach Größe des Kohlkopfs mit 5 oder 6 Eßlöffeln Öl übergießen. Zerdrückte Wacholderbeeren zufügen, das Ganze gut durchmischen und mit dem Saft einer Zitrone beträufeln. Nochmals umrühren. 1½–2 Stunden ziehen lassen, dabei gelegentlich durchmischen.

Kurz vor dem Servieren nochmals abschmecken. Gegebenenfalls nachwürzen; der Salat sollte ziemlich kräftig schmecken. Falls nötig, mehr Zitronensaft dazugeben.

BUNTER SALAT MIT KRÄUTERN

Für 6 Personen:

- *250 g grüne Bohnen*
- *½ Blumenkohl*
- *1 Gurke*
- *1 Bund Radieschen*
- *1 Kopfsalat*
- *1 Zwiebel*
- *1 Bund Kerbel*
- *2 Zweiglein Estragon*
- *1 Bund Kresse*
- *Salz, Pfeffer*
- *Vinaigrette, mit Olivenöl und Senf zubereitet*
- *1 Schälchen Mayonnaise*

Bohnen „al dente" kochen – sie sollen noch Biß haben. Mit kaltem Wasser abschrecken und in Stücke schneiden. Gurke waschen und ungeschält in hauchdünne Scheiben schneiden. Blumenkohl in kleine Röschen zerteilen, die Hälfte der Radieschen in Scheiben schneiden. Die Kresse mit dem Kerbel, dem Estragon und der Zwiebel feinhacken.

Vinaigrette aus vier Eßlöffeln Öl, einem Eßlöffel Essig, einer Messerspitze Senf, Salz und Pfeffer zubereiten; Kräuter untermischen; Vinaigrette mit Bohnen, Gurke, Blumenkohl und Ra-

dieschen in eine Schüssel geben, gut durchmischen und 25—30 Minuten im Kühlschrank ziehen lassen.
Zum Servieren eine Platte mit den großen Außenblättern des Kopfsalats auslegen. Das Salatherz zerzupfen und mit zwei gehäuften Eßlöffeln Mayonnaise unter den anderen Salat mischen. Auf der Platte anrichten. Zurückbehaltene Radieschen in Rosetten schneiden und den Salat damit garnieren. Restliche Mayonnaise gesondert dazu reichen.

SALADE NIÇOISE

Nach Sonne und Urlaub schmeckt dieser berühmte Salat aus Nizza aus Anchovis, schwarzen Oliven, hartgekochten Eiern, Olivenöl, Paprika, grünen Bohnen, Tomaten und vielen anderen Zutaten. Wählen Sie die kleinste Sorte Oliven – sie schmecken am würzigsten.

Für 6—8 Personen:

- *4 festfleischige Tomaten*
- *4 Kartoffeln*
- *200 g grüne Bohnen*
- *je 1 roter und grüner Paprika*
- *1 grüner Salat*
- *1 Stange Sellerie mit Grün*
- *1 Dose Thunfisch*
- *1 Dose Anchovisfilets*
- *100 g kleine schwarze Oliven*
- *2 hartgekochte Eier*
- *Olivenöl*
- *Weinessig*
- *Salz, Pfeffer*

Kartoffeln in der Schale kochen und erkalten lassen. Schälen und in Scheiben schneiden. Grüne Bohnen in reichlich Salzwasser etwa 20 Minuten sprudelnd kochen, dabei nicht zudecken; so bleiben sie schön grün und knackig. Abtropfen lassen und jeweils in 2—3 Stücke schneiden.

In eine Salatschüssel nacheinander einschichten: Kartoffeln, grüne Bohnen, in dünne Streifen geschnittenen Salat und Sellerie, geviertelte Tomaten, entkernte Paprika, in hauchdünne Ringe geschnitten, Anchovis und die Hälfte der Oliven. Den Abschluß bilden halbierte oder geviertelte Eier, der in Stücke zerpflückte Thunfisch und die restlichen Oliven.
In einem Schälchen eine Vinaigrette zubereiten und über den Salat gießen. Erst kurz vor dem Servieren durchmischen.

FESTLICHER SALAT AUS DEM PÉRIGORD

Aus dem Land der Trüffel stammt dieser sündhaft teure, aber unvergleichlich köstliche Salat – würdiger Auftakt eines erlesenen Menüs.

Für 6 Personen:

- *300 g Prinzeßbohnen*
- *500 g grüner Spargel*
- *2 frische Artischockenböden*
- *1 Eskariol (Winterendivie)*
- *200 g Gänseleber im Stück*
- *1 Trüffel*
- *Salz, Pfeffer, Erdnußöl*
- *Sherryessig*

Artischockenböden dünn schälen und mit Zitronensaft beträufeln, damit sie sich nicht verfärben. In Salzwasser kochen, bis sie sich mit einer Nadel durchstechen lassen; nicht zu weich kochen. Abschrecken und in Viertel schneiden.
Bohnen in reichlich Salzwasser – Topf nicht zudecken! – kochen, bis sie weich sind, aber noch etwas Biß haben. Mit kaltem Wasser überspülen und abtropfen lassen. Spargelköpfe auf die gleiche Weise kochen; auch sie sollen noch etwas fest bleiben. Salat putzen. Trüffel nicht schälen; in hauchdünne Scheiben schneiden. Salatzutaten auf einzelnen Tellern verteilen; Teller nicht überladen. Mit je zwei feinen Streifen Gänseleber garnieren. Kühlstellen.

Vinaigrette mit Sherryessig, oder was noch feiner schmeckt, mit sehr trockenem Sherry zubereiten. Kurz vor dem Servieren den Salat damit übergießen.
Für diesen Salat wird die Hausfrau mit Lobeshymnen überschüttet werden!

GEFLÜGELSALAT

Ein aus vielen Zutaten gemischter Salat wie dieser wird zu jeder Jahreszeit Beifall finden. Seine Zubereitung erfordert etwas Zeit; auch sollte man sich die Mühe machen, ihn hübsch anzurichten. Dafür bildet er aber auch eine vollständige Mahlzeit.

Für 6—8 Personen:

- *1 kleines Hähnchen von 900—1000 g*
- *1 Bund Suppengrün*
- *100 g Reis*
- *1 kleine Dose Mais*
- *1 kleine Staude Sellerie*
- *1 Tasse Kresseblättchen*
- *2—3 sehr festfleischige Tomaten*
- *2 Äpfel*
- *125 g schwarze Oliven*
- *1 Endiviensalat*
- *einige Zweiglein Estragon*
- *Vinaigrette mit einer feingehackten Zwiebel*
- *Mayonnaise aus 1/5 l Öl*

Hähnchen mit dem Suppengrün in einen Topf geben. Mit kaltem Wasser bedecken und zum Kochen bringen. 20—25 Minuten leise köcheln lassen. Deckel abnehmen; Hähnchen in der Brühe erkalten lassen. Hähnchen enthäuten und entbeinen; das Fleisch in streichholzdünne Stiftchen schneiden.
Reis in Salzwasser kochen, mit kaltem Wasser abschrecken und gut abtropfen lassen. Mais abtropfen lassen. Selleriestangen in etwa 1 cm große Würfel schneiden; die enthäuteten und entkernten Tomaten und die Äpfel noch kleiner würfeln. Von der

Kresse die Stiele abzupfen, mit dem weißen Salatherz und den Estragonblättchen kleinschneiden.
Die so vorbereiteten Zutaten vermischen. Eine gute Tasse pikant abgeschmeckte, aber nicht zu üppige Vinaigrette darübergießen. 1 Stunde durchziehen lassen.
Salatschüssel mit den grünen Endivienblättern auskleiden. Salat mit zwei Eßlöffeln Mayonnaise und den Oliven vermischen, in der Schüssel anrichten und mit einigen kleinen Kressesträußchen dekorieren. Restliche Mayonnaise gesondert dazu reichen.

TABBOULEH

Dieses arabische Gericht ist schwierig einzuordnen: Salat kann man es eigentlich nicht nennen; es ist aber auch keine reine Vorspeise, da man es oft als Beilage zu gegrilltem oder kaltem Fleisch reicht. Tabbouleh besteht hauptsächlich aus Kuskus, das heißt aus Weizen, der auf besondere Art verarbeitet wurde. Vielleicht können Sie Kuskus in orientalischen Lebensmittelgeschäften erhalten; sonst verwenden Sie Bulgur oder geschroteten Weizen.
Mit der Zubereitung von Tabbouleh muß man mindestens drei Stunden vor dem Servieren der Speise beginnen, da der rohe Weizen in Tomatensaft, Zitronensaft und Öl quellen muß. Doch das Ergebnis ist den Aufwand wert.

Für 6 Personen:

- *250 g mittelfeines Kuskus oder Weizenschrot*
- *12 kleine weiße Zwiebeln*
- *750 g reife Tomaten*
- *2 Zitronen*
- *6 EL Erdnuß- oder Olivenöl*
- *2 EL feingehackte Petersilie*
- *1 EL gehackte frische oder zerriebene getrocknete Minze*
- *Salz, Pfeffer*

Weizen in eine Schüssel geben, folgende Zutaten hinzufügen: 8 feingehackte Zwiebeln, Öl, Petersilie, Minze, die enthäuteten und

gewürfelten Tomaten mitsamt ihrem Saft, Salz, Pfeffer und den Saft der beiden Zitronen. Alles gründlich vermengen und mindestens 3 Stunden kühlstellen, dabei ab und zu umrühren. Der Weizen ist ausgequollen, wenn er sein Volumen verdoppelt hat und in der Schüssel keine Flüssigkeit mehr vorhanden ist.
Das gut gekühlte Tabbouleh in einer Salatschüssel anrichten, mit einigen kleinen, in Viertel geschnittenen Tomaten und mit den restlichen Zwiebeln garnieren. Krönen Sie das Tabbouleh mit einem kleinen Sträußchen Minze.

SANDWICH PROVENZALISCH

Dieses köstliche südfranzösische Sandwich ist ein ganzes Picknick für sich.
Kaufen Sie dazu eine Stange frisches Weißbrot; die Größe richtet sich nach der Anzahl der Gäste – und nach dem Appetit! Man wickelt das belegte Brot in Alufolie ein und läßt es einige Zeit durchziehen. Dann schneidet man es in die gewünschte Anzahl Stücke, ohne es auszuwickeln.

Für 1 kleines Sandwich (1 Person):

- *1 Tomate*
- *½ Paprikaschote*
- *1 Zwiebel*
- *6 schwarze Oliven*
- *4–6 in Öl eingelegte Anchovisfilets*
- *1 kleine Knoblauchzehe (nach Belieben)*
- *2 EL Olivenöl*
- *4–5 Radieschen*

Brot aufschneiden; jede Hälfte mit Olivenöl gut durchtränken. Auf der einen Hälfte etwas durchgepreßten Knoblauch verteilen. Tomate, Zwiebel und Radieschen in Scheiben schneiden. Die Paprikaschote im Ofen grillen, bis sich die Haut abziehen läßt; von den Kernen befreien und in Streifen schneiden. Wer sie gut verträgt, kann sie auch roh verwenden.

Eine Brothälfte mit den Gemüsen, den Anchovisfilets und den Oliven belegen. Die andere Hälfte darüberklappen. Selbst wenn man das Sandwich gleich essen möchte, fest in Alufolie einwickeln und einige Minuten durchziehen lassen, es wird dann noch saftiger.

MARINIERTE PAPRIKA

Sie können diese Vorspeise oder würzige Beilage gleich auf Vorrat zubereiten: luftdicht aufbewahrt halten sich die enthäuteten und in Öl eingelegten Paprikastreifen im Kühlschrank mehrere Wochen. Die Paprika schmecken noch köstlicher, wenn Sie zum Marinieren Öl verwenden, das Sie mit frischem Basilikum aromatisiert haben – machen Sie sich im Sommer doch einmal diese kleine Mühe, wenn Basilikum überall erhältlich ist.

Für 1 kg rote oder grüne Paprikaschoten:

– *2 Tassen Olivenöl*
– *2 Knoblauchzehen*
– *Salz, Pfeffer*

Grill des Backofens bei geöffneter Türe 15 Minuten vorheizen. Paprika leicht mit Olivenöl einreiben. Bratrost auf die mittlere Schiene schieben; Fettpfanne dicht darunter einschieben. Paprika auf den Bratrost legen und so lange grillen, bis die Haut schwarz geworden ist und sich leicht abziehen läßt; dabei mehrmals wenden. Die Haut läßt sich noch leichter ablösen, wenn man die Paprika gleich nach dem Herausnehmen aus dem Ofen in mehrere Lagen Küchenkrepp oder in ein feuchtes Küchentuch einwickelt. Nach 10 Minuten kann man die Haut ohne Mühe abschälen.
Paprika längs halbieren, Kerne herauslösen. Paprika in breite Streifen schneiden und flach in ein Gefäß legen; salzen und pfeffern, die Knoblauchzehen darüber ausdrücken. Mit Olivenöl übergießen, bis das Gemüse bedeckt ist. Zugedeckt mindestens 24 Stunden an einem kühlen Ort ruhen lassen, jedoch nicht im Kühlschrank.

Mit anderen Salaten oder mit Anchovisfilets als Vorspeise servieren. Sie können die Paprika auch für Ratatouille, gemischte Salate und für baskische Rühreier verwenden.

AUBERGINEN-CREME

Diese Vorspeise ißt man in Rußland und in anderen slawischen Ländern bis zum Balkan. Die Grundzutaten bleiben immer die gleichen, allerdings wird man in den verschiedenen Gegenden auf mehr oder weniger raffinierte Variationen des Grundrezepts stoßen. Servieren Sie dazu kräftiges Bauernbrot.

Für 6 Personen:

- *3–4 frische Auberginen*
- *2–3 kleine weiße Zwiebeln*
- *1–2 Knoblauchzehen*
- *1 festfleischige Tomate*
- *1 Glas Olivenöl*
- *1 EL gehackter Dill oder 1 TL gemahlener Dill oder sehr fein gehackte Petersilie*
- *Salz, Pfeffer, Koriander*
- *Zitrone (nach Belieben)*

Kaufen Sie längliche Auberginen, die im allgemeinen weniger Kerne haben. Stielansätze abschneiden, die ganzen Auberginen in den auf 180° C vorgeheizten Backofen legen. So lange backen, bis sich in der ausgetrockneten Schale feine Risse bilden und das Fruchtfleisch weich ist.
Tomate überbrühen, schälen, quer durchschneiden und entkernen. Leicht ausdrücken, damit die überschüssige Flüssigkeit austritt. Auberginen schälen, mit der Tomate im Mixer fein pürieren. Zwiebeln und Knoblauch in der Knoblauchpresse zerdrücken.
Die Gemüse mit den feingehackten Kräutern in eine Schüssel geben und vermischen. Das Öl in feinem Strahl zugießen, dabei das Püree wie eine Mayonnaise mit einem Holzlöffel kräftig aufschlagen. Salzen, pfeffern und mit 8–10 zerdrückten Koriander-

körnern würzen (man kann den Koriander auch mit der Pfeffermühle darübermahlen). Wer die Auberginen-Creme leicht säuerlich liebt, schmeckt sie mit einigen Tropfen Zitronensaft ab. Gut gekühlt mit Schwarzbrot oder mit getoastetem und gebuttertem Landbrot servieren.

SPARGEL

Obwohl die Spargelsaison im Frühjahr so kurz ist, darf ein Spargelrezept in keinem Kochbuch fehlen.
Auch grüner Spargel hat seine Anhänger; am beliebtesten ist aber wohl der weiße Spargel. Er verlangt sorgfältige Zubereitung. Wird er heiß serviert, reicht man dazu nur eine feine Sauce: Holländische Sauce oder mit Eischnee oder Schlagsahne verfeinerte Mayonnaise. Vinaigrette oder leichte Mayonnaise bleiben kaltem Spargel vorbehalten.
Es kommt darauf an, den Spargel gut zu schälen und so zu garen, daß er weder zu hart noch zu weich ist.

Für 6 Personen:

- $2^1/_2 - 3$ *kg Spargel*
- *Salz*
- *Küchengarn*

Spargel mit dem Küchenmesser schälen; knapp unter dem Kopf beginnen. Die gesamte Schale entfernen, die je nach Alter des Spargels mehr oder weniger verhärtet ist. Die Spargelstangen ungefähr auf gleiche Länge zurechtschneiden; dabei nur den unteren Teil entfernen, der auch geschält noch holzig ist. Spargel waschen und in nicht zu große Bündel verschnüren. Mag das Bündeln auch mühsam erscheinen – es ist wichtig, damit der Spargel hübsch angerichtet werden kann.
Einen länglichen Topf bereitstellen. Am besten eignet sich ein großer, ovaler Bräter. In einem zweiten Topf Wasser zum Kochen bringen. Spargel so in den länglichen Topf legen, daß die zarten Köpfe nicht aneinanderstoßen. Mit dem kochenden Wasser übergießen und mit Salz bestreuen. Zudecken und 20 Minu-

ten leise köcheln lassen, dann mit der Spitze eines Messers in eine dicke Spargelstange stechen. Das Spargelfleisch muß sich fest anfühlen, darf jedoch nicht hart sein. Von nun an den Garvorgang genau überwachen. Zu lang gekochter Spargel läßt vor Scham die Köpfe hängen.
Jetzt leistet das Küchengarn gute Dienste: Spargelbündel mit Hilfe von Gabeln aus dem Wasser heben. Platte mit einer Stoffserviette bedecken und den Spargel darauf anrichten. Abkühlen lassen, Küchengarn entfernen und den Spargel mit der jeweiligen Sauce servieren.

ARTISCHOCKEN GEKOCHT

Kaufen Sie immer Artischocken, deren Blätter unverletzt sind. In nicht mehr ganz frischen Früchten fängt der Saft an zu gären. Das Gas, das sich dabei bildet, macht die Artischocken schwer verdaulich.
Die Stengel der Artischocken werden nicht abgeschnitten, sondern abgebrochen. Dabei entfernt man gleichzeitig die harten Fäden, die den zarten Artischockenboden durchziehen.
Pro Person rechnet man eine Artischocke.

Für 6 Personen:

- *6 Artischocken*
- *Salz*
- *Vinaigrette oder andere Saucen*

In einem großen Topf, in dem die Artischocken frei schwimmen können, Salzwasser zum Kochen bringen. Inzwischen die Artischocken putzen: harte Blattspitzen abschneiden, Boden bis zu den ersten eßbaren Blättern dünn schälen, Artischocken in das kochende Wasser geben.
Sie sind gar, wenn sich ein großes Blatt leicht abzupfen läßt – es darf jedoch nicht zu weich werden! Man kann sie so, wie sie sind, auf den Tisch bringen oder gleich eßfertig vorbereiten: Außenblätter auseinanderbiegen, bis man das violette Herz mit den kleinen Mittelblättern erreicht. Dieses wird im Ganzen wegge-

zupft. Mit dem Suppenlöffel das Heu entfernen. Die Höhlung mit den violetten Blättchen füllen.
Stellen Sie dazu eine Schüssel Vinaigrette auf den Tisch, aus der sich jeder selbst bedient.
Mit einer feineren Sauce wird eine raffinierte Vorspeise daraus; zum Beispiel mit Holländischer Sauce, Sauce Béarnaise, Mayonnaise mit Eischnee oder Sahne-Béchamel. Nach dem Entfernen des Heus gibt man einen guten Eßlöffel Sauce auf den Artischockenboden und füllt die Höhlung anschießend mit den violetten Blättchen. Die restliche Sauce reicht man gesondert dazu.

ÜBERBACKENE ARTISCHOCKEN

Man verwendet hierzu nur die von den Blättern befreiten Artischockenböden, die mit Zitronensaft beträufelt und in Salzwasser gegart werden. Anschießend füllt man sie mit einer Schinken-Käse-Sauce. Bis zu diesem Punkt läßt sich das Gericht bereits am Vortag zubereiten – ein ideales Gästeessen also! Es schmeckt auch mit Artischockenböden aus der Dose.

Für 6 Personen:

- *6 große Artischocken*
- *¾ l Béchamelsauce*
- *180 g gekochter Schinken*
- *100 g geriebener Käse (Gruyère, Emmentaler)*
- *40 g Parmesan*
- *Salz, Pfeffer, Muskat*
- *2 Zitronen*

Die Stengel möglichst dicht am Artischockenboden abbrechen (nicht abschneiden). Mit einem sehr scharfen Messer von den großen Außenblättern die ungenießbaren oberen Partien abschneiden. Den Boden außen schälen, harte Teile entfernen; dabei ständig mit Zitronensaft beträufeln, da sich Artischocken schnell dunkel verfärben. Innenblätter kappen; das Heu mit Hilfe eines scharfkantigen Löffels entfernen (dafür gibt es Speziallöffel).

Reichlich Salzwasser mit einem Schuß Zitronensaft verrühren und zum Kochen bringen; Artischockenböden hineingeben. Sie sind gar, wenn man mit einem dünnen Messer leicht hineinstechen kann. Gut abtropfen lassen und mit der Öffnung nach oben in eine feuerfeste Form legen. Béchamelsauce kräftig abschmecken, mit Muskat würzen, Käse und Schinken unterrühren. Die Sauce auf den Artischockenböden verteilen.
Backofen auf 230° C erhitzen und die Artischocken überbacken. Darauf achten, daß die Oberfläche nicht zu rasch bräunt – erst wenn die Artischocken durch und durch erhitzt sind, soll sich eine schöne goldbraune Kruste gebildet haben. Deshalb stellt man die Ofentemperatur etwas niedriger ein, falls man das Gericht am Vortag oder einige Stunden zuvor vorbereitet hat.

ZUCCHINI MIT REIS-KÄSE-KRUSTE

Vorgekochte Zucchinischeiben werden mit rohem Reis bestreut, der beim Gratinieren den austretenden Saft aufsaugt. Das Gratin schmeckt warm ebenso gut wie kalt.

Für 6 Personen:

- *2 kg Zucchini*
- *3 EL roher, unpolierter Langkornreis*
- *250 g süße Sahne*
- *3 Eier*
- *200 g halbfester Schnittkäse (Gouda)*
- *Salz, Pfeffer*

Zucchini schälen und in dicke Scheiben schneiden. In 3 l sprudelnd kochendes Salzwasser geben und in ungefähr 10 Minuten weich kochen. Durch ein Sieb abgießen und gut abtropfen lassen; mit einem Löffelrücken ausdrücken. In eine Auflaufform geben, den Reis darüberstreuen.
Die Eier mit der Sahne und dem geriebenen Käse verquirlen. Pfeffern; vor dem Salzen erst abschmecken, da der Käse oft schon sehr salzig ist. Masse über die Zucchini gießen; mit der Gabel mehrmals einstechen, damit die Zucchini gut durchtränkt werden.

Bei mäßiger Hitze (180°C) etwa 40 Minuten backen, bis der Reis die überschüssige Flüssigkeit der Zucchini aufgesogen hat und die Oberfläche goldgelb ist.
Unpolierter Reis ist ein hervorragendes Bindemittel. Vom Reis selbst ist im fertigen Gratin nicht mehr viel zu finden; jedoch ist alle überschüssige Flüssigkeit verschwunden.

EIER AUF SAUERAMPFER UND KERBEL

Diese Vorspeise wird in kleinen Portionspfännchen gegart, in denen sie auch auf den Tisch kommt. Sie können das Rezept leicht abwandeln und die Eier auch mit Champignons, Tomaten oder Spargel kombinieren. Das jeweilige Gemüse wird kurz in Butter gedünstet und fein gewürzt.

Für 6 Personen:

– *500 g Sauerampfer*
– *1 Bund Kerbel*
– *6 Eier*
– *125 g Butter*
– *200 g Crème fraîche*
– *Salz, Pfeffer, Muskat*

Vom Sauerampfer die Stiele und die dicken Mittelrippen entfernen. In Streifen schneiden. Vom Kerbel die Stengel abzupfen; die Hälfte der Blätter für die Garnierung beiseite stellen.
In einem Drittel der Butter den Sauerampfer und die Hälfte des Kerbels bei starker Hitze andünsten; dabei ständig mit einem Holzlöffel umrühren. Wenn die Kräuter zerfallen sind, vom Herd nehmen. Salzen und pfeffern; wer mag, reibt auch etwas Muskat darüber. Mischung auf die Portionspfännchen verteilen. In jedes Pfännchen ein Ei hineinschlagen. Die Crème fraîche leicht salzen und pfeffern und die Eier damit so dünn bedecken daß der Dotter noch durchscheint. Auf jedes Ei ein Butterflöckchen setzen. Kochplatte auf stärkste Hitze einstellen, mit einer Asbestplatte abdecken und die Pfännchen daraufstellen. Sobald

die Crème fraîche zu kochen beginnt, Pfännchen sofort vom Herd nehmen.
Die Eier werden rings um den Dotter mit Kerbel bestreut und nach 2—3 Minuten serviert.

EIERTÜRMCHEN

Sie benötigen für die „Türmchen" kleine runde Förmchen, wie man sie auch für Reis, Obstsalat in Aspik, pikante Sülzen und anderes verwendet. Sie sollten einen glatten Rand haben, damit sich die gestockte Eiermasse leicht herauslösen läßt.
Mit nichts als Eiern, Crème fraîche und Käse können Sie so eine hübsche, effektvolle Vorspeise zaubern, die köstlich schmeckt und einfach zuzubereiten ist.

Für 6 Personen:

- *6 Eier*
- *70 g geriebener Käse (Gruyère, Emmentaler)*
- *60 g Crème fraîche*
- *70 g Butter*
- *Salz, Pfeffer, Öl*
- *6 Scheiben Toast*

Einen Eßlöffel Käse zurückbehalten, den Rest mit den Eiern und der Crème fraîche verquirlen. Mit Salz und Pfeffer abschmecken.
6 runde Förmchen buttern und mit dem zurückbehaltenen Käse ausstreuen. Eiermasse auf die Förmchen verteilen, die dabei nur bis zu drei Vierteln gefüllt werden dürfen. Die Förmchen in ein feuerfestes Gefäß stellen; so viel Wasser einfüllen, daß die Förmchen bis zur Hälfte im Wasser stehen. Ungefähr 20 Minuten kochen lassen. Wenn die Eiermasse bis zum Rand der Förmchen hochgestiegen ist und auf Druck nicht mehr nachgibt, sind die Eiertürmchen fertig.
Inzwischen die Toastscheiben rund zuschneiden. In einer Pfanne gleiche Mengen von Butter und Öl erhitzen und den Toast darin goldgelb braten.

Die heißen Eiertürmchen auf den Toast stürzen. Mit einer pikanten, mit Basilikum oder feiner Kräutermischung gewürzten Tomatensauce servieren.

BASKISCHE RÜHREIER

Außer Eiern gehören auch Paprika, Tomaten, Zwiebeln und roher Schinken zu dieser Spezialität aus dem Baskenland. Servieren Sie sie als leckere Vorspeise oder auch allein, als leichtes Abendessen.

Für 6 Personen:

- *1 kg Tomaten*
- *4 rote oder grüne Paprikaschoten*
- *6 dünne Scheiben roher Schinken (möglichst französischer Schinken)*
- *1 Zwiebel*
- *1 Knoblauchzehe*
- *6 Eier*
- *Olivenöl, Salz, Pfeffer*

Paprikaschoten grillen, dann die Haut abziehen. Kerne entfernen und das Fruchtfleisch kleinschneiden. Tomaten enthäuten und entkernen, das Fleisch in kleine Stücke schneiden. Die feingehackte Zwiebel in zwei Eßlöffeln Olivenöl glasig dünsten; sie darf jedoch nicht bräunen. Paprikawürfel zufügen; wenn sie fast weich gedünstet sind, die Tomaten und den Knoblauch zugeben. Salzen und pfeffern. Die Mischung so lange schmoren lassen, bis die Gemüse zu einer cremigen Masse zerfallen sind. Glattrühren.
Inzwischen den Schinken knusprig braten und warm stellen. Das Schinkenfett mit ein bis zwei Eßlöffeln von der Tomaten–Paprika–Mischung verrühren und zum Gemüse geben. Eier verquirlen. Pfanne mit dem Gemüse vom Herd nehmen und die Eier untermischen. Langsam erhitzen und unter ständigem Rühren garen; es dürfen sich keine Klümpchen von geronnenem Ei bilden.

Die Rühreier sind fertig, wenn die Masse glatt und cremig ist und alle überschüssige Flüssigkeit verdampft ist. Auf einer Platte anrichten und mit dem gebratenen Schinken garnieren.

DÄNISCHER EIERKUCHEN

Er ist nichts anderes als ein riesiges Omelett aus 10–12 Eiern, das in der Pfanne bzw. in der Form, in der es gegart wird, auf den Tisch kommt. Es wird wie ein Kuchen in Stücke geschnitten; jedes Stück ist mit einer Scheibe Räucherspeck belegt. Der ganze Eierkuchen ist dick mit Schnittlauch bedeckt, den man mit einer Schere in grobe Stücke schneidet.
Zusammen mit einem Salat bildet dieses deftige Gericht ein vollständiges Abendessen.

Für 6 Personen:

– *10 Eier*
– *6 Scheiben Räucherspeck, je 1 cm dick*
– *60 g Butter*
– *1 dicker Bund Schnittlauch*

Eier mit 5 Eßlöffeln Wasser verquirlen. Mit Salz und Pfeffer würzen. Speckscheiben in einer Pfanne goldbraun braten. Das Omelett in einer anderen Pfanne zubereiten, die einen Durchmesser von 24 cm haben sollte. Butter darin erhitzen, verquirlte Eier hineingießen und langsam garen. Dabei den Rand des Omeletts mit der Gabel lösen, dann die Pfanne ruckartig hin- und herbewegen, so daß das Omelett gleichmäßig gart und überall saftig bleibt – die Ränder sollen nicht austrocknen und in der Mitte darf keine Flüssigkeit zurückbleiben.
Anschließend mit dem heißen Speck belegen und mit den Schnittlauchröllchen bestreuen.
In Dänemark umwickelt man zum Servieren den Pfannenstiel mit Alufolie.

KARTOFFELOMELETT GEBACKEN

Dieses Omelett wird in der Auflaufform im Ofen gebacken; Sie können so viele Eier verwenden, wie in die Form passen. Wenn überraschend Gäste kommen, haben Sie mit einem solchen Omelett schnell ein Abendessen improvisiert. Sie können das Rezept mit allen klassischen Omelettzutaten abwandeln: Champignons, Speck, feinen Kräutern usw.

Für 6 Personen:

- *10–12 Eier*
- *700 g Kartoffeln*
- *1 Knoblauchzehe*
- *125 g Butter*
- *1–2 El Öl*
- *Salz, Pfeffer*

Kartoffeln in der Schale kochen und erkalten lassen oder einen Rest Pellkartoffeln verwenden. Schälen und in Scheiben schneiden. Gleiche Mengen von Butter und Öl in einer Pfanne erhitzen; Kartoffeln darin goldbraun braten. Ganz zum Schluß die zerdrückte Knoblauchzehe dazugeben.
In eine längliche Auflaufform füllen, salzen und pfeffern. Durchmischen und gleichmäßig auf dem Boden der Form verteilen. Eier verquirlen, leicht pfeffern und salzen und über die Kartoffeln gießen.
Backofen 15 Minuten bei höchster Temperatureinstellung vorheizen; Omelett auf die unterste Schiene in den Ofen schieben. Sobald die Oberfläche zu stocken beginnt, einige Butterflöckchen darauf verteilen und die Temperatur herunterschalten bzw. die Ofentüre einen Spalt öffnen. Das Omelett muß langsam stocken und darf auf keinen Fall kochen.
Noch etwa 15–20 Minuten backen, bis die Oberfläche schön goldgelb ist und die Ränder sich von der Form lösen. Das Omelett noch 3–4 Minuten im ausgeschalteten Backofen bei geöffneter Tür ruhen lassen. Servieren.

CRÊPES MIT CHAMPIGNONS

Hauchdünne Pfannkuchen werden mit einer raffinierten Mischung aus Champignons, Schinken, Crème fraîche und Käse gefüllt. Anschließend werden sie mit Käse und Crème fraîche überzogen und im Ofen gratiniert.

Für 6 Personen:

CRÊPES

- *100 g Mehl*
- *3 Eier*
- *¹/₄ l Milch*
- *Salz*
- *Butter zum Braten*

FÜLLUNG

- *180 g gekochter Schinken*
- *250 g Champignons*
- *100 g Butter*
- *80 g geriebener Käse (Gruyère, Emmentaler)*
- *250 g Crème fraîche*
- *1 EL Mehl*
- *1 Zitrone*
- *Salz, Pfeffer, Muskat*

Mehl mit Eiern, Milch und einer Prise Salz zu einem dünnflüssigen Teig verarbeiten, 30 Minuten ruhen lassen. In etwas Butter 6–8 hauchdünne Pfannkuchen backen.

Champignons waschen, putzen und mit Zitronensaft beträufeln, damit sie hell bleiben. Fein hacken, ebenso den gekochten Schinken.

Schinken in einem Eßlöffel Butter andünsten, jedoch nicht bräunen lassen. Aus der Pfanne nehmen und die Champignons mit einem weiteren Stück Butter hineingeben. Bei starker Hitze unter Rühren dünsten, bis die Flüssigkeit verdampft ist, dann den Schinken wieder zugeben.

Champignons und Schinken zusammen noch einmal erhitzen und mit einem Eßlöffel Mehl bestäuben. Durchmischen, dann

zwei Eßlöffel Crème fraîche unterrühren. Löffelweise so viel Crème fraîche zufügen, bis eine dicke, aber nicht klebrige Mischung entsteht. Dann einen gehäuften Eßlöffel geriebenen Käse unterziehen. Mit Salz, Pfeffer und Muskat abschmecken.
Auf jeden Pfannkuchen einen Eßlöffel Füllung geben. Die Seiten einschlagen, dann die beiden Enden umklappen, so daß ein loses Päckchen entsteht. Die Crêpes in eine Auflaufform setzen; restliche Crème fraîche leicht salzen und pfeffern und darübergießen. Das Ganze mit dem restlichen Käse überstreuen und mit Butterflöckchen belegen.
Backofen auf 200°C vorheizen. Crêpes darin überbacken, bis die Crème fraîche fest wird und die Crêpes sich goldgelb färben. Das Gericht kann fertig vorbereitet und erst am nächsten Tag gratiniert werden; die Crêpes bleiben auch unter der Gratiniermischung schön fest.

BLINIS (Russische Pfannkuchen)

Diese kleinen Pfannkuchen gelingen am besten in Pfännchen mit 10 cm Durchmesser. Kaufen Sie möglichst gleich zwei Pfännchen.
Der Hefeteig muß $2^1/_2$–3 Stunden gehen; dafür sind aber die Pfannkuchen schnell fertig: Sie brauchen zum Ausbacken nur 3 Minuten pro Stück. Man kann sie luftdicht verpackt im Kühlschrank aufbewahren oder sogar einfrieren und bei Bedarf im Ofen bei Mittelhitze aufbacken.
Blinis werden heiß serviert; dazu stellt man heiße zerlassene Butter, saure Sahne und Zitronenschnitze auf den Tisch. Als Beilagen reicht man geräucherten oder eingesalzenen Fisch, Räucherlachs, Fischrogen, Kaviar etc.
Und so werden die Blinis gegessen: man bestreicht sie mit zerlassener Butter, belegt sie mit Fisch, setzt einen Klecks Sahne darauf und beträufelt sie mit etwas Zitronensaft.

Für 24 Blinis:
– 20 g Hefe
– 350 g Mehl

– $1/2$ l Milch
– 3 Eier
– $1/2$ TL Salz

HEFEANSATZ

Die Milch bis auf höchstens 40°C erwärmen. Hefe in einer halben Tasse lauwarmer Milch auflösen. 75 g Mehl in eine Schüssel geben und die Hefemischung darübergießen. Durchmischen und eventuell noch etwas Milch zufügen, bis ein weicher Teig entsteht. Zugedeckt an einem warmen Ort ruhen lassen, bis sich der Hefeansatz verdoppelt hat.

TEIG

Das restliche Mehl, die Eigelb, das Salz und den Hefeansatz in eine große Schüssel geben. Durchmischen, dabei nach und nach die restliche lauwarme Milch zugießen, bis ein glatter, klümpchenfreier Teig entsteht. Zugedeckt 30 Minuten an einem warmen Ort gehen lassen.
Noch einmal durchrühren; der Teig sollte etwas dickflüssiger als normaler Crêpeteig sein. Eiweiß steif schlagen und unterziehen.

AUSBACKEN

Die Pfännchen mit Butter einfetten. Zwei Eßlöffel Teig in die heißen Pfännchen geben. Pfannkuchen mit einem Bratwender umdrehen, sobald die Oberfläche fest geworden ist.

PROVENZALISCHER ZWIEBELKUCHEN (Pissaladière)

Wie jeder Sommerurlauber feststellen wird, kann man sich an dieser Spezialität aus Nizza gar nicht satt essen. Der Boden des Zwiebelkuchens besteht aus Hefeteig; der Belag dieses appetitanregenden Leckerbissens wird auf ganz besondere Weise zubereitet.

Für eine Form mit 26 cm Durchmesser:

– 250 g Mehl
– 15 g Hefe

- *2 EL Wasser*
- *5 cl Olivenöl*
- *1 Prise Salz*

Das Mehl auf die Arbeitsfläche geben, in die Mitte eine Mulde drücken. In lauwarmem Wasser aufgelöste Hefe, Salz und Öl hineingeben. Zuerst mit den Fingerspitzen vermischen, dann mit beiden Händen durchkneten. Den glatten, geschmeidigen Teig zu einer Kugel rollen. In die eingeölte Form setzen und mit der Hand zu einem gleichmäßig dicken Teigboden auseinanderdrücken. 30 Minuten im Kühlschrank ruhen lassen.

BELAG

- *1 kg Zwiebeln*
- *3 EL Olivenöl*
- *100 g schwarze Oliven*
- *Salz, Pfeffer*

Zwiebeln in dünne Scheiben schneiden (nicht hacken). In eine große Pfanne geben, bis zur halben Höhe mit Wasser aufgießen; Öl, Salz und Pfeffer zufügen. Bei Mittelhitze köcheln lassen, bis alles Wasser verdampft ist und die Zwiebeln weich und glasig, jedoch nicht zerfallen sind. An Flüssigkeit ist dann nur noch das Öl vorhanden.
Abkühlen lassen. Die lauwarmen Zwiebeln auf dem Teig verteilen und mit Oliven garnieren. Backofen auf 200°C vorheizen und das Blech mit der Form in das untere Drittel einschieben. Der Zwiebelkuchen ist fertig, wenn der Boden gut durchgebakken, goldgelb und knusprig ist. Lauwarm servieren.
(Rezept von Mme Raibaut-Dumas)

QUICHE MIT WEINBERGSCHNECKEN

Mit Hilfe von tiefgekühltem Blätterteig ist diese Quiche schnell zubereitet. Nehmen Sie nach Möglichkeit nicht die großen burgundischen Schnecken, sondern kleine graue Weinbergschnecken – sie schmecken würziger.

Für eine Form mit 24—26 cm Durchmesser:

- *300 g tiefgekühlter Blätterteig*
- *1 kleine Dose Weinbergschnecken*
- *1 große Stange Lauch*
- *2 EL Kerbelblättchen*
- *1—2 Schalotten*
- *3 Eier*
- *250 g Crème fraîche*
- *Salz, Pfeffer, Muskat*
- *50 g Butter*

Über Nacht den Blätterteig im Gemüsefach des Kühlschranks auftauen lassen. Teig ausrollen, auf keinen Fall kneten oder formen. Form ausbuttern und leicht einmehlen; umdrehen, damit das überschüssige Mehl entfernt wird. Form mit Blätterteig auskleiden; 30 Minuten im Kühlschrank ruhen lassen.
Schnecken durch ein Sieb abgießen, mit kaltem Wasser überspülen und gut abtropfen lassen. Das Weiße des Lauchs in Scheiben schneiden, in der Hälfte der Butter bei schwacher Hitze glasig dünsten. In einem zweiten Topf feingehackte Schalotten in der restlichen Butter glasig werden lassen; Schnecken zugeben und kurz mitdünsten – sie sollen den feinen Buttergeschmack annehmen, aber nicht hart werden.
Teigboden mehrmals mit einer Gabel einstechen. Die Hälfte des Lauchs darauf verteilen. Darüber die Schnecken geben, salzen und pfeffern, mit Kerbel bestreuen und mit dem restlichen Lauch abdecken. Eier mit der Crème fraîche verquirlen. Mit Salz, Pfeffer und Muskat abschmecken und über die Quiche schöpfen.
Backofen auf 230°C vorheizen; das Blech mit der Form auf die unterste Schiene schieben. Beim Backen vor allem den Teigboden überwachen. Die Quiche ist gar, wenn der Teig knusprig ist und sich leicht von den Rändern der Form löst (nach etwa 30—35 Minuten).
Nach dem Herausnehmen noch 10 Minuten warten, dann servieren. Die Quiche ist dann nicht mehr heiß, aber auch noch nicht lauwarm. Wer mag, würzt die Schnecken mit etwas zerdrücktem Knoblauch. Er wird mit den Schalotten in der Butter angedünstet.

KARTOFFELKUCHEN

Dieser große, goldgelbe Kuchen ist eine einfache, leckere Vorspeise, die immer gelingt. Nach dem Backen läßt man den Kuchen kurz abkühlen, bevor man ihn serviert; warten Sie aber nicht so lange, bis er nur noch lauwarm ist.

Für 6 bis 8 Personen (Form mit 26–28 cm Durchmesser):

- *2 Pakete tiefgekühlter Blätterteig*
- *2 kg Kartoffeln*
- *3 mittelgroße Zwiebeln*
- *175 g Crème fraîche*
- *1 großer Bund feiner Kräuter (Schnittlauch, Estragon, Petersilie)*
- *Salz, Pfeffer, Muskat*
- *1 Eigelb zum Bestreichen*

Ein Paket Blätterteig 4–5 mm dick ausrollen. Die ungebutterte Pastetenform damit auskleiden; den Teig 3 cm über den Rand überhängen lassen.

Kartoffeln in hauchdünne Scheiben schneiden. Teig mit einer dünnen Schicht Kartoffeln belegen, salzen, pfeffern, eine Spur Muskat darüberreiben und einen Eßlöffel gehackte Zwiebeln darüberstreuen. Vorgang noch zweimal wiederholen; den Abschluß bildet eine Schicht Kartoffeln.

Das zweite Paket Blätterteig etwas dünner als das erste ausrollen; mit einem scharfen Messer rautenförmig einschneiden. Den Teig mit Hilfe des Rollholzes als „Deckel" auf die Form legen. Teigränder genau wie den ersten Teig zurückschneiden. Teigränder mit feuchten Fingern wellenförmig zusammendrücken und dabei verkleben.

Das Eigelb mit einigen Tropfen Wasser verrühren, den Kuchen damit bestreichen. Mit der Schere im Wellenrand alle 3 cm schräge Einschnitte machen. Dicht am Rand der Form mit einem Messer sechs Spalten einstechen, durch die der Dampf entweichen kann.

Backofen auf 200°C vorheizen; Form auf die unterste Schiene einschieben und 20 Minuten backen. Dann die Temperatur auf 160°C herunterschalten. Nach insgesamt 2½ Stunden ist der Ku-

chen fertig. Darauf achten, daß die Kruste nicht verbrennt; gegebenenfalls mit Pergamentpapier abdecken.
Inzwischen gemischte Kräuter hacken; überwiegend Petersilie verwenden. Vier Eßlöffel Kräuter mit der Crème fraîche verrühren, mit einer kleinen Prise Salz abschmecken. Bei Zimmertemperatur ziehen lassen.
Deckel des fertigen Kuchens dicht am Rand der Form ringsum aufschneiden, abheben und die Kräutercreme über die Kartoffeln gießen. Deckel wieder aufsetzen; Kuchen im ausgeschalteten Backofen oder bei niedriger Temperatureinstellung noch 10 Minuten durchziehen lassen.

TOMATENKUCHEN MIT BASILIKUM

Bei dieser originellen Vorspeise ist entscheidend, welchen Senf Sie dafür wählen. Dies ist natürlich eine Geschmacksfrage. Ich rate zum klassischen, scharfen Dijonsenf; vielleicht ziehen Sie jedoch einen mit Kräutern oder grünem Pfeffer aromatisierten Senf vor – probieren Sie einfach mehrere Sorten aus!

Für eine Form mit 24 cm Durchmesser:

- *1 Paket tiefgekühlter Blätterteig*
- *einfacher scharfer Senf*
- *150 g in hauchdünne Scheiben geschnittener Emmentaler*
- *4 Tomaten*
- *1 EL gehacktes Basilikum*
- *Salz, Pfeffer*

Teig 3–4 mm dick ausrollen. Form ausbuttern und leicht einmehlen und mit dem Teig auskleiden, dabei einen relativ niedrigen Rand formen. Im Kühlschrank ruhen lassen, bis der Belag vorbereitet ist.
Basilikum grob hacken. Tomaten schälen und entkernen. In Viertel schneiden (nicht in Scheiben).
Teigboden mit zwei Eßlöffeln Senf oder noch etwas mehr bestreichen, so daß der Teig von einer regelmäßigen, etwa 4 mm dicken Senfschicht bedeckt ist. Mit den Käsescheibchen bele-

gen; dazwischen das Basilikum streuen. Mit den Tomatenvierteln garnieren, die wie saftige rote Früchte aussehen. Leicht pfeffern und salzen. Beim Backen wird der zerfließende Käse die Zwischenräume zwischen den Tomaten ganz ausfüllen – der fertige Kuchen sieht sehr appetitlich aus.
Backofen auf 250°C vorheizen; Form in das untere Drittel des Ofens einschieben. Der Kuchen braucht nicht lange gebacken zu werden. Färbung der Kruste und Festigkeit des Teigbodens überwachen: Der Teig ist fertig, wenn er knusprig ist. Lauwarm servieren.

SPINATTORTE

Für 6 Personen (Form mit 24–26 cm Durchmesser):

- *500 g Spinat*
- *1 großer Bund Kerbel*
- *250 g saure Sahne*
- *60 g Butter*
- *4 Eier*
- *2 EL Mehl*
- *Salz, Pfeffer, Muskat, Zucker*
- *1 Paket tiefgekühlter Blätterteig*

Statt frischen Spinatblättern können Sie auch tiefgekühlte verwenden. Spinat in 2 l kochendes Salzwasser geben. 2 Minuten kochen lassen, dann herausnehmen und mit kaltem Wasser abschrecken. Abtropfen lassen, trockentupfen und hacken. Zwischen den Händen oder in einem Küchentuch ausdrücken, so daß sämtliche Flüssigkeit entfernt wird. Mit Salz, Pfeffer und Muskat abschmecken. Kerbelblätter abzupfen und grob hacken. Unter den Spinat mischen.
In einem großen Topf die Butter zerlassen, Mehl zufügen. 2 Minuten unter Rühren anschwitzen, dann saure Sahne zugießen. Sauce dick werden lassen, leicht salzen, pfeffern und mit Muskat würzen. Sauce vom Feuer nehmen; Eier gut verquirlen und darunterrühren. Zwei Drittel der Sauce mit dem Spinat vermi-

schen. Abschmecken und gegebenenfalls nachwürzen. Wenn der Spinat bitter schmeckt, eine kleine Prise Zucker zufügen.
Teig einen knappen halben Zentimeter dick ausrollen. Form buttern und leicht einmehlen, mit dem Teig auskleiden. In den Teigboden mit der Messerspitze oder Gabel mehrmals einstechen. Spinatmischung in die Form füllen, restliche Eiersauce darüber verteilen.
Backofen 15 Minuten auf 200°C vorheizen. Die Form in das untere Viertel des Ofens einschieben. Nach 20 Minuten Temperatur auf 180°C herunterschalten. Die Garzeit beträgt insgesamt etwa 40 Minuten. Die Kruste soll schön goldbraun sein. Um zu sehen, ob der Teig gar ist, schüttelt man die Form hin und her. Fertig gebackener Teig muß am Boden fest sein und in der Form leicht hin- und hergleiten.
Backofen ausschalten; die Spinattorte darin bei geöffneter Türe noch 5–10 Minuten ruhen lassen. Eher lauwarm als heiß servieren.

KÄSEKRAPFEN AUS BRANDTEIG

Servieren Sie doch einmal als ganz besondere Vorspeise ofenwarme Käsekrapfen! Man setzt die Krapfen ringförmig auf das Backblech; die Größe des Rings richtet sich nach der Anzahl der Gäste.

Für 6 Personen:

- *¹/₄ l Wasser*
- *100 g Butter*
- *150 g Mehl*
- *4 Eier*
- *150 g Emmentaler*
- *1 Ei zum Bestreichen*
- *Salz, Pfeffer*

Nach dem Rezept auf S. 276 einen salzigen und leicht gepfefferten Brandteig zubereiten.
Käse in hauchdünne kleine Blättchen schneiden. Nicht reiben;

geriebener Käse macht den Teig schwer. Käseblättchen in den Brandteig einarbeiten.
Backblech leicht einfetten und einmehlen, einen Kreis darauf zeichnen. Mit Hilfe eines Eßlöffels oder noch besser eines Spritzbeutels mit weiter Tülle eigroße Krapfen ringförmig auf das Blech setzen; zwischen ihnen sollte jeweils 2 cm Abstand liegen. Die Krapfen mit dem verquirlten Ei bestreichen.
In den auf Mittelhitze (180°C) vorgeheizten Backofen schieben. Während der ersten 6−7 Minuten die Ofentüre einen Spalt geöffnet lassen, damit der Dampf entweichen kann. Insgesamt 25 Minuten backen. Ofen ausschalten und öffnen; damit die Käsekrapfen nicht zusammenfallen, noch 4−5 Minuten warten und dann erst herausnehmen.

LASAGNE BOLOGNESE

Lasagne sind große Nudelblätter, die vorsichtig gekocht werden müssen, damit sie nicht auseinanderbrechen; sonst läßt sich der Auflauf nicht gut in die Form einschichten. Er wird in zwei Arbeitsgängen zubereitet. Den vorbereiteten Auflauf kann man 24 Stunden oder länger im Kühlschrank aufbewahren – mindestens jedoch sollte er 12 Stunden ruhen. Danach wird er gratiniert. So entsteht ein köstliches, delikates Gericht, das man als Vorspeise eines raffinierten Menüs oder als Hauptgericht nach einer Rohkostplatte servieren kann.

Für 6 Personen:

- *1 Paket Lasagneblätter*
- *¹/₂ l Füllung nach Bologneser Art (siehe S. 75)*
- *30 g geriebener Parmesan*
- *250 g Crème fraîche*
- *150 g Mozzarella*
- *2 EL Olivenöl*
- *50 g Butter*
- *50 g geriebener Käse (Gruyère, Emmentaler)*
- *Salz, Pfeffer*

NUDELN

Das Olivenöl und einen Eßlöffel Salz in 5 l Wasser verrühren und zum Kochen bringen. Lasagneblätter einzeln ins Wasser gleiten lassen. Portionsweise garen, damit sie nicht zusammenkleben. Aus dem Wasser heben, sobald sie biegsam, aber noch fest sind. Abtropfen lassen und auf einem befeuchteten, ausgewrungenen Küchentuch vorsichtig ausbreiten, damit sie nicht zerreißen. Erkalten lassen.

AUFLAUF

Eine rechteckige Auflaufform von 5 cm Höhe und 25 cm Länge gut ausbuttern. Ein Viertel der Lasagneblätter hineinlegen, mit einem Drittel der Füllung bedecken. Einen Eßlöffel Parmesan und ein Drittel der in dünne Scheibchen geschnittenen Mozzarella darüber verteilen. Einige Butterflöckchen daraufsetzen. Weiterhin schichtweise einfüllen, mit einer Schicht Nudelblätter abschließen. Festdrücken. Mit Alufolie bedeckt 12 Stunden ruhen lassen.

Auflauf auf ein Brett stürzen und in quadratische Portionsstücke zerschneiden. Mit etwas Abstand in eine feuerfeste Form setzen. Crème fraîche leicht salzen und pfeffern und darübergießen. Auflauf mit geriebenem Käse bestreuen.

Backofen auf 180°C vorheizen und die Lasagne etwa 40 Minuten überbacken, dabei von Zeit zu Zeit übergießen. Der Auflauf muß durch und durch heiß werden und eine goldbraune Kruste bekommen. Am besten gratiniert man langsam, bei relativ niedriger Temperatur.

Man kann den Auflauf aber auch im Ganzen gratinieren. Man braucht ihn dann nicht ruhen zu lassen und gibt sofort die Crème fraîche, den Käse und einige Butterflöckchen darüber. So ist die Lasagne weniger raffiniert, schmeckt aber trotzdem köstlich.

NUDELN MIT BASILIKUM

Für dieses pikante Gericht wählt man am besten dicke Hörnchennudeln, in die die Basilikumpaste gut eindringen kann. So erhält man Nudeln mit köstlicher Füllung.

Für 6 Personen:

- *500 g Hörnchennudeln*
- *100 g geriebener Käse (Gruyère, Emmentaler)*
- *15–20 große Basilikumblätter*
- *3 Knoblauchzehen*
- *30 g Butter*
- *5 cl Olivenöl*
- *Salz, Pfeffer*

Zuerst wird die Basilikumpaste zubereitet. Knoblauch und Basilikumblätter in einem Mörser zu einem feinen Brei zerstampfen. Löffelweise den geriebenen Käse zufügen; dabei die Paste mit Olivenöl geschmeidig halten. Sie darf jedoch nicht zu dünnflüssig werden.
In einem großen Topf 3 l Salzwasser zum Kochen bringen; einen Eßlöffel Olivenöl zufügen, damit die Nudeln nicht aneinanderkleben. Nudeln hineingeben. Sobald das Wasser wieder kocht, eine Garzeit von 15–18 Minuten rechnen. Nudeln immer wieder probieren, sie dürfen nicht zu weich werden. Nudeln durch ein Sieb abgießen, in den trockenen, noch heißen Kochtopf zurückgeben. Leicht pfeffern und die Basilikumpaste zufügen. Gründlich durchmischen. Auf den Boden der vorgewärmten Servierschüssel ein Stück Butter geben; Nudeln darüber anrichten und sofort servieren.

HIRN FRITIERT

Man kann diese Vorspeise bereits einige Stunden vorher vorbereiten; kurz vor dem Servieren wird sie dann fertig ausgebacken.

Für 6 Personen:

- *6–8 ganze Lammhirne*
- *1 Zitrone*
- *1 EL Öl*
- *2 EL gehackte Petersilie*
- *Salz, Pfeffer*

AUSBACKTEIG

- *100 g Mehl*
- *1 Prise Salz*
- *1 EL Öl*
- *lauwarmes Wasser*
- *2 Eiweiß*
- *Öl zum Fritieren*

Frisches Hirn wird eine Stunde lang in Eiswasser gelegt, um es von Blutresten zu reinigen. Tiefgefrorenes Hirn braucht man nicht aufzutauen; es kann sofort verwendet werden.
In einem Topf Wasser kräftig mit Salz und Pfeffer würzen und zum Kochen bringen; Hirn 10 Minuten darin pochieren. Herausnehmen und abtropfen lassen. Wenn es erkaltet und fest geworden ist, die Hirnhälften halbieren und die Stücke in eine flache Schale legen. Mit feingehackter Petersilie bestreuen. Zitronensaft mit Öl vermischen und über das Hirn gießen. Im Kühlschrank eine halbe Stunde ziehen lassen.
Teig erst kurz vor dem Fritieren anrühren: Durchgesiebtes Mehl in eine Schüssel geben, in die Mitte eine Mulde drücken und Salz und Öl hineingeben. Schnell gerade so viel lauwarmes Wasser unterrühren, daß ein dickflüssiger, klümpchenfreier Teig entsteht, dabei nicht zu kräftig schlagen. Falls sich Klümpchen bilden, Teig durch ein Sieb streichen; die Klümpchen dürfen nicht durch Schlagen des Teigs aufgelöst werden. Eiweiß steifschlagen und unter den Teig heben; Teig nicht rühren oder schlagen.
Hirn vorsichtig abtupfen, so daß die Petersilie nicht entfernt wird. Mit einer Gabel durch den Teig ziehen und sofort in das heiße, jedoch nicht rauchende Fritieröl tauchen. Der Teig soll aufgehen und fest werden, aber keine Farbe annehmen.
Auf diese Weise vorgebackene Stücke beiseite stellen. Kurz vor dem Servieren alle zusammen in den Drahtkorb der Friteuse legen. Fritieröl erhitzen, bis es gerade zu rauchen beginnt; die Hirnstücke darin goldgelb fritieren. In diesem zweifachen Fritieren besteht das Geheimnis eines knusprigen Ausbackteigs. Das Hirn leicht salzen und auf einer Serviette angerichtet servieren. Dazu eine heiße, pikant abgeschmeckte Tomatensauce oder eine kalte Sauce Tatare reichen.

6
GEMÜSE

GLASIERTE KAROTTEN

Für dieses Gericht verwendet man die ersten zarten Frühlingskarotten, die im Bund mitsamt dem Grün verkauft werden.

Für 6 Personen:

- *2 Bund junge Karotten (insgesamt etwa 1¼ kg)*
- *60 g Butter*
- *Salz, Pfeffer, Zucker*

Karotten unter fließendem Wasser bürsten, nicht schälen. Trockentupfen. In einen großen, flachen Topf oder in eine tiefe Pfanne geben; so viel Wasser zugießen, daß das Gemüse knapp bedeckt ist, und die Butter zufügen. Mit Salz und wenig Pfeffer würzen.
Bei Mittelhitze ohne Deckel schmoren lassen, bis die Karotten weich sind und alles Wasser verdampft ist – an Flüssigkeit ist nur noch die Butter übrig. Karotten mit einem gehäuften Eßlöffel Zucker überstreuen. Pfanne ruckartig hin- und herbewegen, bis die Karotten ringsum mit einer glänzenden, lackartigen Schicht überzogen sind.
Zum Servieren mit ein wenig gehackter Petersilie bestreuen.

GLASIERTE RÜBCHEN

Man verwendet dazu die ersten weißen Frühlingsrübchen, die klein und rund geformt sind. Wenn sie nicht mehr erhältlich sind, schneidet man größere Rüben olivenförmig zu. Diese Art der Zubereitung gelingt am besten, wenn die Gemüsestücke nicht zu groß sind.

Für 4 Personen:

- *2–3 Bund kleine Rübchen (Gesamtgewicht etwa 1 kg)*
- *100 g Butter*
- *Salz, Pfeffer, Puderzucker*

Rübchen in eine Pfanne oder in einen Topf geben, der so groß ist, daß nicht mehr als zwei Lagen übereinanderliegen.
Bis zur halben Höhe mit kaltem Wasser auffüllen, zwei Eßlöffel Butter, einen gestrichenen Teelöffel Zucker und etwas Salz zufügen. Zugedeckt zum Kochen bringen, dann Hitze herunterschalten und die Rübchen leise köcheln lassen. Topf gelegentlich rütteln, damit die oberen Rübchen nach unten zu liegen kommen.
Garvorgang überprüfen. Wenn man die Rübchen mit einem spitzen Messer leicht durchstechen kann, Deckel abnehmen und noch so lange kochen, bis alles Wasser verdampft ist. Dann läßt man die Rübchen in der Butter goldbraun und knusprig braten.

ERBSEN NACH FRANZÖSISCHER ART

Frische Erbsen haben eine so kurze Saison, daß sie ein raffiniertes Rezept verdienen, welches ihren feinen Geschmack bewahrt. Auf dieses Aroma wird man das ganze Jahr über verzichten müssen, denn es bleibt weder in der Dose noch in tiefgekühlten Erbsen erhalten – obwohl auch diese Fertigprodukte ihre Vorzüge haben.

Für 4 Personen:

- *2 kg junge Erbsen in der Schote; entschotet sollen sie etwa 1 kg ergeben*
- *1 Kopfsalat*
- *10–12 kleine weiße Zwiebeln aus neuer Ernte*
- *1 kleiner Kräuterstrauß*
- *1–2 TL Zucker*
- *100 g Butter*
- *Salz, Pfeffer*

Erbsen erst kurz vor der Zubereitung entschoten, damit sie nichts von ihrer Qualität einbüßen. Vom Kopfsalat die großen Außenblätter lösen (sie werden für einen Salat verwendet), bis nur noch das etwa faustgroße Salatherz zurückbleibt. Einen Pe-

tersilienstengel, ein halbes Lorbeerblatt und ein kleines Zweiglein Thymian zu einem Kräutersträußchen zusammenbinden. Zwiebeln schälen; etwa 1 cm Stiel an den Zwiebeln belassen. 5 Minuten in kochendem Salzwasser blanchieren.
Erbsen in einen dickwandigen, am besten einen gußeisernen Topf geben. Das Salatherz in die Mitte stecken, das Kräutersträußchen zwischen die Erbsen legen. Eine halbe Tasse kaltes Wasser darüber gießen, die Hälfte der Butter in Flöckchen darauf verteilen, Topf zudecken.
Bei ziemlich starker Hitze schmoren. Deckel erst nach 20 Minuten abnehmen. Die Erbsen sind fertig, wenn sie weich sind. Vom Herd nehmen, Kräutersträußchen entfernen. Zucker darüberstreuen; restliche, in Stückchen geschnittene Butter zufügen. Topf rütteln, damit die Butter schneller schmilzt und sich mit dem Erbsensaft verbindet, der dadurch etwas legiert wird. In einer Schüssel mit dem Salatherz in der Mitte anrichten.

BLATTSPINAT

Bei diesem Rezept werden die gegarten Spinatblätter nicht gehackt, sondern im Ganzen serviert. Reichen Sie Blattspinat zu hellem Fleisch: Kalb, Schwein oder Huhn, gebraten oder gegrillt. Auch wenn der Spinat später gehackt werden soll, wird er zunächst nach diesem Rezept zubereitet.
Zuerst wird der Spinat in Salzwasser nur wenige Minuten blanchiert. Dabei gehen die Mineralsalze nicht verloren: Spinat enthält vor allem Eisen und reichlich Vitamine.

Für 6 Personen:

- *2 kg sehr frischer Spinat*
- *100 g Butter*
- *Salz, Pfeffer, Muskat*

Beim Putzen des Spinats Stiele bis zur Blattmitte entfernen. Gründlich waschen. Spinat in zwei bis drei Haufen aufteilen und nacheinander in 3 l kochendes Salzwasser geben. Der Spinat darf nicht länger als 2–3 Minuten im Wasser bleiben. Heraus-

nehmen und in einem Sieb abtropfen lassen. Vorgang wiederholen, bis der ganze Spinat blanchiert ist.
Portionsweise zwischen den Handflächen gut ausdrücken, damit der Spinat nicht matschig wird. Butter in einer Pfanne erhitzen, Spinat zufügen. Bei schwacher Hitze fertig garen – die Butter darf nicht bräunen.
Vorsichtig salzen, pfeffern und ein wenig Muskat darüberreiben. Eine hübsche Garnitur sind blättrig geschnittene Mandeln, die man kurz vor dem Servieren über den Spinat streut.

GURKENGEMÜSE

Salat aus rohen Gurken kennt jeder; daß man Gurken auch als Gemüse zubereiten kann, ist für viele neu. Vor allem zu Fisch und hellem Fleisch sollten Sie statt Salzkartoffeln oder Reis zur Abwechslung einmal Gurkengemüse auf den Tisch bringen.

Für 6 Personen:

- *3 Gurken*
- *60 g Butter*
- *2 EL gehackte Petersilie (oder Kerbel, Schnittlauch, Estragon) oder eine Prise Thymian*
- *Salz, Pfeffer*

Gurken mit dem Kartoffelschäler schälen und der Länge nach vierteln. Falls die Kerne hart und groß sind, werden sie entfernt. Gurken in Würfel schneiden. In 2 l kochendes Salzwasser geben, wieder zum Kochen bringen und etwa 15 Minuten köcheln lassen. Die Gurken sind fertig, wenn sie nicht mehr knackig, sondern durch und durch weich sind. Durch ein Sieb abgießen und gut abtropfen lassen.
Butter in einer Pfanne erhitzen, Gurken zufügen. Bei starker Hitze unter ständigem Rühren so lange schmoren lassen, bis die noch in den Gurken enthaltene überschüssige Flüssigkeit verdampft ist. Dann bei mäßiger Hitze noch 20–30 Minuten unter gelegentlichem Wenden dünsten. Die Garzeit richtet sich nach der Größe der Pfanne; die Gurkenschicht darin sollte nicht zu dick sein.

Kurz vor dem Servieren salzen und pfeffern und mit den gewählten Kräutern bestreuen. Falls Sie Thymian verwenden wollen, 10 Minuten vor Ende der Garzeit zufügen. Auch ein Hauch Knoblauch paßt gut dazu.

FRITIERTE PETERSILIE

Man verwendet dafür krause Petersilie. Kaufen Sie Petersilie mit langen Stengeln. Waschen und gut trockentupfen, sonst spritzt das Öl beim Fritieren. (Am besten schützt man die Hand mit einem Tuch.) Petersilie zu kleinen Sträußchen zusammenbinden, bei den Stengeln fassen und kopfüber in das Fritieröl tauchen, das so heiß sein soll, daß es gerade zu rauchen beginnt. Petersilienstengel nicht loslassen!
In einigen Sekunden ist sie kroß, aber immer noch schön grün. Nicht bräunen lassen. Vorsichtig auf Küchenkrepp legen, leicht salzen und den nicht fritierten Teil der Stengel abschneiden.
Beim Erkalten wird die Petersilie ganz knusprig. Man fritiert immer nur ein Sträußchen auf einmal. Servieren Sie eine ganze Platte voll davon: ein sicherer Erfolg!

GEDÜNSTETE CHAMPIGNONS

Einfach in Butter gedünstet und mit Petersilie gewürzt schmecken Champignons am allerbesten. Reichen Sie sie als Beilage zu gegrilltem Rind-, Kalb- oder Schweinefleisch, entweder allein oder mit ein paar Röstkartoffeln.

Für 6 Personen:

- *1 kg Champignons*
- *100 g Butter*
- *Salz, Pfeffer*
- *2 EL gehackte Petersilie*
- *2 Zitronen*

Kaufen Sie weiße, möglichst kleine Champignons, bei denen der Hut noch mit dem Stiel verwachsen ist und die Lamellen noch nicht sichtbar sind.

Erdige Stielenden abschneiden. Champignons kurz in Wasser waschen, dem einige Spritzer Zitronensaft beigefügt wurden. Abtropfen lassen, trockentupfen. Am besten läßt man die Champignons ganz; größere Pilze werden halbiert oder geviertelt.

Sofort mit einem Stückchen Butter und dem Saft einer Zitrone in eine große Pfanne geben. Unter gelegentlichem Rühren schmoren lassen, bis der Saft austritt.

Wenn die Champignons im Saft schwimmen, Saft soweit wie möglich abschöpfen und die restliche Butter zufügen. Champignons so lange dünsten, bis an Flüssigkeit nur noch die Butter zurückbleibt. Salzen und pfeffern. Möglichst rasch servieren, zuvor mit der fein gehackten Petersilie bestreuen.

TOMATEN PROVENZALISCH

Diese Tomaten sind ganz schnell zubereitet: Sie werden halbiert, entkernt, mit gehacktem Knoblauch und Petersilie bestreut und im Ofen überbacken. Sie sind gleichzeitig Garnitur und würzig-saftige Gemüsebeilage für Gegrilltes aller Art.

Für 6 Personen:

- *6 runde, leuchtend rote, festfleischige Tomaten*
- *3 EL Olivenöl*
- *2 TL Thymian*
- *1 TL Rosmarin*
- *4 Knoblauchzehen*
- *2 EL Semmelbrösel*
- *3 EL Petersilie*
- *Salz, Pfeffer*

Tomaten waschen und abtrocknen. Quer in zwei gleich große Hälften schneiden. In eine Auflaufform oder auf das Backblech legen; die Schnittfläche ist dabei nach oben gekehrt. Jede Tomatenhälfte pfeffern und salzen, mit etwas Thymian-Rosmarin-Mischung bestreuen und mit ein wenig Olivenöl beträufeln – nicht zu viel Öl verwenden. Backofen auf 200°C vorheizen; Tomaten darin 15–20 Minuten backen.

Inzwischen Knoblauch und Petersilie sehr fein hacken, Semmelbrösel zufügen und gut untermengen.

Nach der angegebenen Zeit sind die Tomaten gar und beginnen zu bräunen, sind aber noch nicht zerfallen. Auf jede Tomatenhälfte einen gehäuften Teelöffel der Petersilienmischung verteilen. Unter den eingeschalteten Grill des Backofens schieben und noch 5 Minuten bräunen lassen.

Tomaten provenzalisch werden heiß serviert, schmecken kalt aber genauso köstlich.

AUBERGINEN ÜBERBACKEN

Diese nach einem katalanischen Rezept zubereiteten Auberginen schmecken genauso lecker, wie sie aussehen. Man kann sie allein als Hauptgericht servieren oder als Beilage zu Braten oder zu Gegrilltem reichen.

Für 6 Personen:

- *4 Auberginen*
- *3 Tomaten*
- *2 Knoblauchzehen*
- *3 EL gehackte Petersilie*
- *1 EL Semmelbrösel*
- *Salz, Pfeffer*
- *Fritieröl*
- *Olivenöl*

Kaufen Sie lange, festfleischige Auberginen. Blattansatz und Stiel nicht entfernen; Auberginen waschen und der Länge nach bis kurz vor den Blattansatz mehrmals einschneiden, die einzelnen Scheiben sollen etwa 1 cm dick sein. Jede Scheibe beidseitig einsalzen; 20–30 Minuten stehen lassen, damit der Saft austritt (dies ist vor allem in der Nachsaison anzuraten, wenn die Auberginen etwas bitter sind). Abspülen und trockentupfen.

In einer tiefen Pfanne die Auberginen nacheinander in heißem
Fritieröl anbraten; die Scheiben dabei fächerartig auseinanderziehen. Das Fruchtfleisch braucht nicht zu garen, es soll nur eine
schöne goldgelbe Kruste bekommen. Abtropfen lassen. In eine
lange, feuerfeste Form legen, Scheiben dabei wieder auseinanderziehen. Pfeffern, mit einigen Eßlöffeln Olivenöl bestreichen.
Mit den halbierten und entkernten Tomaten garnieren. Knoblauch hacken und mit der Petersilie sowie den Semmelbröseln
vermischen. Salzen, pfeffern und mit etwas Olivenöl beträufeln.
Die Hälfte der Petersilienmischung über die Tomaten streuen.
Backofen auf 200°C vorheizen, Auberginen 25–30 Minuten
backen. Einige Minuten vor dem Servieren das ganze Gericht
mit der restlichen Petersilienmischung bestreuen.

GEFÜLLTE AUBERGINEN

Wie beim letzten Rezept schneidet man die Auberginen fächerartig auf und gart sie im Ofen. Zwischen die Einschnitte steckt
man als Füllung Käse, Tomaten, Paprika, Zwiebeln, Knoblauch
und Petersilie.

Für 6 Personen:

- *3 mittelgroße Auberginen*
- *3 Tomaten*
- *2 Paprika*
- *200 g halbfester Schnittkäse (Gouda, französischer Tomme)*
- *4 große Zwiebeln*
- *3 Knoblauchzehen*
- *1 großer Bund Petersilie*
- *Fritieröl*
- *Olivenöl*

Auberginen waschen, Schale und Blattansatz nicht entfernen.
Der Länge nach bis kurz vor den Blattansatz in Scheiben schneiden. Mit Salz bestreuen, 30 Minuten ruhen lassen, damit der Saft
austritt.
Paprika schälen (dazu vorher überbrühen oder grillen), entker-

nen und in Streifen schneiden. Zwiebeln hacken, in einer Pfanne in Olivenöl glasig dünsten – nicht bräunen lassen. Zwiebeln aus der Pfanne nehmen; im gleichen Öl die Paprikastreifen einige Minuten andünsten.
Auberginen abspülen und trockentupfen. Nacheinander in heißes Fritieröl tauchen, bis sie weich zu werden beginnen; dabei die Scheiben fächerartig auseinanderziehen. Abtropfen lassen, trockentupfen. Boden einer Auflaufform mit Zwiebeln belegen. Auberginen hineinlegen – falls die Form rund ist, Auberginen zu einer Rosette anordnen. Zwischen die Auberginenscheiben je eine Scheibe Tomaten und Käse sowie einige Paprikastreifen stecken. Leicht salzen, pfeffern, mit ein bis zwei Eßlöffeln Olivenöl beträufeln und reichlich mit Petersilie und Knoblauch, die zusammen feingehackt wurden, bestreuen.
Backofen auf 230°C vorheizen. Auberginen etwa 35 Minuten überbacken. Gleich nach dem Heißwerden mit Alufolie abdecken, damit die Petersilie nicht bräunt.

RATATOUILLE AUS NIZZA

Es gibt viele Möglichkeiten, diese berühmte Ratatouille zuzubereiten, die kalt ebenso gut schmeckt wie warm. Sie zeigt sich jedoch nur dann von ihrer besten Seite, wenn man alle Zutaten sorgfältig vorbereitet. Hier läßt sich nichts auf die Schnelle „improvisieren".
Wenn Sie dem Rezept Paprikaschoten zufügen wollen, müssen diese erst gegrillt und dann enthäutet werden.

Für 6 bis 8 Personen:

– 6 Auberginen
– 6 Zucchini
– 6 Tomaten
– 10–12 kleine Zwiebeln (300 g)
– 3 Knoblauchzehen
– 1 Kräuterstrauß
– 1 kleines Zweiglein Oregano
– $1/2$ l Olivenöl

– *Salz, Pfeffer*
– *2 Paprikaschoten (nach Belieben)*

Alle Gemüse sorgfältig waschen. Auberginen und Zucchini mit dem Kartoffelschäler schälen, würfeln und in getrennten Schüsseln beiseite stellen.
Über die Auberginen vier Eßlöffel Salz streuen und gut untermischen. Ebenso mit den Zucchini verfahren. Gemüse 30 Minuten durchziehen lassen, dann unter fließendem kaltem Wasser waschen. Abtropfen lassen und trockentupfen. Tomaten überbrühen, damit sie sich leicht schälen lassen; quer durchschneiden und entkernen. In große Stücke schneiden. Paprikaschoten enthäuten, längs halbieren und entkernen; in Streifen schneiden.
Eine Tasse Olivenöl in einer ziemlich großen Pfanne erhitzen, die Zucchini bei starker Hitze darin goldgelb braten. Mit dem Schaumlöffel herausnehmen. In den Kochtopf geben, in dem die Ratatouille zubereitet werden soll. Ebenso mit den Auberginen verfahren, dann mit den Paprikastreifen und den geviertelten Zwiebeln.
Kräuterstrauß, Oregano und die Knoblauchzehen zu den Gemüsen geben und alles vorsichtig durchmischen. Pfeffern – noch nicht salzen –, zudecken und bei Mittelhitze zum Kochen bringen. Dann die Hitze herunterschalten und die Gemüse mindestens 1 1/2 Stunden schmoren lassen, dabei gelegentlich umrühren. Dann sollten sich die verschiedenen Aromen vermischt haben und die Gemüse weich, aber nicht zerfallen sein. Abschmecken, salzen und pfeffern.
Wenn beim Kochen viel Saft ausgetreten ist, bei starker Hitze ohne Deckel einkochen lassen; dabei darauf achten, daß die Gemüse nicht am Topfboden anhaften.
Heiß als einzige Gemüsebeilage servieren, oder kalt als Vorspeise reichen. In diesem Fall mit ein wenig Zitronensaft oder Essig und vielleicht sogar mit einigen Tropfen Tabasco pikant abschmecken.
Die Ratatouille läßt sich in einem gut verschlossenen Gefäß mehrere Tage im Kühlschrank aufbewahren. Nur wenn sie mit Olivenöl zubereitet wird, bekommt sie ihren typischen südländischen Charakter.

ÜBERBACKENE RATATOUILLE

Für 6 Personen:

- 1 kg Auberginen
- 1 kg Tomaten
- 2 dl Olivenöl
- 8 in Öl eingelegte Anchovisfilets
- 2 EL gehackte Petersilie
- 3 Semmelbrösel
- 3 Knoblauchzehen
- 1 EL Mehl
- 1 cl Milch
- Salz, Pfeffer

Auberginen schälen und in Würfel schneiden; in einem Standsieb mit zwei Eßlöffeln Salz vermischen und 30 Minuten stehen lassen, so daß der Saft austritt. Tomaten enthäuten, entkernen und kleinschneiden. Zwiebeln in dünne Scheiben schneiden. Die Hälfte des Öls in einem gußeisernen Topf erhitzen. Zwiebeln darin glasig werden lassen, nicht bräunen. Sobald die Zwiebeln weich sind, Auberginen unter kaltem Wasser abspülen, trockentupfen und zugeben. 5 Minuten andünsten, dann die Tomaten und eine ganze Knoblauchzehe zufügen. Falls nötig, mehr Öl zugeben. Ohne Deckel leise köcheln lassen, dabei öfters umrühren.

In einem Mörser die Anchovis mitsamt dem Öl, einen Eßlöffel Mehl und die abgekochte, erkaltete Milch zu einer glatten Sauce verarbeiten. Über die fertig gegarte Ratatouille gießen, pfeffern, abschmecken und nachwürzen und die Masse in einer Auflaufform verteilen. Restlichen Knoblauch mit der Petersilie feinhacken und mit den Semmelbröseln vermengen. Ratatouille mit dieser Mischung bestreuen. Backofen auf 230°C vorheizen und die Ratatouille darin rasch erhitzen und gratinieren.

Man kann die überbackene Ratatouille auch kalt als Vorspeise servieren. In diesem Fall beträufelt man sie mit etwas Essig oder Zitronensaft.

GESCHMORTE SELLERIEHERZEN

Stangensellerie ist ein sehr zartes Gemüse. Vor allem zu Braten aus hellem Fleisch ist es die ideale Ergänzung. Alle Garmethoden sind für ihn geeignet, vom Schmoren bis zum Gratinieren; immer jedoch wird er zunächst blanchiert.
Aufgrund seiner beachtlichen guten Eigenschaften ist der Sellerie auch für gesunde Ernährung sehr wichtig. Er regt den Appetit an, reinigt das Blut und versorgt den Körper mit Vitamin A und C. Gemischter Salat läßt sich durch rohen Stangensellerie fein abrunden. Man schneidet ihn in hauchdünne Scheiben und läßt ihn in der Marinade ziehen.

Für 6 Personen:

- *4—6 Stauden Sellerie*
- *100 g Butter*
- *1 Tasse Geflügel- oder Rindsbrühe*
- *Salz, Pfeffer*

Selleriestangen auf 15 cm Länge abschneiden – bis dahin reichen die zarten unteren Teile – die unansehnlichen äußeren Stangen entfernen. Sellerie unter fließendem kaltem Wasser schwenken und gründlich waschen, damit der Sand, der oft in den hohlen Stangen sitzt, herausgespült wird.
Sellerie in kochendes Salzwasser geben. Aufkochen lassen und etwa 12—14 Minuten köcheln lassen. Gut abtropfen lassen. Stauden der Länge nach halbieren. In einem großen Kochtopf, am besten in einem ovalen Bräter, die ganze Butter zerlassen. Selleriestauden dachziegelartig hineinlegen; sie sollen jedoch nicht zu dicht aneinander liegen. Sechs Eßlöffel Brühe zufügen, zugedeckt bei schwacher Hitze schmoren lassen. Nach einiger Zeit salzen und pfeffern, zuvor jedoch den Saft probieren. Der Sellerie ist gar, wenn er sich mit einem scharfen Messer leicht durchstechen läßt. Dann die Hitze höher schalten, damit die Sauce so weit einkocht, daß nur noch die Butter übrigbleibt.
Anrichten und servieren. Sehr dicke Stangen schneidet man mit einem scharfen Messer in der Mitte durch; man läßt die Hälften jedoch liegen, wo sie sind.

Auf diese Weise geschmorter Stangensellerie kann anschließend mit einer Käsebéchamel oder Tomatensauce gratiniert werden. Oder man bestreut ihn einfach mit einer Mischung aus geriebenem Käse und etwas Semmelbröseln und überbäckt ihn, bis er eine goldbraune Kruste hat.

GESCHMORTE FENCHELHERZEN

Wie der Stangensellerie hilft auch der Fenchel, ein knollenförmiges Gemüse mit leichtem Anisgeschmack, die Übergangszeit zwischen Winter und Frühling zu überbrücken. Zu Fisch schmeckt er besonders gut – er ist eine willkommene Alternative zu den als Beilage üblichen Salzkartoffeln. Kleine Knollen schmecken zarter. Werfen Sie das beim Putzen abfallende Fenchelgrün nicht weg, sondern garnieren Sie damit Kartoffelsalat, Kopfsalat oder helles Pfannenfleisch wie zum Beispiel Puten- oder Kalbsschnitzel. Fenchelgrün wird nicht gehackt, sondern mit der Schere kleingeschnitten.

Für 6 Personen:

– *8 kleine Fenchelknollen*
– *2 El Mehl*
– *70 g Butter oder 2 EL Gänseschmalz*
– *Salz, Pfeffer*

Fenchelknollen putzen, dabei zwei bis drei Außenblätter entfernen. Stiele etwas kürzen und grüne Triebe abschneiden. 3 l Salzwasser zum Kochen bringen, das mit etwas kaltem Wasser verrührte Mehl oder ein großes Stück altbackenes Weißbrot zugeben – auf diese Weise bleibt der Fenchel schön weiß. Fenchel in kochendes Wasser legen. Herausnehmen, wenn er gerade so weich ist, daß eine eingestochene Sticknadel noch auf etwas Widerstand stößt. Mit kaltem Wasser abschrecken und je nach Größe halbieren oder vierteln. Trockentupfen.
Butter oder Gänseschmalz in einem Topf erhitzen, der so groß ist, daß der Fenchel darin in nicht mehr als zwei Schichten übereinanderliegt. Gemüse bei Mittelhitze dünsten, jedoch nicht

bräunen. Wenn alles Wasser verdampft ist, leicht pfeffern und zugedeckt fertig garen.
Vor dem Servieren nach Belieben mit etwas gehackten feinen Kräutern bestreuen.

CHICORÉE IN SAHNE

Für diese Beilage wird Chicorée in streichholzdünne Streifchen (Julienne) geschnitten, angedünstet und in saurer Sahne fertig gegart. Wenn Sie Fleisch oder Fisch auf Sahne-Chicorée anrichten, dient die Gemüsebeilage gleichzeitig als Sauce.
Chicorée in Sahne ist die ideale Ergänzung zu Schnitzeln, Kalbskoteletts, Jakobsmuscheln und gedämpftem Fisch, zum Beispiel Barbe, Steinbutt oder Seezunge.

Für 6 Personen:

- *6 mittelgroße Chicoréestauden*
- *60 g Butter*
- *1 EL Erdnußöl*
- *½ l saure Sahne*
- *Salz, Pfeffer, Zucker*

Rechnen Sie pro Person eine Chicoréestaude. Chicorée weder einweichen noch waschen. Welke Außenblätter entfernen; Stauden quer in zwei bis drei Stücke schneiden. Von den unteren Enden den bitteren Strunk wegschneiden.
Jedes Chicoréestück der Länge nach halbieren. Auf einem Holzbrett mit einem sehr scharfen Messer in feine Längsstreifen schneiden – auf die Fingernägel aufpassen!
Falls Sie zwischen den Blättern Sand bemerkt haben, Chicorée-Julienne in ein Sieb geben und gründlich unter fließendem kaltem Wasser abspülen. Abtropfen lassen und in einem Küchentuch trocknen.
In einem großen Topf oder in einer Pfanne einen Eßlöffel Öl und zwei Eßlöffel Butter erhitzen. Chicorée-Julienne zufügen. Etwa 10 Minuten dünsten, bis der Chicorée glasig, aber noch fest ist; dabei mit einem Holzlöffel öfters umrühren. Salzen, pfeffern

und einen Eßlöffel Zucker darüberstreuen. Gut durchmischen und bei starker Hitze so lange schmoren, bis der Chicorée tief goldgelb, aber noch nicht gebräunt ist. Saure Sahne zugießen (eventuell zuvor mit einem gestrichenen Eßlöffel Mehl andikken). Bei schwacher Hitze leise köcheln lassen, bis die Sauce gebunden und der Chicorée gar ist – er soll noch etwas Biß haben und darf auf keinen Fall zu Brei zerkochen. Dieses Gemüse läßt sich gut aufwärmen. Die angegebenen Mengen an Zutaten reichen auch für acht Chicoréestauden.

ENDIVIENPASTETE

Die runde Pastete ist eine attraktive Beilage zu Braten oder Schmorfleisch. Wenn Sie sie mit einer Schinken-Tomaten-Sauce servieren, wird eine vollständige Mahlzeit daraus. Die Pastete schmeckt kalt genauso gut wie warm: Sie können sie aufschneiden und – eventuell zusammen mit Schinkenscheiben – Brote damit belegen. Solche Sandwiches sind ein leckerer Imbiß und eignen sich auch gut als Reiseproviant.

Für eine Charlotten- oder kleine Napfkuchenform mit 1 l Inhalt:

- *4–6 Köpfe Eskariol (Winterendivie), je nach Größe*
- *80 g Butter*
- *200 g Crème fraîche*
- *2 gestrichene EL Mehl*
- *4 Eier*
- *Pfeffer, Salz, Muskat*
- *Tomatensauce (siehe S. 74)*
- *125 g gekochter Schinken*

Unansehnliche Außenblätter entfernen; die grünen Blätter werden jedoch mitverwendet. Sorgfältig waschen.
3 l Salzwasser zum Kochen bringen, Endivien hineingeben und ohne Deckel etwa 12–15 Minuten köcheln lassen. Herausnehmen und gut abtropfen lassen, dann portionsweise zwischen den Handflächen ausdrücken, damit die überschüssige Flüssigkeit entfernt wird. Auf einem Brett grob hacken.

Aus zwei Eßlöffeln Butter, dem Mehl und der Crème fraîche eine dicke Béchamelsauce zubereiten und unter das Gemüse mischen. Eier verquirlen und unterrühren. Mit Salz, Pfeffer und Muskat kräftig abschmecken.

Form gut ausbuttern und die Endivienmasse hineingießen. Dabei die Form auf den Tisch klopfen, damit eingeschlossene Luftblasen entweichen.

Ofen auf 180° C vorheizen und die Form in ein Wasserbad stellen – sie soll etwa 4–5 cm hoch von Wasser umspült sein. Eine Stunde backen. Als Garprobe mit einem Messer bis zum Boden der Pastete einstechen: wenn nichts daran hängenbleibt, ist sie fertig. Während des Garvorgangs darf das Wasserbad niemals kochen; die Oberfläche der Pastete soll nur leicht bräunen.

Die fertige Pastete im ausgeschalteten Backofen bei geöffneter Tür noch 8–10 Minuten ruhen lassen, dann auf eine Platte stürzen.

Tomatensauce erhitzen, pikant abschmecken und den feingehackten oder gewürfelten Schinken untermischen. Pastete damit umgießen.

ROTKOHL

Jeder kennt Rotkohl als traditionelle Beilage zu fettem Braten: zu Gänse-, Enten- oder Schweinebraten. Einige wenige Zutaten unterstreichen seinen Eigengeschmack; wenn man ihn im Ofen gart, bleibt er knackig und saftig.

Für 6 Personen:

- *2–3 Köpfe Rotkohl*
- *300 g Johannisbeergelee*
- *1–2 dl Wein- oder Apfelessig*
- *50 g Butter oder Gänseschmalz*
- *Salz, Pfeffer, Muskat oder Wacholderbeeren*

Kohlköpfe vierteln und waschen, dabei die Blätter nicht voneinander lösen. Auf einem Brett in feine Streifen schneiden, dicke Blattrippen entfernen. In ein großes Sieb geben und langsam mit

3 l kochendem Salzwasser übergießen. Der Rotkohl verfärbt sich violett. Gut abtropfen lassen und in eine Schüssel füllen. Essig darübergießen; das Ganze gut durchmischen, damit der Essig den Kohl gut durchdringt – auf diese Weise nimmt er eine kräftige rote Farbe an.

Kohl mit der Hand portionsweise in eine feuerfeste Form aus Ton oder Porzellan umfüllen, dabei den Essig herausschwenken. Salzen und pfeffern, mit Muskat oder sechs zerstoßenen Wacholderbeeren würzen. Mit dem Johannisbeergelee bedecken, durchmischen, Fettflöckchen daraufsetzen. Ofen auf 180°C vorheizen und den Rotkohl darin garen. Damit sich an der Oberfläche keine Kruste bildet, gelegentlich umrühren; soll das Rotkraut längere Zeit im Ofen warmgehalten werden, mit Alufolie abdecken.

Nach 25–30 Minuten ist der Rotkohl fertig. Er hat dann noch Biß; die schöne rote Farbe ist erhalten geblieben.

Zur Gans reicht man zusammen mit dem Rotkohl auch in Butter gebratene Äpfel oder Selleriepüree.

GEMÜSEPÜREE

Aus Sellerie, Kartoffeln und Sauerampfer besteht dieses Püree, das hervorragend zu Wildbret, zu gegrilltem oder gebratenem Schweinefleisch, zu geschmortem Kalbsbries und Hirn sowie zu Enten- und Gänsebraten paßt.

Alle wasserhaltigen Gemüsepürees, ob aus Sellerie, Möhren, Zwiebeln oder Rüben, benötigen ein Bindemittel. Dafür bieten sich dicke Béchamelsauce oder pürierte Kartoffeln an. Ich ziehe die Kartoffel aus mehreren Gründen vor: man kann sie im gleichen Topf, sogar im gleichen Kochwasser wie den Sellerie garen, man püriert sie mit demselben Küchengerät und außerdem wird das Püree mit Kartoffeln weniger klebrig.

Für 6 Personen:

– 3 mittelgroße Sellerieknollen
– 3 mehlige Kartoffeln

– 300 g küchenfertiger Sauerampfer
– 80 g Butter
– Salz, Pfeffer, Muskat
– 1 Zitrone
– Mehl
– 125 g Sahne

Sellerie schälen, kleinschneiden und mit Zitronensaft beträufeln, damit er sich nicht verfärbt. 3 l Salzwasser zum Kochen bringen und vom Herd nehmen. Zwei gehäufte Eßlöffel Mehl mit etwas kaltem Wasser verrühren und in das Salzwasser geben oder dem Wasser ein ziemlich großes Stück altbackenes Weißbrot zufügen.

Wasser unter Rühren wieder aufkochen lassen, Sellerie hineingeben. Wasser, dem Mehl zugesetzt wurde, kocht wie Milch leicht über; Deckel deshalb nur schräg auf den Topf setzen. Sellerie leise köcheln lassen, bis man ihn mit einer Gabel mühelos durchstechen kann. Herausnehmen und abtropfen lassen und in der Kartoffelpresse oder im Mixer pürieren. Die Hälfte der Butter zugeben, warmstellen.

In demselben Topf und im gleichen Wasser die geschälten, in große Stücke geschnittenen Kartoffeln weichkochen. Gut abtropfen lassen und ebenfalls pürieren. Löffelweise unter das Selleriepüree schlagen, bis es die gewünschte Konsistenz besitzt. Man braucht nicht das ganze Kartoffelpüree untermischen, nur so viel, bis das Selleriepüree gebunden ist – es sollte auf keinen Fall „gestreckt" werden.

In der restlichen Butter vier Fünftel des in Streifen geschnittenen Sauerampfers andünsten. Wenn alle Flüssigkeit verdampft ist und der Sauerampfer zu einer cremigen Masse zerfallen ist, unter das Selleriepüree mischen. Mit dem Schneebesen gut durchschlagen, pfeffern und nach Belieben mit Muskat abschmecken.

Vor dem Servieren das Püree vorsichtig erhitzen, dabei ständig mit dem Schneebesen durchschlagen. Ein bis zwei Eßlöffel Sahne zufügen, damit das Püree noch sämiger wird, und mit dem restlichen rohen Sauerampfer garnieren.

FEINE BRATKARTOFFELN

Ein einfaches Gericht wie Bratkartoffeln wird zum Festessen, wenn man zum Braten Gänseschmalz verwendet; zu besonderen Anlässen streut man noch feingehackte Trüffel darüber.
Diese Kartoffelspezialität stammt natürlich aus dem Périgord, dem französischen Trüffelgebiet. Man reicht sie dort zu Gänse- oder Entenragout, zu gegrilltem Fleisch und zu Braten. Oft ißt man sie aber auch allein als Hauptgericht; dazu schmeckt ein frischer Salat, mit Nußöl zubereitet.

Für 6 Personen:

- *1,5 kg Kartoffeln*
- *4 EL Gänseschmalz*
- *1 Knoblauchzehe (nach Belieben)*
- *Salz, Pfeffer*
- *1 Trüffel (nach Belieben)*

Kartoffeln schälen und in Scheiben schneiden. Kurz in 3 l kochendes Wasser geben. Unter fließendem Wasser waschen, damit die Stärke weggespült wird. Abtropfen lassen, trockentupfen. Gänseschmalz mit dem zerdrückten Knoblauch in einer großen Pfanne erhitzen. Fett wieder abgießen und die Kartoffeln hineingeben.
Vorsichtig wenden, damit die Scheiben nicht zerfallen. Sobald sie sich goldgelb färben, salzen, pfeffern und gleichmäßig in der Pfanne verteilen. Nicht mehr umrühren, sondern wie einen dikken Pfannkuchen braten, bis sich unten eine Kruste bildet.
Sobald die Unterseite schön goldbraun ist, Kartoffeln mit Hilfe eines Tellers wenden, damit auch die andere Seite bräunt. Einige Minuten vor dem Servieren die Trüffel schälen. Schalen feinhacken und über die Kartoffeln streuen. Trüffel in hauchdünne Scheibchen schneiden und auf den Kartoffeln verteilen; das Ganze mit einem guten Eßlöffel Gänseschmalz beträufeln. Zugedeckt noch 2–3 Minuten durchziehen lassen, damit sich der Geschmack voll entfalten kann. Kartoffeln auf eine Platte gleiten lassen. Die Pfanne muß so groß sein, daß die Kartoffelschicht darin nicht dicker als 4–5 cm ist. Gegebenenfalls zwei Pfannen verwenden.

GRATIN DAUPHINOIS

Dies ist das einfachste und zugleich köstlichste Kartoffelgratin. Es wird nur mit einer Mischung aus Milch und Crème fraîche übergossen. Sein Gelingen hängt von der sorgfältigen Überwachung des Garvorgangs ab. Auch dürfen die Kartoffelscheiben nicht mehr als 5 cm hoch in die Auflaufform eingeschichtet werden.

Für 6 Personen:

– 1,5 kg geschälte Kartoffeln
– 1/3 l abgekochte Milch
– 2/3 l Crème fraîche
– Salz, Pfeffer, Muskat
– 1 Knoblauchzehe
– 30 g Butter

Es ist gleichgültig, ob Sie eine runde, quadratische oder rechteckkige Auflaufform wählen. Sie muß jedoch aus Ton, Porzellan oder Glas bestehen und darf nicht tiefer als 5 cm sein – damit ist auch die Höhe des Gratins vorgegeben.
Boden und Ränder der Form mit Knoblauch einreiben, trocknen lassen und dann mit reichlich Butter einfetten. Kartoffeln in hauchdünne Scheibchen schneiden und in die Form legen. Crème fraîche mit der Milch aufkochen, mit Salz, Pfeffer und Muskat würzen und abschmecken – die Mischung muß kräftig gewürzt sein. Über die Kartoffeln gießen. Sie sollen gerade bedeckt sein und nicht in Flüssigkeit schwimmen.
Backofen auf 200°C vorheizen. Garvorgang am Anfang ständig überwachen, um zu verhindern, daß die Milchmischung überkocht; Temperatur gegebenenfalls auf 180°C herunterschalten. Bevor das Gratin zu bräunen beginnt, mit Alufolie abdecken; die glänzende Seite der Folie ist dabei den Kartoffeln zugewandt. Wenn die Kartoffeln gar sind, Grill einschalten, Folie entfernen und das Gratin goldgelb backen. Alle Flüssigkeit muß aufgesogen sein.
Die Garzeit beträgt eine Stunde. Wenn die Milchmischung eingezogen ist, darf das Gratin nicht länger gebacken werden, sonst wird die Crème fraîche zu Öl.

7
FISCH UND MEERESFRÜCHTE

FISCH VOM HOLZKOHLENGRILL

Kleine Fische, wie zum Beispiel Sardinen, Makrelen und Heringe, legt man einfach auf ein feines Grillgitter über den Holzkohlenrost. Größere Fische kann man nur im Ganzen grillen, wenn man sie in ein Doppelgitter einlegt, das sich mit Hilfe von Scharnieren öffnen läßt; ist die Unterseite der Fische gar, dreht man das Gitter um. Man kann große Fische aber auch in 2–3 cm dicke Scheiben schneiden und wie kleine Fische grillen.
Bei allen Fischen empfiehlt es sich, gegen Ende der Garzeit einen Bund würziger Kräuter auf die Glut zu legen: Fenchel, Bohnenkraut, Oregano, Thymian und sogar Lorbeerblätter. Ihr Rauch verleiht den Fischen ein köstliches Aroma.

WIE MAN GROSSE FISCHE VORBEREITET

Bitten Sie den Fischhändler, die Fische durch die Kiemenspalten hindurch auszunehmen. Nicht schuppen – so bleibt beim Grillen der ganze Fleischsaft erhalten. Durch den Dampf wird die Haut vom Fleisch gelöst, so daß sie sich leicht abziehen läßt, wenn man die Fische zerteilt.
15 Minuten vor dem Grillen die Fische beidseitig einölen, Vorgang wiederholen, kurz bevor sie auf den Rost gelegt werden. Die Fische sind gar, wenn sich eine Rückengräte leicht herausziehen läßt. Man kann als Garprobe auch ein spitzes Messer entlang der Rückengräte bis hin zur Mittelgräte einstechen; die Mittelgräte muß sich ohne Widerstand wegschieben lassen.
Zum Fisch eine kalte Sauce, zum Beispiel Aïoli oder mit Tabasco pikant abgeschmeckte Mayonnaise reichen. Die einfachste heiße Sauce besteht nur aus Butter oder Olivenöl, das man im Wasserbad erhitzt, aber nicht kochen läßt, und mit zerstoßenen Fenchelsamen, Salz, Pfeffer, Zitronensaft und eventuell noch mit pürierten Anchovis würzt.

WIE MAN KLEINE FISCHE VORBEREITET

Sardinen braucht man nicht zu schuppen: so wird das Fleisch besonders zart; die Haut läßt sich wie eine Erbsenschote öffnen und entfernen. Man kann Sardinen aber auch wie Heringe, Seebarben usw. schuppen.

Eine dicke, schleimige Haut erhält das Fleisch von Forellen zart und saftig. Man schlitzt die Haut auf beiden Seiten jeweils am Ansatz von Kopf und Schwanz ein, ohne jedoch in das Fleisch einzuschneiden. Auf diese Weise kann der Dampf entweichen, so daß die Haut nicht aufplatzt.
Auch bei kleineren Fischen legt man Kräuter auf die Glut, und zwar dann, wenn man sie wendet. Als Beilagen genügen Zitronenschnitze und Toast, den man mit gesalzener Butter bestreicht. Zu Makrelen, Heringen und Forellen passen aber auch die Saucen, die man zu großen Fischen reicht.

GEGRILLTER LACHS

Frischer Lachs kann – wie bei diesem Rezept – in dickere Scheiben geschnitten werden oder aber in dünne Schnitzel von je 100–120 g. Solche Schnitzel gart man meist in Butter in der Pfanne. Hübscher sehen gegrillte Scheiben aus, auf deren schönem rosa Fleisch sich das Muster des Grillrosts abzeichnet.
Zu Lachs reicht man bevorzugt Holländische Sauce oder Sauce Béarnaise; dazu schmeckt aber auch feine Buttersauce, die man nach Belieben noch mit unaufdringlichen Kräutern wie Kerbel oder Dill verfeinern kann. Kräuterbutter und Anchovisbutter passen ebenfalls gut zum gegrillten Lachs.

Für 6 Personen:

- *6 Scheiben Lachs von je 150–200 g*
- *Salz, Pfeffer*
- *Butter oder Öl*

Lachs trockentupfen und beidseitig salzen und pfeffern, mit zerlassener Butter oder Öl bestreichen. Auf den heißen Grill legen – nicht jedoch über offenes Feuer. Wenn sich die Oberseite der Lachsscheiben lauwarm anfühlt, sollte die der Glut zugewandte Seite gegrillt sein und die Abdrücke des Grillgitters zeigen. Vorsichtig wenden, damit die Scheiben nicht zerfallen, und die zweite Seite rasch grillen.
Dieser zarte Fisch sollte nicht zu lange gegart werden, sonst

trocknet sein festes Fleisch schnell aus. Wer wenig Erfahrung hat, sollte die Scheiben nur so lange grillen, bis das Fleisch die braunen Grillstreifen bekommt, und den Lachs im Ofen fertig garen: Backofen vorheizen; Fisch auf eine ofenfeste Platte legen und bei spaltbreit geöffneter Türe im Ofen weitergaren.
Mit der gewählten Sauce servieren. In Schottland, wo es Lachs in Hülle und Fülle gibt, reicht man dazu oft Erbsen und Salzkartoffeln, die auf Pflaumengröße zugeschnitten werden.

GEGRILLTE BARBE

Die Barbe, auch Wolfsbarsch genannt, kommt sowohl im Atlantik als auch im Mittelmeer vor. Sie ist einer der feinsten Meeresfische.
Dieses Rezept gibt die einfachste und zugleich schmackhafteste Zubereitungsart an: Man würzt den Fisch mit Kräutern, die man zuvor in Olivenöl einlegt, und grillt ihn im Ofen. Auch Goldbrassen und andere große, bunthäutige Mittelmeerfische schmecken so am besten.
Als Sauce genügt Butter, die im Wasserbad erhitzt wird. Man schmeckt sie mit Fenchelsamen ab, die man zuvor in Zitronensaft oder Olivenöl ziehen läßt. Neben dieser typisch südfranzösischen Sauce passen aber auch Holländische Sauce oder feine Buttersauce hervorragend zu diesem Fischgericht.

Für 6 Personen:

- *Barbe von 2–2,5 kg*
- *Fenchelsamen, Koriander, Thymian, Lorbeerblätter oder Kräutermischung aus der Provence*
- *Olivenöl*
- *2 Zitronen*
- *Salz, Pfeffer*
- *einige Zweiglein Rosmarin und Bohnenkraut*

Vom Fischhändler die Barbe durch die Kiemenspalten hindurch ausnehmen lassen. Beim Schuppen soll die Rückenflosse nicht entfernt werden, man braucht sie für die Garprobe: um zu über-

prüfen, ob der Fisch fertig ist, versucht man, die Rückenflosse herauszuziehen. Sie muß sich ohne Widerstand lösen.
Kräuter nach Wahl einige Stunden in einer Tasse Olivenöl ziehen lassen, abtropfen lassen und salzen. Barbe mit zwei gestrichenen Eßlöffeln dieser Kräuterzubereitung füllen.
Grill des Backofens auf höchster Stufe vorheizen. Fisch mit Olivenöl bestreichen, auf den Bratrost legen. In die Haut schräge Schlitze einschneiden, salzen und pfeffern. Bratrost in die Ofenmitte über die Fettpfanne einschieben. Gelegentlich mit Öl bestreichen, dazu statt eines Pinsels ein Sträußchen aus Rosmarin und Bohnenkraut verwenden. Sobald die Oberseite goldbraun ist, Fische wenden und in die Fettpfanne legen. Zweite Seite ebenfalls bräunen.
Dann den Grill ausschalten und den Backofen auf 200°C einstellen. Fisch nochmals salzen und pfeffern und unter gelegentlichem Übergießen so lange garen, bis sich die Rückenflosse leicht herausziehen läßt.
Inzwischen die gewählte Sauce zubereiten.

SEEBARBEN MIT ANCHOVISBUTTER

Seebarben zählen zu den feinsten Fischen. Am meisten werden die Seebarben aus dem Mittelmeer geschätzt. Bitten Sie Ihren Fischhändler, die Fische durch die Kiemenspalten hindurch auszunehmen und Ihnen die Lebern mitzugeben. Würzen Sie sie mit Salz, Pfeffer und Thymian und stecken Sie sie wieder in die Bauchhöhle der Fische.

Für 6 Personen:

– *6 Seebarben von je 180–200 g*
– *200 g Anchovisbutter (siehe S. 61)*
– *1 Zitrone*
– *feingehackte Petersilie*
– *Salz, Pfeffer, Thymian oder Oregano oder Bohnenkraut*
– *Olivenöl*

Die Flossen außer der Rückenflosse entfernen – an ihr überprüft man, ob der Fisch gar ist. Fische außen rasch unter fließendem kaltem Wasser waschen, mit Küchenkrepp trockentupfen. Gewürzte Lebern, falls vorhanden, in die Bauchhöhle stecken; sonst das Innere salzen, pfeffern und mit einigen Thymianblättern oder einem Zweiglein Oregano oder Bohnenkraut würzen. Verzichten Sie jedoch auf diese Kräuter, wenn Sie sie nicht wirklich frisch, möglichst aus dem eigenen Garten, zur Verfügung haben – die Anchovisbutter verleiht den Fischen Würze genug. Die Seebarben auf beiden Seiten mit Olivenöl einpinseln und auf den Bratrost legen. Grill des Backofens bei geöffneter Türe 15–20 Minuten vorheizen. Bratrost auf die dritte Schiene von unten schieben, Fettpfanne darunter einschieben. Bei spaltbreit geöffneter Türe backen. Sobald sich die Haut hochwölbt, den Rost mit den Fischen herausziehen. Fische mit Hilfe eines metallenen Bratwenders vorsichtig umdrehen, damit sie nicht beschädigt werden. Nochmals mit Öl einpinseln. Weitergaren, bis die Haut bräunt. Ob die Fische fertig sind, läßt sich an einer Rückenflosse kontrollieren, die sich leicht herausziehen lassen muß. Mit dieser Garprobe nicht zu lange warten – es wäre schade, wenn die Fische zu lange gegrillt würden, denn dann wird das Fleisch trocken.
Auf einer vorgewärmten Platte anrichten; Köpfe mit je einer dünnen Zitronenscheibe, die mit etwas Petersilie bestreut wurde, verdecken. Die im Wasserbad zerlassene Anchovisbutter gesondert dazu reichen.

GEGRILLTE GRÜNE HERINGE MIT SAUERAMPFERSAUCE

Wenn Sie die Heringe im Ofen grillen, merkt man kaum etwas vom „typischen Fischgeruch". Außerdem brät das überschüssige Fett aus, so daß die Heringe leichter verdaulich werden.

Für 6 Personen:

– 6 grüne Heringe von je etwa 80 g

SAUERAMPFERSAUCE

- *1 gehäufter EL gehackte Schalotten*
- *1 EL Butter*
- *2 Tassen in feine Streifen geschnittener Sauerampfer*
- *150 g Crème fraîche*
- *1 Zitrone*
- *1 EL scharfer Senf*
- *Salz, Pfeffer, Öl*

Bitten Sie Ihren Fischhändler, die Heringe durch die Kiemenspalten hindurch auszunehmen und die Heringsmilch sowie den Rogen wieder zurück in die Bauchhöhle zu stecken. Heringe abtupfen und leicht einölen; auf jeder Seite drei schräge Schlitze in die Haut einschneiden. Grill des Backofens 15–20 Minuten vorheizen. Heringe auf den Bratrost legen und langsam grillen, Türe dabei einen Spalt öffnen.

Sobald die Fische zu bräunen beginnen, wenden – wenn man länger wartet, zerfallen sie beim Umdrehen. Zweite Seite länger grillen und dunkler bräunen lassen, damit Milch und Eier durchgaren. Salzen, pfeffern und im abgeschalteten Ofen bis zum Servieren ruhen lassen – bitte nicht zu lange.

DIE SAUCE

Schalotten bei schwacher Hitze in der Butter dünsten, nicht bräunen lassen. Den in Streifen geschnittenen (nicht gehackten!) Sauerampfer zugeben. Wenn er weich, aber noch grün ist, Senf untermischen, dann die Crème fraîche unterziehen. Ohne Deckel köcheln lassen; Saft einer halben Zitrone zugeben. Wenn die Sauce gebunden ist und einen Holzlöffel gut überzieht, salzen, pfeffern und abschmecken. Warmstellen, aber nicht weiterkochen; in einer Saucière servieren.

Im Frühjahr reicht man zu den Heringen neue Kartoffeln. Kleine Kartoffeln in der Schale kochen, pellen und heiß in einer Schüssel anrichten. Mit der Sauerampfersauce übergießen, mit ein wenig feingehackter Petersilie oder Kerbel garnieren.

HERINGE VOM HOLZKOHLENGRILL

Heringe auf die gleiche Weise vorbereiten. Allerdings wird sich wegen des Fetts, das auf die Glut tropft, ein stark riechender

Rauch entwickeln. Einige Zweiglein Bohnenkraut, Rosmarin und Thymian auf die Glut legen, dann werden die Heringe würziger.
Auch Makrelen, die auf diese Weise zubereitet werden, schmecken hervorragend.

SÜSSWASSERFISCHE IM OFEN GEBACKEN

Mit diesem einfachen Rezept, das immer gelingt, lassen sich Forelle, Lachsforelle und Hecht lecker zubereiten. Der Hecht sollte nicht schwerer als 1 kg sein.

Für einen Hecht von etwa 1 kg:

- *2 EL gehackte Schalotten*
- *100 g Butter*
- *150 g Crème fraîche*
- *1 EL Petersilie*
- *1 EL Kerbel*
- *Salz, Pfeffer, Zitrone*

Die Hälfte der Butter in einem Topf erhitzen und die Schalotten bei Mittelhitze darin andünsten; nicht bräunen lassen.
Schalotten auf dem Boden der Form verteilen, in der der Fisch gegart wird. Hecht in Stücke zerteilen (nicht in dünne Scheiben!). In die Form legen. Backofen auf 200°C vorheizen, Form einschieben.
Wenn die Haut der Hechtstücke ihren Glanz verliert, trocken wird und zu garen beginnt – dies dauert etwa 20 Minuten – die Crème fraîche darübergießen, die mit Salz, Pfeffer und einem Teelöffel Zitronensaft abgeschmeckt wurde. Temperatur auf 180°C herunterschalten; Fisch beim Weitergaren noch zwei- bis dreimal übergießen. Sobald die Crème fraîche dick wird, Backofen ausschalten. Fisch mit den gemischten Kräutern bestreuen und noch einige Minuten bei spaltbreit geöffneter Türe im Ofen ruhen lassen.

Mit kleingeschnittenen, in Butter gebratenen Kartoffeln oder mit Gurkengemüse servieren.

STEINBUTT MIT SCHALOTTEN

Alle Fische, die normalerweise in Spezialtöpfen gegart werden müssen, werden schneller weich, wenn man vom Fischhändler die Mittel- und Seitengräten herausnehmen läßt. So vorbereitet können die Fische in einer flachen Form, ja sogar in der Fettpfanne im Backofen gegart werden. Bei dieser Garmethode bleibt das Fleisch zudem fest und saftig. Ein Fisch von 2 kg muß höchstens 40–50 Minuten im Ofen gebacken werden.

Für 6 Personen:

- *1 Steinbutt von etwa 1,8 kg*
- *3 EL gehackte Schalotten*
- *80 g Butter*
- *300 g Crème fraîche*
- *1 Zitrone*
- *Salz, Pfeffer*

Beim Fischhändler Mittel- und Seitengräten entfernen und den Fisch von der dunklen Seite her aufschneiden lassen.
Schalotten bei schwacher Hitze in der Hälfte der Butter andünsten, bis sie weich sind; nicht bräunen lassen. Salzen und pfeffern. Steinbutt mit den Schalotten füllen, wieder zuklappen und so zurechtdrücken, daß er in die Form paßt, in der er gegart werden soll.
Backofen auf 200°C vorheizen. Steinbutt mit der dunklen Seite nach unten in die Form legen, mit Butter bestreichen, pfeffern und salzen. In den Backofen schieben. Garvorgang am Anfang überwachen. Sobald sich am Boden der Form Saft sammelt, Fisch mit etwas Crème fraîche bestreichen, die mit Salz, Pfeffer und dem Saft einer Zitrone gewürzt wurde. Während des Garens weiterhin mit der Créme fraîche bestreichen, jeweils mit zwei bis drei Eßlöffeln auf einmal. Sobald der Fisch leicht zu bräunen beginnt, ist er fertig gegart.

Die portionsweise zugefügte Crème fraîche wird allmählich eindicken. Wenn man die ganze Menge auf einmal zum Fisch gäbe, bliebe die Crème fraîche flüssig; außerdem würden sich Fettaugen in ihr bilden.
Steinbutt in der Form servieren, dazu mit Petersilie bestreute gedämpfte Kartoffeln reichen.
Falls der Fisch in der Fettpfanne gegart wird, Fettpfanne mit Alufolie auslegen, so daß der Steinbutt leicht herausgehoben werden kann, ohne zu zerfallen.

KNURRHÄHNE IM OFEN GEBACKEN MIT ANCHOVISBUTTER

Der Knurrhahn ist ein schöner roter Meeresfisch mit delikatem Fleisch. Sein Körper ist im Querschnitt rund, sein breiter Kopf hornartig verhärtet. Mit der Seebarbe hat er die rote Färbung gemeinsam, gehört aber zu einer anderen Familie.
Für diese Art der Zubereitung wählt man mittelgroße Knurrhähne; größere Fische werden meist im Sud gegart.

Für 6 Personen:

- *6 Knurrhähne von 250 – 300 g*
- *2 TL getrockneter Thymian*
- *1 EL Fenchelsamen*
- *1 dl Olivenöl*
- *1 Zitrone*
- *Salz, Pfeffer*
- *Anchovisbutter (siehe S. 61)*

Am besten lassen Sie im Fischgeschäft beim Ausnehmen der Knurrhähne gleich auch die Köpfe abtrennen.
Feuerfeste Form mit Thymian und Fenchelsamen auslegen. Fische innen salzen und pfeffern und in die Form legen. Mit Olivenöl und Zitronensaft beträufeln. Backofen auf 200°C vorheizen, Form einschieben. Nach 10 – 12 Minuten beginnt die Haut trocken zu werden; Fische übergießen und Temperatur auf 180°C herunterschalten. Beim Weitergaren häufig übergießen; falls

die Haut zu rasch austrocknet, Fische mit Alufolie abdecken. Je nach Dicke der Fische schwankt die Garzeit zwischen 35 und 45 Minuten.
In der Form servieren. Dazu gekochte Kartoffeln und Anchovisbutter reichen, die man im Wasserbad verflüssigt oder einige Zeit bei Zimmertemperatur stehen läßt (nicht eiskalt servieren).

GOLDBRASSE MIT FRISCHEM KORIANDER

Koriandergrün, die Petersilie der Araber, ist auf den Gemüsemärkten großer Städte und in Spezialgeschäften für orientalische Lebensmittel erhältlich.
Für uns ist der kräftige Koriandergeschmack etwas ungewohnt. Bei diesem Fischgericht tut man deshalb gut daran, den gehackten Koriander in einem Küchentuch oder in Küchenkrepp auszupressen – ein einfacher kleiner Trick, der es uns ermöglicht, eines der köstlichsten Gerichte des östlichen Mittelmeeres uneingeschränkt zu genießen.

Für 4 bis 6 Personen:

- *1 große Goldbrasse von 1,5 kg oder 2 mittelgroße Goldbrassen*
- *4 Zitronen*
- *2 dl Olivenöl*
- *2 EL gehackter frischer Koriander*
- *1 ganzer Stengel Koriander*
- *Salz, Pfeffer, süßer Paprika*

Bitten Sie den Fischhändler, die Brasse durch die Kiemenspalten auszunehmen und sorgfältig zu schuppen. Waschen und trockentupfen. Innen reichlich salzen und pfeffern und den Korianderstengel hineinschieben. In die Haut auf beiden Seiten drei schräge Schlitze einschneiden.
Eine Auflaufform, in der der Fisch auch serviert werden kann, mit Zitronenscheiben auslegen und die Brasse daraufgeben. Salzen, pfeffern und mit einigen Prisen Paprika bestäuben. Mit einer Reihe Zitronenscheiben garnieren und mit so viel Öl über-

gießen, daß sich am Boden der Form eine mindestens 1 cm hohe Ölschicht bildet.
Backofen auf 200°C vorheizen; Form einschieben. Nach 15 Minuten den gehackten Koriander in den Bratensaft geben, Temperatur auf 160°C herunterschalten. Fisch gelegentlich übergießen; darauf achten, daß der Koriander nicht bräunt.
Nach insgesamt etwa 40–45 Minuten Ofen ausschalten; Fisch mit Alufolie abdecken und bei leicht geöffneter Tür bis zum Servieren im Ofen ruhen lassen. Auf diese Weise quillt er durch seine eigene Hitze noch etwas auf, gart aber nicht weiter.
Bei mittelgroßen Goldbrassen verringert sich die Garzeit auf 30–35 Minuten.

SEETEUFEL IN DER FOLIE

Der Seeteufel ist ein Fisch ohne Gräten, von der großen Mittelgräte einmal abgesehen. Bei diesem Rezept schneidet man ihn in 1–2 cm dicke Scheiben, die dann einzeln in Alufolie verpackt werden – zusammen mit einem Stück Kräuterbutter, die dem Fisch ein feines Aroma verleiht.

Für 6 Personen:

- *8 Scheiben Seeteufel, insgesamt etwa 1,2 kg*
- *200 g gesalzene Butter*
- *2 mittelgroße Zwiebeln*
- *2 Schalotten*
- *2 EL gehackte Petersilie*
- *1 EL Kerbel*
- *1 TL Thymian*
- *2–3 Zitronen*
- *Salz, Pfeffer, Cayennepfeffer, Öl*

Als erstes läßt man den Seeteufel seinen überschüssigen Saft ausschwitzen; manchmal enthält er sehr viel Saft, ein anderes Mal nur sehr wenig: Fisch zusammen mit einem Eßlöffel geschmacksneutralem Öl in eine große Pfanne geben. Flüssigkeit

bei starker Hitze verdunsten lassen, bis die Schnittflächen des Fischs einigermaßen trocken sind. Dies geht sehr schnell.
Dann das knorpelige Stück Mittelgräte aus allen Scheiben herauslösen. Zwei Scheiben kleinschneiden, damit bei den restlichen Scheiben die durch das Entgräten entstandenen Löcher ausstopfen.
Petersilie, Zwiebeln und Schalotten feinhacken. Kerbelblättchen abzupfen; die genannten Zutaten mit dem Thymian zu der weichgerührten Butter geben. Pfeffern und mit einer Messerspitze Cayennepfeffer würzen, alles gut vermengen.
Sechs ausreichend große Stücke Alufolie zurechtschneiden. Jedes mit einer Zitronenscheibe, einer Scheibe Seeteufel und einem gehäuften Eßlöffel Kräuterbutter belegen. Alufolie zu luftdichten Päckchen verschließen; der Inhalt sollte dabei jedoch noch etwas Spiel haben. Ein bis zwei Stunden durchziehen lassen.
Bis hierher kann man das Gericht vorbereiten; die Päckchen lassen sich auch über Nacht im Kühlschrank aufbewahren.
Backofen auf 200°C vorheizen. Päckchen möglichst nebeneinander auf die Fettpfanne oder in eine große Form legen. Sobald man den Inhalt brutzeln hört, Ofen ausschalten und die Tür einen Spalt öffnen, bis der Seeteufel in den geschlossenen Päckchen serviert wird. Dazu gekochte Kartoffeln und die restliche Butter reichen, die man im Wasserbad zerläßt und mit einigen Tropfen Zitronensaft abschmeckt.
Man kann den Fisch auch auf dem Holzkohlengrill garen, jedoch nicht bei offener Flamme: Glut mit Asche abdecken; Päckchen beim Garen einmal umdrehen.
Auf die gleiche Weise kann man Kabeljau, Schellfisch, Zander, Goldbrassenfilet, Merlan und sogar Seezunge zubereiten.

SEETEUFEL AM STÜCK GEBRATEN

Für dieses Rezept kauft man den Seeteufel am Stück und läßt vom Händler den Fisch von der gewölbten Seite her in Scheiben aufschneiden, allerdings nur so weit, daß die Mittelgräte durchtrennt wird. Unten sollen die Scheiben noch zusammenhängen.

So vorbereitet läßt sich der Seeteufel leichter servieren; und da das Fleisch direkt mit den Kräutern in Berührung kommt, wird es würziger.

Für 6 Personen:

- *1,2–1,4 kg Seeteufel am Stück*
- *2 Zitronen*
- *2 dl Olivenöl*
- *2 Knoblauchzehen*
- *4 EL gehackte Petersilie*
- *12 große Miesmuscheln*
- *Salz, Pfeffer*

SAUCE

- *2 dl Olivenöl*
- *1 gestrichener EL Fenchelsamen*

Seeteufel in eine längliche Form oder auf die Fettpfanne des Ofens legen, so daß die Einschnitte nach oben gekehrt sind. Salzen und pfeffern, ziehen lassen.
Knoblauch zusammen mit der Petersilie feinhacken. Backofen auf höchste Stufe vorheizen. In jeden Einschnitt eine dünne Zitronenscheibe stecken. Mit einem Drittel des Öls begießen und in den Ofen schieben. Zunächst wird der Fisch seinen Saft ausschwitzen. Einige Minuten warten, dann die Flüssigkeit weggießen. Bei manchen Seeteufeln allerdings tritt kein Saft aus. Vorgang deshalb überwachen; der Fisch darf nicht austrocknen. Jetzt erst das restliche Öl zufügen; in jeden Einschnitt ein wenig von der Petersilienmischung schieben (einen Rest für die Muscheln übriglassen). Temperatur auf 200°C herunterschalten, Türe einige Minuten lang spaltbreit öffnen. Man muß pro Pfund 20 Minuten Garzeit rechnen; Fisch gelegentlich übergießen.
10–12 Minuten vor dem Servieren die Muscheln rings um den Fisch legen. Sobald sie sich geöffnet haben, mit der restlichen Petersilienmischung füllen.
Inzwischen das Öl für die Sauce zusammen mit den Fenchelsamen

im Wasserbad erhitzen. Salzen, pfeffern, Saft einer halben Zitrone und den aromatischen Bratsaft des Seeteufels zugeben. Mit gekochten Kartoffeln servieren.

SEEZUNGE MÜLLERIN

Dieser herrliche Fisch, der sich mit allen Saucen verträgt, schmeckt am besten mit Butter, also nach Art der Müllerin zubereitet. Das ganze Geheimnis liegt in der Zubereitung der klaren Butter, in der die Seezungen fertig garen – zuerst werden sie in reinem Öl oder in einer Butter-Öl-Mischung goldgelb angebraten.

Für 6 Personen:

- *6 Seezungen von je 180–200 g*
- *200 g Butter*
- *2 Tassen Erdnußöl*
- *3 Zitronen*
- *100 g Mehl*
- *2 EL gehackte Petersilie*
- *Salz, Pfeffer*

Lassen Sie von Ihrem Fischhändler die Seezungen ausnehmen und ihnen auf beiden Seiten die Haut abziehen.
Kurz waschen, trockentupfen, auf ein Brett legen, salzen und pfeffern. Direkt vor dem Anbraten in Mehl wenden; überschüssiges Mehl abklopfen. Zwei Eßlöffel Öl oder einen Eßlöffel Butter und die gleiche Menge Öl in einer Pfanne erhitzen. Seezungen einzeln bei ziemlich starker Hitze darin anbraten – Bratfett aber nicht zu heiß werden lassen. Die Seezungen müssen eine schöne, goldgelbe Farbe annehmen, brauchen aber nicht gar zu sein; sie werden im Ofen fertig gegart. Jede Seezunge gleich nach dem Anbraten auf eine Servierplatte legen, die im heißen Ofen bereitsteht; Ofentüre einen Spalt geöffnet halten.
Sind alle Fische goldgelb gebraten, Bratfett weggießen und die Pfanne mit Küchenkrepp auswischen. Butter in Stückchen schneiden und zerlassen, Pfanne dabei rütteln. Sobald die But-

ter Blasen wirft, Hitze herunterschalten und die Butter abschäumen, bis sie vollkommen klar ist. Über die Seezungen gießen, leicht salzen und pfeffern, mit einigen Tropfen Zitronensaft beträufeln.

Fertige Seezungen mit gedämpften Kartoffeln servieren. Auf die gleiche Weise kann man in Scheiben geschnittenen Lachs, Schellfisch und Kabeljau zubereiten. Platte mit gehackter Petersilie und dünnen Zitronenscheibchen garnieren.

FORELLEN MIT MANDELN

Für 6 Personen:

- *6 Forellen von je 180–200 g*
- *200 g Butter*
- *4 EL Erdnußöl*
- *100 g blättrig geschnittene Mandeln*
- *1 Zitrone, Salz, Pfeffer, Mehl*

Zuerst werden die Mandeln geröstet: Backofen auf 150°C vorheizen, Mandeln auf dem Backblech verteilen und in den Ofen schieben. Nach einigen Minuten sind sie goldbraun. Während des Röstens öfter mit einem Bratwender aus Plastik oder Hartgummi wenden – vorsichtig, damit sie nicht zerbrechen. Beiseite stellen.

Vom Fischhändler die Forellen durch die Kiemenspalten hindurch ausnehmen lassen. Waschen und trockentupfen, dabei nur die Schleimschicht entfernen, ohne die Haut zu verletzen. Innen salzen und pfeffern. In Mehl wenden; überschüssiges Mehl abklopfen.

Einen Eßlöffel Butter und die gleiche Menge Öl in einer Pfanne erhitzen. Zwei bis drei Forellen auf einmal darin anbraten, je nach Größe der Pfanne. So lange bei Mittelhitze braten, bis beide Seiten eine schöne, goldbraune Farbe angenommen haben. Sie brauchen dabei nicht fertig zu garen. Mit den restlichen Forellen ebenso verfahren. Backofen auf mäßige Hitze vorheizen. Die angebratenen Forellen auf eine feuerfeste Platte legen und im Ofen ganz durchgaren.

Restliche Butter in einen Topf geben. Bei Mittelhitze zerlassen; sobald sie Blasen wirft, abschäumen. Die Butter darf nicht bräunen; die festen Partikelchen müssen jedoch ausflocken und sich am Boden absetzen. So erhält man geklärte Butter. Durchseihen, salzen und pfeffern.

Forellen mit Mandeln bestreuen, mit der sehr heißen, klaren Butter übergießen und mit einigen Tropfen Zitronensaft beträufeln. Sehr heiß servieren.

SCHOLLEN PANIERT

Für 6 Personen:

- *3 Schollen von je 300−350 g*
- *Paniermischung (siehe S. 77)*
- *Sauce Tatare (siehe S. 66)*
- *Erdnußöl*

Bitten Sie Ihren Fischhändler, die Schollen von Kopf und Schwanz zu befreien und zu halbieren; die Haut nicht abziehen lassen. Fische waschen und trockentupfen; Fleischseite salzen und pfeffern. Beiseite stellen. Erst kurz vor dem Braten panieren.

Boden einer großen Pfanne mit 2−3 cm Öl bedecken. Öl erhitzen; gerade bevor es zu rauchen beginnt, Schollen mit der Hautseite nach unten hineingeben und anbraten. Umdrehen und bei Mittelhitze braten, bis die Panade schön goldbraun ist. Schollenfilets auf Küchenkrepp entfetten und auf einer vorgewärmten Platte anrichten.

Dazu Pommes frites und ein Schälchen Sauce Tatare reichen.

GEDÄMPFTE BARBE

Der in Stücke geschnittene Fisch ist in kurzer Zeit fertig. Beim Kochen wird das Fleisch oft zu weich, da man den Garprozeß nicht so leicht kontrollieren kann. Beim Dämpfen dagegen

bleibt das Fleisch fest, erhält einen perlmuttartigen Schimmer und schmeckt köstlich.
Man braucht dazu einen Kochtopf mit genau passendem Siebeinsatz. Experimentieren Sie mit jeder beliebigen Art von weißfleischigem Fisch.
Schuppen und Kopf entfernen lassen, Fisch in gleich große Stücke hacken lassen. Siebeinsatz dünn mit frischen Kräutern belegen, entweder nur mit Petersilie oder auch mit einigen Stengeln Kerbel und Estragon. Fischstücke darauflegen, salzen, pfeffern und zudecken. Wichtig ist, daß der Siebeinsatz fest an der Topfwand anliegt. Gegebenenfalls mit einem Küchentuch umwickeln. Wasser im Topfboden zum Kochen bringen. Nach 20–25 Minuten überprüfen, ob der Fisch gar ist; die Garzeit hängt von der Größe der Stücke ab.
Fischstücke enthäuten. Servierplatte mit einer Serviette bedecken, Kräuter darauf anrichten, Fisch auf die Kräuter legen. Dazu die Sauce nach Wahl in einer Saucière reichen.

FORELLEN AUS DEM SUD

Dieses Rezept ähnelt unserer bekannten „Forelle blau". Im Sud pochierte Forellen sind eine erlesene Vorspeise, die sich bei großen, festlichen Anlässen ebenso sehen lassen kann wie bei einer Sonntagsmahlzeit im Familienkreis.
Ißt man sie heiß, reicht man dazu feine Buttersauce, zerlassene Butter mit Zitronensaft oder Anchovisbutter. Zu kalten Forellen paßt Sauce Tatare, Mayonnaise mit feinen Kräutern usw.
Meist stammen die auf dem Markt erhältlichen Forellen aus Zuchten; frisch gefangen werden sie nur selten angeboten. Doch das macht nichts: Das zarte Fleisch dieses schönen, appetitlichen Fisches zerfällt nicht und verlangt auch keine komplizierte Zubereitung.

Für 6 Forellen von je etwa 180 g:

– 1 Päckchen Fischgewürz

Forellen durch die Kiemenspalten hindurch ausnehmen lassen. Alles Blut aus dem Inneren herauswaschen; die Schleimschicht jedoch, durch die sich die Forellen leicht klebrig anfühlen, nicht entfernen und die Haut nicht verletzen.

Die Forellen in einen Topf oder einen feuerfesten, länglichen Bräter legen, der so groß ist, daß sie nicht übereinander liegen. Mit dem Fischgewürz bestreuen und mit so viel Wasser aufgießen, daß sie gut 1 cm bedeckt sind. Auf die Kochplatte stellen und langsam bis zum Siedepunkt erhitzen, aber nicht zum Kochen bringen. Kochplatte sofort herunterschalten und die Forellen zugedeckt je nach Größe 10–20 Minuten bei schwächster Hitze ziehen lassen. Das Wasser darf dabei nie kochen. Vom Herd nehmen und etwas abkühlen lassen. Nacheinander herausnehmen und enthäuten. Auf einer Platte anrichten.

Sud durch ein Haarsieb passieren und etwas davon über die Forellen gießen. Sie sollen vom Sud nicht bedeckt sein, sondern nur feucht und saftig gehalten werden. Sollen Sie heiß serviert werden, Alufolie über die Platte legen und an den Rändern gut andrücken, so daß die Forellen möglichst luftdicht eingesiegelt sind. Backofen auf 150°C vorheizen; Platte bei spaltbreit geöffneter Tür bis zum Servieren in den Ofen stellen. So bleiben die Forellen heiß, ohne weiterzugaren. Kurz vor dem Servieren die Flüssigkeit abgießen – zurück bleiben glänzende, festfleischige Forellen.

Werden die Forellen kalt serviert, genauso abdichten und in den Kühlschrank stellen. Dort halten sie sich 48 Stunden und länger, ohne auszutrocknen.

SEEZUNGEN IN SAHNESAUCE

Für 6 Personen:

- *4 Seezungen von je 300–350 g*
- *1 l Miesmuscheln*

SUD

- *500–600 g feine Fischabfälle*
- *1 Zwiebel*
- *1 Knoblauchzehe*

- 1 Kräuterstrauß
- 1 große Möhre
- 1 Flasche guter Weißwein (Chablis oder Muscadet)
- 6 Pfefferkörner
- 1 Nelke

SAUCE
- $^1/_2$ l saure Sahne
- Salz, Pfeffer

Seezungen vom Fischhändler filetieren lassen; Abfälle bis auf die Haut mitnehmen. Eventuell weitere Abfälle feiner Fische, zum Beispiel vom Merlan oder von der Brasse verlangen, damit der Sud kräftig wird.

Alle Zutaten für den Sud in einen Topf geben, leicht salzen und mit dem Wein übergießen. So viel Wasser zufügen, daß alles bedeckt ist. 20 Minuten kochen lassen. Abkühlen lassen und durch ein Sieb gießen.

Inzwischen die Seezungenfilets einzeln locker aufrollen und mit einem Zahnstocher feststecken. In eine feuerfeste Form legen; erkalteten Sud mit Pfeffer und Salz abschmecken und darübergießen. Bei Mittelhitze 10 Minuten leise sieden lassen – die Flüssigkeit darf auf keinen Fall sprudelnd kochen. Seezungen herausnehmen, mit einem tiefen Teller zudecken und auf einem Topf mit heißem Wasser warmstellen.

Bei starker Hitze den Sud einkochen lassen, bis er so dick wie Sirup ist. Inzwischen Muscheln mit etwas Wasser aufsetzen und so lange köcheln lassen, bis sie sich öffnen. Muschelsud durchfiltern und zum Fischsud geben, noch bevor er ganz dickflüssig ist. Saure Sahne zum eingedickten Sud geben und so lange einkochen lassen, bis die Sauce sämig ist und den Löffel überzieht. Abschmecken und nachwürzen.

Muscheln und Seezungen auf einer heißen Platte anrichten, die kochend heiße Sauce darübergießen. Wird das Gericht nicht sofort serviert, mit gebuttertem Pergamentpapier abdecken und im vorgeheizten Backofen warmhalten; Tür einen Spalt öffnen, damit der Fisch nicht weitergart.

Kurz bevor man die Sauce über den Fisch gießt, kann man ausgelöste Krabben zufügen, die man zuvor in etwas heißem, aber nicht kochendem Salzwasser sieden läßt.

Die Kombination von Seezungen, Muscheln, Krabben, Weißwein und Sahne (und zwar in einer mehlfreien Sauce) ist typisch für die moderne feine Küche. Auf diese Weise lassen sich auch andere festfleischige Fische zubereiten: Lachsforellen, Zander, Kabeljau.

ROCHEN IN KAPERNSAUCE

Wie der Seeteufel ist auch der Rochen bei Kindern und Erwachsenen beliebt, da das Fleisch frei von Gräten ist. Sternrochen, dessen Haut buckelartige Erhöhungen aufweist, ist glatthäutigem Rochen vorzuziehen: erstens schmeckt er feiner, zweitens zerfällt das weichere Fleisch des glatthäutigen Rochens leicht, wenn es pochiert wird, wie es dieses Rezept verlangt.

Für 6 Personen:

- *1,2 – 1,5 kg Sternrochen*
- *1 Päckchen Fischgewürz*
- *200 g Butter*
- *4 EL Kapern*
- *½ Tasse Apfelessig*
- *Salz, Pfeffer*
- *4 EL gehackte Petersilie mit einigen Estragonblättern darunter*

Rochen vom Fischhändler in Stücke zerteilen lassen. Waschen, in einen großen Topf geben, mit Fischgewürz bestreuen und mit kaltem Wasser bedecken. Bis zum Siedepunkt erhitzen, aber nicht zum Kochen bringen; Rochen je nach Dicke 15–20 Minuten sieden lassen. Deckel abnehmen, Rochen im Sud erkalten lassen.
Rochen herausnehmen, auf ein Brett legen. Mit der Schere die Flossensäume abschneiden, Haut und die harten Buckel, die in die Oberfläche eingebettet sind, entfernen. In mundgerechte Stücke zerteilen und auf eine Platte legen; mit den gehackten Kräutern bestreuen und zugedeckt auf einem Topf mit heißem Wasser warmstellen. Butter bei Mittelhitze in einer Pfanne erhitzen, bis sie eine schöne, goldbraune Farbe annimmt. Pfanne

vom Herd nehmen. Am Pfannenrand langsam den Essig einfließen lassen, danach die gleiche Menge durchgeseihten Fischsud; Kapern zugeben. Sauce aufkochen lassen und über den Rochen gießen.
Mit gedämpften Kartoffeln servieren.

ROCHEN NACH KREOLISCHER ART

Für 6 Personen:

- *6—8 küchenfertige Stücke Rochen von je 200 g*
- *3 EL gehackte Zwiebeln*
- *2 Knoblauchzehen*
- *1 Lorbeerblatt*
- *2 Zweiglein Thymian*
- *2 Stengel Petersilie*
- *1 kleine rote Paprikaschote*
- *6 Tomaten*
- *Olivenöl, Essig*
- *Salz, Pfeffer, Cayennepfeffer, Safran*
- *400 g Reis*

Vom Fischhändler den knorpeligen Rand des Flossensaums abschneiden lassen. Falls gewünscht, kann man auch die Haut abziehen. Rochenstücke waschen, trockentupfen.
Zunächst wird der Rochen 1—2 Stunden mariniert: mit den Zwiebeln, dem zerdrückten Knoblauch, der in feine Streifen geschnittenen Paprikaschote, dem zerbröckelten Lorbeerblatt, dem Thymian und der Petersilie, vier Eßlöffeln Olivenöl, zwei Eßlöffeln Essig, Salz, Pfeffer und einer Prise Cayennepfeffer in eine Schüssel legen.
Inzwischen Tomaten enthäuten, entkernen und in Stücke schneiden. Zwei Tomaten für den Reis-Tomaten-Pilaf zurückbehalten.
Marinade abgießen, mit den Tomaten und einer kleinen Prise Safran in einen großen Topf geben. Bei starker Hitze köcheln lassen, bis die Tomaten zerfallen sind.
Vom Herd nehmen; abkühlen lassen. Rochenstücke nicht zu

dicht gedrängt in die lauwarme Sauce legen. Der Fisch soll von Flüssigkeit bedeckt sein; gegebenenfalls noch zwei Eßlöffel Wasser zufügen. Zugedeckt bei schwacher Hitze 40–45 Minuten schmoren lassen.
Kräftig abschmecken und mit Reis-Tomaten-Pilaw servieren.

REIS-TOMATEN-PILAW

Reis abmessen; die zweieinhalbfache Menge Salzwasser mit einer kleinen Prise Safran zum Kochen bringen.
In zwei Eßlöffeln Olivenöl eine gehackte Zwiebel andünsten, nicht bräunen lassen. Den ganzen Reis auf einmal zur Zwiebel geben, umrühren und anbraten, bis er milchig wird. Das zurückbehaltene Tomatenfleisch zufügen und das vorbereitete Salzwasser zugießen. Bei Mittelhitze zugedeckt und ohne umzurühren köcheln lassen, bis der Reis die gesamte Flüssigkeit aufgesogen hat und an der Oberfläche kleine Löcher entstanden sind. Dann bei kleinster Hitze noch 5–8 Minuten quellen lassen; Deckel nicht abnehmen.
Der Pilaw braucht nicht sofort serviert zu werden. Da die Garzeit – abhängig von der jeweiligen Reissorte – stark schwankt, ist es ratsam, den Pilaw schon 45 Minuten vor dem Servieren zuzubereiten.

AAL IN GRÜNER SAUCE

Dieses köstliche Gericht, das man sowohl heiß als auch kalt essen kann, schmeckt noch besser, wenn man es gleich in größeren Mengen zubereitet. Es hält sich im Kühlschrank mindestens eine Woche, wenn man es zugedeckt in einer Schüssel oder einem Glasgefäß aufbewahrt. Nicht einfrieren!

Für 2 kg mittelgroße Aale:

– 3 mittelgroße Zwiebeln
– 3 Stangen Sellerie oder 50 g Sellerieknolle
– 50 g Butter
– 250 g küchenfertiger Sauerampfer

- *200 g Kresse*
- *2 EL gehackte Petersilie*
- *2 EL abgezupfte Kerbelblättchen*
- *1 gehäufter EL Schnittlauch*
- *1 EL gehackter Estragon*
- *15–20 Blättchen Minze*
- *1 Zweiglein Thymian*
- *1 Zweiglein Bohnenkraut*
- *1 Flasche Weißwein*
- *4 Eigelb*
- *200 g Crème fraîche*
- *1 Zitrone*
- *Salz, Pfeffer*

Aale putzen, in Stücke schneiden und leicht einmehlen. Zwiebeln und Selleriestangen hacken (Sellerieknolle reiben). Vom Sauerampfer die Stiele bis zur Blattmitte abzupfen, die Blätter in Streifen schneiden. Restliche Kräuter zusammen feinhacken. Sauerampfer und Kräuter getrennt beiseite stellen.

Butter in einem Topf erhitzen, der so groß ist, daß er das ganze Gericht leicht fassen kann – die Aale sollten nicht zu dicht gedrängt liegen. Zwiebeln und Sellerie bei Mittelhitze darin andünsten; dabei öfter umrühren, damit sie nicht bräunen. Von den Aalstücken das überschüssige Mehl abklopfen, Aale in den Topf geben. Bei starker Hitze fest werden lassen, aber nicht bräunen; dann gleich den Sauerampfer zufügen. Durchmischen und mit drei Vierteln des Weins übergießen. Zum Kochen bringen, die übrigen Kräuter zugeben und gegebenenfalls mehr Wein zugießen – das Ganze soll mit Flüssigkeit knapp bedeckt sein. Ohne Deckel 12–14 Minuten kochen lassen.

Soll das Gericht sofort serviert werden, nun Eigelb und Crème fraîche unterziehen. Dazu den Topf vom Herd nehmen, die Eigelb mit etwas Kochsud verquirlen und mit der Crème fraîche verrühren. Mischung zum Aal geben. Abschmecken und nachwürzen; gegebenenfalls mit einigen Tropfen Zitronensaft säuern. Aal nochmals erhitzen, aber nicht mehr zum Kochen bringen.

Wird das Gericht erst zu einem späteren Zeitpunkt gegessen, kurz vor dem Servieren aufwärmen, aber nicht mehr stark kochen lassen.

THUNFISCH NACH INDISCHER ART

Frischer Thunfisch ist nur wenige Wochen im Jahr erhältlich. Die dicken, roten Scheiben sehen appetitlich und verlockend aus; sie verdienen eine raffinierte Zubereitung. Thunfisch nach indischer Art schmeckt kalt genauso gut wie warm.

Für 6 Personen:

- *1 Scheibe Thunfisch von 1,3–1,5 kg*
- *1 kleine Dose in Öl eingelegte Anchovisfilets*
- *1/2 Flasche trockener Weißwein*
- *2 schöne Möhren*
- *3 Zwiebeln*
- *3 Knoblauchzehen*
- *3 Tomaten*
- *1 EL Curry*
- *1 Prise Safran*
- *1 TL Zucker*
- *Thymian, Lorbeerblatt*
- *1 Zitrone*
- *Olivenöl*
- *Salz, Cayennepfeffer*

Thunfisch mit aufgerollten Anchovisfilets spicken. Mit einem kleinen Sträußchen Thymian und zwei Lorbeerblättern in eine Schüssel legen. Mit dem Wein übergießen, so daß der Fisch bedeckt ist, leicht salzen, 1 Stunde marinieren lassen.
Inzwischen die Möhren in sehr kleine Würfel schneiden, die Zwiebeln in Scheiben schneiden. Einen Eßlöffel Olivenöl in dem Topf erhitzen, in dem der Thunfisch garen soll, und die Gemüse darin bei schwacher Hitze andünsten. Bevor sie zu bräunen beginnen, die geschälten und entkernten Tomaten zufügen. Mit Curry und Safran bestäuben, eine Messerspitze Cayennepfeffer (oder eine zerstoßene kleine Chilischote) zugeben. Schmoren lassen.
Thunfisch abtropfen lassen und trockentupfen. Einen Eßlöffel Olivenöl in einer Pfanne erhitzen und den Thunfisch darin auf beiden Seiten goldbraun braten. In den Topf zum Gemüse legen. Marinade mit Zucker und Knoblauch würzen und darüber-

gießen. Zudecken und 1½ Stunden bei schwacher Hitze schmoren lassen; Garvorgang überwachen.
Dann den Thunfisch vorsichtig auf die Servierplatte legen, nicht zerfallen lassen. Von der Haut befreien. Sauce entfetten, mit dem Saft einer halben Zitrone säuern, abschmecken. Gegebenenfalls nachwürzen, über den Thunfisch gießen.
Dazu paßt einfacher, körnig gekochter Reis oder Safranreis: dazu fügt man dem Kochwasser eine Prise Safran zu. Der Reis soll nur zart gelb gefärbt sein.

TINTENFISCHE IN PIKANTER SAUCE

Tintenfische oder Calamares sind Weichtiere mit einem sackförmigen Körper. Das Fleisch hat immer einen sehr feinen Geschmack, gleichgültig, ob Sie größere oder kleinere Tintenfische zubereiten. Bei diesem Rezept wird der Körper in Streifen geschnitten. Aus dem Kopf, von dem ein Tentakelbündel herabhängt, wird der harte Schlund herausgeschnitten.

Für 6 Personen:

- *1,2 kg kleine Tintenfische*
- *3 Tomaten*
- *1 EL Tomatenmark*
- *1½ dl trockener Weißwein*
- *2 Knoblauchzehen*
- *2 mittelgroße Zwiebeln*
- *1 fingergroßer Streifen Orangenschale*
- *1 Kräuterstrauß*
- *1 Eigelb*
- *1 dl Olivenöl*
- *Salz, Pfeffer, Cayennepfeffer*

Von den Tintenfischen die Köpfe abtrennen, harten Schlund entfernen. Körper aufschlitzen und von sämtlichen Innereien befreien. Waschen, in Streifen schneiden und trockentupfen.
In einem dickwandigen Topf zwei Eßlöffel Olivenöl erhitzen. Tintenfische bei starker Hitze darin anbraten, bis alle Flüssigkeit

verdampft ist und nur das Öl zurückbleibt. Zwiebeln, gehackten Knoblauch und die Orangenschale zufügen, die etwa so groß wie der Mittelfinger sein soll. Zwei Minuten unter Rühren dünsten; das in Stücke geschnittene Fleisch der enthäuteten und entkernten Tomaten zufügen, ebenso Tomatenmark, Weißwein, Kräuterstrauß, Salz, Pfeffer und eine Messerspitze Cayennepfeffer. Der Tintenfisch soll von Flüssigkeit knapp bedeckt sein; eventuell noch etwas Wasser oder Weißwein zugießen. Zudecken und bei schwacher Hitze maximal 45 Minuten schmoren lassen. Wenn die Tintenfische zu lange gegart werden, wird das Fleisch hart.

Probieren und kräftig abschmecken; gegebenenfalls noch einige Minuten köcheln lassen. Eigelb mit drei bis vier Eßlöffeln Olivenöl aufschlagen – wie bei der Zubereitung einer Mayonnaise. Damit läßt sich die Sauce sehr schön legieren. Servierschüssel mit der Mayonnaise ausstreichen; restliche Mayonnaise löffelweise unter den Tintenfischsud ziehen. Wenn die Sauce sämig ist, das Ganze in die Schüssel gießen und umrühren.

Dazu schmeckt Reis, Polenta oder gekochter Bulgurweizen (Kuskus).

FISCHTERRINE IN ASPIK

Diese festliche Vorspeise wird in einer Kastenform zubereitet, die möglichst aus Glas bestehen sollte: zum einen kann man die Schichten besser sehen, zum anderen läßt sich die Terrine leichter herauslösen.

Fischfilets werden abwechselnd mit Kräutern in die Form geschichtet und mit würzigem Aspik eingesiegelt. Lachs, Zander und Forelle können die im Rezept angegebenen Fische ersetzen oder mitverwendet werden. Man kann auch einen einzigen großen Fisch auf diese Weise servieren.

Für 8 bis 10 Personen:

- *1,5 kg Filets von weißfleischigen Fischen ohne Abfälle (Butt, Heringskönig, Seezunge, Merlan, Seedrache zu jeweils gleichen Teilen)*

- ¹/₂ l gehackte Kräuter (Kerbel, Estragon, Schnittlauch, Petersilie, Kresse zu jeweils gleichen Teilen)
- 10 Blatt Gelatine
- 1 Ei
- Salz, Pfeffer
- als Beilage eine Mayonnaise mit den gleichen Kräutern

Lassen Sie die gewählten Fische filetieren und nehmen Sie die Abfälle mit – daraus werden der Fischsud und der Aspik zubereitet.

FISCHSUD

- etwa 1,2 kg Abfälle von feinen Fischen
- 1 Kräuterstrauß aus Petersilie, Thymian, Lorbeerblatt
- grüne Teile von 1 Stange Lauch
- 4 Stangen Sellerie
- 2 mittelgroße Möhren
- 2 Zwiebeln
- 2 Knoblauchzehen
- Salz, Pfeffer, Nelken

3 l Wasser in einen Topf geben; den Kräuterstrauß, die Möhren, die mit je zwei Nelken gespickten Zwiebeln und den Knoblauch hinzufügen. 15–20 Minuten kochen lassen, dann die Fischabfälle hineingeben. Abschäumen und noch 30 Minuten leise köcheln lassen, so daß der Sud nicht trüb wird. Erkalten lassen und durchseihen; nicht auspressen. Es soll etwa 2 l Fischsud entstanden sein. Mit Salz und Pfeffer abschmecken.

GAREN DER FISCHE

Etwa die Hälfte des Suds in einen flachen Topf oder eine tiefe Pfanne geben, nochmals kräftig abschmecken. Bis zum Siedepunkt erhitzen, aber nicht zum Kochen bringen. Fischfilets nacheinander darin sieden; Garvorgang überwachen. Man beginnt mit den Fischen, deren Fleisch am festesten ist, und gart etwa in der Reihenfolge: Butt, Heringskönig, Seezunge, Merlan, Seedrache usw. Fische herausnehmen, sobald sich das Fleisch gefestigt hat: dann sind sie gar. Erkalten lassen.

DER ASPIK

Kochsud der Fische durchseihen und mit dem restlichen Fischsud bei starker Hitze auf etwa ¾ l Flüssigkeit einkochen lassen – das dauert etwa 10–12 Minuten. Vom Herd nehmen. Wenn die Flüssigkeit trüb ist, klärt man sie wie folgt: ein Eiweiß leicht durchschlagen (nicht zu Schnee schlagen!) und zugeben, ebenso die fein zerbröckelte Eierschale. Ohne umzurühren leise köcheln lassen. Die Teilchen, die die Flüssigkeit trüben, bleiben am Eiweiß und an der Eierschale hängen und steigen zur Oberfläche auf. Das Gröbste mit dem Schaumlöffel abnehmen; Flüssigkeit dann durch ein Haarsieb oder ein Stück Musselin gießen. Nochmals erhitzen, aber nicht zum Kochen bringen, und die in kaltem Wasser eingeweichte Gelatine zugeben. Unter Rühren auflösen. Erkalten lassen.

VORBEREITUNG DER KRÄUTER

Kräuter nicht zu fein hacken und vermischen. In ein Sieb geben und rasch einen reichlichen Liter kochendes Wasser darübergießen. Gut abtropfen lassen; falls nötig, in einem Küchentuch auspressen. Dieser Vorgang hat den Zweck, daß die Kräuter nicht zu gären beginnen, wenn sie mit dem Fisch in Berührung kommen – die Terrine wäre sonst schnell verdorben.

EINSCHICHTEN DER TERRINE

Boden der Kastenform etwa 1 cm hoch mit Gelierflüssigkeit ausgießen. Im Kühlschrank fest werden lassen.
Seezunge in feine Streifen schneiden; den erstarrten Aspikspiegel rautenförmig damit verzieren. Einen Teil der gut abgetropften Kräuter darüberstreuen. Mit Gelierflüssigkeit bedecken, ohne die Garnitur dabei zu verschieben; kühlstellen und fest werden lassen.
Kräuter mit etwas kalter Gelierflüssigkeit verrühren. Nun die Kastenform schichtweise abwechselnd mit Fisch und mit Kräutern auslegen; den Abschluß bilden Fische. Locker schichten, nicht zusammendrücken.
Nun die Terrine mit Gelierflüssigkeit bedecken. Einen Rest davon zurückbehalten. Langsam zugießen; darauf achten, daß

sie ringsum gut eindringt und alle Hohlräume ausfüllt. Terrine mit einem Brett abdecken, mit einem Gewicht beschweren und 6—8 Stunden im Kühlschrank fest werden lassen, ebenso die restliche Gelierflüssigkeit.
Zum Servieren auf ein Kräuterbett stürzen, mit kleingewürfeltem Aspik dekorieren. Falls gewünscht, mit Tomaten als Farbtupfer garnieren. Dazu eine mit etwas Milch verdünnte, pikant abgeschmeckte Mayonnaise reichen, die mit drei Eßlöffeln gehackten Kräutern gewürzt wurde.
Empfehlung: Falls Sie Ihrer Terrine mehr Farbe verleihen wollen, fügen Sie gekochte Krustentiere hinzu, die sich genauso lange halten wie Fisch: zum Beispiel Hummer und Langusten. Muscheln sollten Sie vermeiden.

SEEAAL-SUPPE MIT KRÄUTERN

Der Seeaal oder Dornhai ist ein großer Fisch, der bis zu 3 m lang werden kann. Sein festes Fleisch besitzt einen sehr feinen Geschmack, aber leider auch sehr viele Gräten. Im Nackenstück jedoch hält sich die Zahl der Gräten in Grenzen; dort sind sie auch leicht zu finden. Lassen Sie sich also aus dem Nackenstück pro Person eine etwa 1 1/2 cm dicke Scheibe herausschneiden.

Für 6 Personen:

- *6 Scheiben Seeaal*
- *300 g Sauerampfer*
- *1 großer Bund Petersilie*
- *1 Sträußchen Kerbel*
- *2 Knoblauchzehen*
- *2 Zwiebeln*
- *Salz, Pfeffer*
- *125 g Crème fraîche*
- *2 Eigelb*
- *1 Zitrone*
- *getoastetes Brot*

Von den Sauerampferblättern die Stiele bis zur Blattmitte abzupfen. Die Blätter mit der Petersilie und dem Kerbel hacken; vom Kerbel jedoch eine gute Portion abgezupfter Blätter zum Garnieren zurückbehalten.

Fisch in einen Topf legen, der so groß sein soll, daß die Scheiben nebeneinander darin Platz haben. Mit den Kräutern bedecken; Knoblauch und Zwiebeln separat feinhacken und darüberstreuen. Mit 2 l Wasser aufgießen, salzen und pfeffern. 30 Minuten leise köcheln lassen. Abschmecken und nachwürzen. Vor dem Servieren die Crème fraîche mit einem Teelöffel Zitronensaft und den Eigelb verrühren, in die leere Suppenterrine gießen und den Kerbel daraufstreuen. Nach und nach mit einigen Schöpflöffeln Fischsuppe aufgießen und durchrühren.

Die Fischscheiben auf die Teller verteilen; restliche Suppe in die Terrine gießen.

Die Suppe wird noch raffinierter, wenn Sie Brot auf die Größe der Fischscheiben zurechtschneiden, toasten, auf den Tellern verteilen und mit dem Fisch belegen. Bei Tisch schöpft man dann die Brühe darüber.

SÜDFRANZÖSISCHE FISCHSUPPE

Diese kräftige, ländliche Suppe hat eine so hübsche, goldgelbe Farbe, schmeckt so lecker und duftet so würzig, daß man meint, man sei auf Urlaub in der sonnendurchglühten Provence.

Für 6 Personen:

- *1 Seeaalkopf*
- *3–4 Schellfischköpfe*
- *1 Seedrache, 1 Knurrhahn*
- *2 dl Olivenöl*
- *4 Zwiebeln*
- *4 Knoblauchzehen*
- *2 Lorbeerblätter*
- *5 Zweiglein Thymian*
- *1 fingergroßes Stück frische oder getrocknete Orangenschale*

- *1 kleine Prise Rosmarin*
- *4 mittelgroße Kartoffeln*
- *½ TL Safran*
- *2 Chilischoten*
- *1 kleines Stangenweißbrot*
- *2–3 Knoblauchzehen*
- *1 kleine Schale Aïoli (siehe S. 63)*
- *Salz, Pfeffer*

Fischköpfe von Kiemen und Augen befreien. In Stücke schneiden und waschen, ebenso die Fische.
In einem großen, dickwandigen Topf die Hälfte des Olivenöls erhitzen; die in Scheiben geschnittenen Zwiebeln und drei ganze Knoblauchzehen zufügen. Unter Rühren glasig werden, aber nicht bräunen lassen; dann die abgetropften Fische zugeben. Kochplatte höherschalten, Fische unter Wenden anbraten, bis sich das Fleisch löst und eine breiartige Masse entsteht. Mit 2 l Wasser aufgießen, Lorbeer, Thymian, Orangenschale und Rosmarin zufügen. Zum Kochen bringen und 20 Minuten sprudelnd kochen lassen. Mäßig salzen. Brühe durchseihen, feste Teile gut ausdrücken, damit nichts vom Saft verlorengeht.
Topf auswaschen; das restliche Olivenöl, die in nicht zu dünne Scheiben geschnittenen Kartoffeln, eine zerdrückte Knoblauchzehe und den Safran hineingeben. Unter Rühren erhitzen, bis die Kartoffeln vom Safran gelb gefärbt sind. Fischbrühe zugießen; gegebenenfalls mit etwas Wasser auf die gewünschte Menge aufgießen. Mit Salz, Pfeffer und den zerstoßenen Chilischoten würzen. Sprudelnd kochen lassen, bis die Kartoffeln weich sind.
Inzwischen das Stangenweißbrot in Scheiben schneiden und im Ofen knusprig backen, aber nicht bräunen. Mit Knoblauch einreiben. Eine kleine Schale Aïoli zubereiten.
Ist die Suppe fertig, die Aïoli vorsichtig mit einigen Eßlöffeln kochend heißer Brühe verrühren und in die leere Suppenterrine gießen. Die Suppe kellenweise untermischen und servieren. Dazu das Knoblauchbrot reichen.

NORDFRANZÖSISCHE FISCHSUPPE

Jede am Meer gelegene Gegend hat ihr eigenes Fischsuppenrezept. Das nachstehende Rezept stammt aus der Normandie. Diese Fischsuppe ist zwar nicht so berühmt wie die Marseiller Bouillabaisse oder die spanische Zarzuela, nimmt aber unter den regionalen Spezialitäten einen Ehrenplatz ein.

Für 6 bis 8 Personen:

- *1 Steinbutt oder Glattbutt von etwa 500 g*
- *1 Seezunge von 300–400 g*
- *1 Knurrhahn von etwa 350 g*
- *3 Seebarben*
- *1 l Miesmuscheln*
- *100 g Butter*
- *150 g Champignons*
- *50 g Mehl*
- *200 g Crème fraîche*
- *3 Eigelb*
- *2 Schalotten*
- *1 mittelgroße Stange Lauch*
- *1 mittelgroße Zwiebel*
- *1 Kräuterstrauß*
- *2 EL Fischgewürz*
- *Salz, Pfeffer, Zitrone*
- *1 EL gehackte Petersilie*
- *1 EL abgezupfte Kerbelblättchen*

Die angegebenen Fische sind die klassischen Zutaten für diese Suppe; man kann den Steinbutt aber auch durch 1 cm dicke Scheiben Seeteufel und die zarten Seebarben durch einen weiteren Knurrhahn ersetzen. Auf die Seezunge allerdings darf nicht verzichtet werden. Bitten Sie Ihren Fischhändler, die Seezunge und den Steinbutt zu filetieren. Lassen Sie sich die Fischabfälle geben und dazu noch die Abfälle von einem Merlan. Damit wird der Suppenfond zubereitet. Die anderen Fische mitsamt der Mittelgräte in Stücke schneiden lassen.
Fischabfälle mit zwei Eßlöffeln Fischgewürz in 2½ l Wasser ge-

ben und 20 Minuten kochen lassen. Durchseihen und gut auspressen, damit nichts vom Sud verlorengeht.
In einem großen Topf zwei Eßlöffel Butter zerlassen. Schalotten, das Weiße des Lauchs und die Champignons hacken und zur Butter geben. 5–7 Minuten unter Rühren dünsten, nicht bräunen lassen; dann mit drei gestrichenen Eßlöffeln Mehl bestäuben, gut durchmischen und weitere 2 Minuten dünsten. Mit dem durchgeseihten Fischsud aufgießen. Zum Kochen bringen, Kräuterstrauß zugeben und 10–12 Minuten köcheln lassen.
Inzwischen die Muscheln mit ein wenig Wasser aufsetzen und kochen lassen, bis sie sich öffnen. Muscheln beiseite stellen, Muschelwasser durchfiltern und in den nun sämig gewordenen Suppenfond geben. Durchrühren und das Ganze durch ein Haarsieb gießen. Nicht jede Mehlsorte bindet gleich stark; falls der Suppenfond noch zu flüssig ist, einen Eßlöffel Butter mit einem Eßlöffel Mehl verkneten, Suppenfond vom Herd nehmen, Buttermischung in kleinen Flöckchen darin auflösen und das Ganze nochmals aufkochen lassen. Ist der Fond sämig genug, salzen, pfeffern und die Fische hineingeben. Die zartesten, wie die Seebarben, müssen dabei oben liegen.
Fischsuppe zum Sieden, aber nicht zum Kochen bringen. 30 Minuten sieden lassen; die Fische würden zerfallen, wenn man die Suppe kochen ließe. Am Ende der Garzeit, kurz vor dem Servieren, die Muscheln zugeben. Dann die Fische mit dem Schaumlöffel herausnehmen und in einer Servierschüssel anrichten. Warmstellen.
Eigelb mit der Crème fraîche verrühren, zusammen mit dem Saft einer halben Zitrone in die Suppe geben. Kurz aufkochen lassen, dann über die Fische gießen. Mit gehackter Petersilie und Kerbelblättern bestreuen, mit kleinen, goldgelb gebratenen Croutons garnieren.
Als Beilage passen dazu gekochte neue Kartoffeln und Gurkengemüse (siehe S. 132).

MUSCHELSUPPE

Für 6 Personen:

- *1 l Miesmuscheln*
- *30 g Butter*
- *1 große Stange Lauch oder 2 kleine*
- *2 mittelgroße Kartoffeln*
- *$^1/_2$ l Milch*
- *1 Tasse zerkrümeltes Weißbrot ohne Kruste*
- *2 EL Kerbel*
- *Salz, Pfeffer*
- *2 EL Crème fraîche (nach Belieben)*

Am besten kauft man gezüchtete Muscheln, die zwar kleiner sind, aber viel Fleisch enthalten. Ihr Fleisch ist zarter und besitzt einen feinen Geschmack.

Muscheln unter fließendem Wasser gründlich bürsten, dabei die Byssusfäden abreißen, mit denen sich die Muscheln im Meer am Untergrund festsetzen. Nicht im Wasser liegen lassen, sondern möglichst schnell abspülen, damit das Meerwasser nicht durch Leitungswasser ausgetauscht wird.

Muscheln mit einer halben Tasse Wasser in einen großen Topf geben. Zugedeckt auf starker Flamme erhitzen. Nach einigen Minuten, sobald unter dem Deckel Dampf austritt, Muscheln durch ein Sieb abgießen, das Muschelwasser dabei in einem Behälter auffangen. Muscheln etwas abkühlen lassen, dann das Fleisch aus den Schalen lösen und beiseite stellen.

Die weißen Teile des Lauchs in dünne Scheiben schneiden, ebenso die Kartoffeln. In dem Topf, in dem die Suppe zubereitet werden soll, die Butter zerlassen. Sobald sie Blasen wirft, die Gemüse zugeben und bei starker Hitze unter Rühren andünsten, bis der größte Teil ihrer Flüssigkeit verdampft ist; nicht bräunen lassen.

Milch aufkochen, mit der gleichen Menge Wasser über die Gemüse gießen. Weißbrot zufügen. Das Ganze maximal 30 Minuten leise köcheln lassen. Im Mixer pürieren und mit Wasser auf die gewünschte Flüssigkeitsmenge aufgießen. Muschelwasser vorsichtig zugießen, damit der Sand, den es vielleicht noch enthält, nicht mitgeschwemmt wird. Salzen und pfeffern. Kurz vor dem Servieren Suppe erhitzen, Muscheln und Crème fraîche hineingeben. Mit etwas Kerbel bestreuen, den man mit der Schere kleinschneidet – beim Hacken verliert er zu viel Saft. In Suppentassen servieren.

JAKOBSMUSCHELN IN BUTTER

Frisch erhält man diese herrlichen, saftigen Muscheln in allen Monaten, die ein *r* im Namen tragen. Tiefgefrorene Jakobsmuscheln werden vom Feinschmecker verschmäht. Die feine Würze dieser Muschel darf nicht durch aufdringliche Geschmackszutaten überdeckt werden; sie verträgt auch keine lange Garzeit. Je nach Größe rechnet man mit vier bis fünf Muscheln pro Person – mit mehr, wenn man ein Muschel-Party gibt, die zwar ein Luxus ist, aber auch ein einzigartiger Festschmaus.

Für 6 Personen:

– 24 oder 30 Jakobsmuscheln
– 100 g Butter
– 1 EL gehackte Petersilie
– Salz, Pfeffer

Das Muschelfleisch vom Fischhändler aus den Schalen nehmen lassen. Mit der Hand das kleine Gefäß entfernen, das zwischen den roten Partien der Muschel sitzt und voller Sand ist, ebenso die Mittelsehne, die heller als das übrige Fleisch ist. Waschen, abtropfen lassen, trockentupfen. Die roten Partien abtrennen; sie werden erst nach einigen Minuten Garzeit zugegeben, damit sie nicht zerfallen.

Muschelfleisch leicht einmehlen; überschüssiges Mehl abklopfen. Etwas Butter in einer Pfanne erhitzen. Sobald sie Bläschen wirft, Muscheln zugeben. Bei sehr mäßiger Hitze garen, dabei die Pfanne rütteln und die Stücke wenden. Sie sind fertig, sobald sie milchig aussehen; wer mag, kann sie aber auch goldgelb braten. Rote Muschelteile zufügen, salzen, pfeffern und noch ein bis zwei Minuten braten. Mit Petersilie überstreuen, ein großes

Stück Butter zufügen und das Ganze noch einmal in der Butter schwenken.
Muscheln mit Hilfe eines Löffels in der Mitte einer vorgewärmten Platte anrichten, mit den roten Stücken umlegen. Die Kochbutter darübergießen, die klar und kaum gebräunt ist.
Mit frisch aufgeschnittenen Zitronen servieren.
Dieses Gericht wird ein delikates Festessen, wenn man es auf Chicorée serviert, der in Crème fraîche gedünstet wurde.
Jakobsmuscheln „nach provenzalischer Art" erhält man, wenn man zusammen mit der Petersilie eine Knoblauchzehe hackt und diese Mischung am Ende der Garzeit zu den Muscheln in die Pfanne gibt.

JAKOBSMUSCHELN IN LAUCHSAUCE

Für 6 Personen:

- *12 oder 18 Jakobsmuscheln*
- *2 mittelgroße Stangen Lauch*
- *2 Schalotten*
- *40 g Butter*
- *¼ l Weißwein*
- *250 g Crème fraîche*
- *2 Eigelb*
- *1 gestrichener TL Mehl*
- *Salz, Pfeffer*
- *Semmelbrösel*

Muscheln vom Fischhändler öffnen lassen. Je nach Größe rechnet man pro Person zwei oder drei Muscheln, deren Fleisch in einer einzigen Muschelhälfte gratiniert wird. Die sechs schönsten leeren Muschelschalen zurückbehalten und sorgfältig waschen. Vergewissern Sie sich, ob der Fischhändler die helle Mittelsehne und das sandige Gefäß entfernt hat, das die Schale mit dem Fleisch verbindet.
Das Weiße des Lauchs in 1 cm lange Stücke schneiden, Schalotten in dünne Scheiben schneiden. Gemüse in einem Topf lang-

sam in der Butter dünsten. Sobald der Lauch gar ist, Wein zugießen, salzen, pfeffern und noch zwei Minuten köcheln lassen. Vom Herd nehmen und warten, bis die Mischung lauwarm ist. Dann die Muscheln zugeben. Langsam zum Sieden bringen. Wenn das Muschelfleisch seine Transparenz verliert und milchig wird, sind die Muscheln fertig – dies dauert nur wenige Minuten. Muscheln mit dem Schaumlöffel herausnehmen und die Sauce bei starker Hitze einkochen, bis nur noch drei Eßlöffel Flüssigkeit übrig sind.
Crème fraîche bei starker Hitze aufkochen, bis sie einen Holzlöffel überzieht. Die Eigelb mit einem knappen gestrichenen Teelöffel Mehl gut verquirlen, so daß keine Klümpchen zurückbleiben, und die kochend heiße Crème fraîche zugießen. Eingekochte Sauce unterrühren.
Muschelfleisch auf die Muschelhälften verteilen, mit Sauce überziehen und mit etwas Semmelbröseln bestreuen. Unter den vorgeheizten Grill des Backofens in die mittlere Schiene einschieben und langsam gratinieren, bis sich eine helle, goldgelbe Kruste bildet. Die Muscheln müssen durch und durch erhitzt werden. Darauf achten, daß die Sauce nicht zu köcheln beginnt. Doch auch dies wäre nicht allzu tragisch, da das untergerührte Mehl verhindert, daß die Eigelb beim Kochen gerinnen.

NUDELN MIT HERZMUSCHELN

Herzmuscheln schmecken köstlich, haben aber einen Nachteil: sie sind manchmal voller Sand, der erst während des Garens zum Vorschein kommt. Deshalb erhitzt man die Muscheln möglichst rasch, bis sie sich öffnen, löst das Fleisch aus den Schalen und spült es in einem Sieb unter fließendem kaltem Wasser ab. Dann legt man das Muschelfleisch zurück in das Kochwasser, das zuvor durchgefiltert und leicht gesalzen wurde. So zubereitet verlieren die Herzmuscheln nichts von ihrem würzigen Geschmack.

Für 6 Personen:

– 2 l Herzmuscheln
– 400 g flache, dünne Nudeln

- *40 g Parmesan*
- *60 g geriebener Käse (Gruyère, Emmentaler)*
- *200 g Crème fraîche*
- *50 g Butter*
- *Salz, Pfeffer*
- *1 EL Öl*

Herzmuscheln erhitzen, bis sie sich öffnen; Muschelfleisch aus den Schalen herauslösen. Muschelwasser durchseihen und einkochen, bis nur noch vier bis fünf Eßlöffel Flüssigkeit zurückbleiben.

Nudeln in reichlich sprudelnd kochendem Salzwasser garen, dem ein Eßlöffel Öl zugefügt wurde. Nudeln nicht zu weich, sondern „al dente" kochen – sie sollen noch Biß haben. Unter kaltem Wasser abschrecken, damit sie nicht durch ihre eigene Hitze weitergaren. Gründlich abtropfen lassen.

Kurz vor dem Servieren die Nudeln in einem großen Topf erhitzen und nacheinander die Butter, die Crème fraîche, den Parmesan und die Muscheln mit ihrem Sud untermischen. Die Zutaten jeweils mit Hilfe von zwei Gabeln unter die Nudeln mengen; darauf achten, daß die Nudeln nicht zusammenkleben. So lange erhitzen, bis Nudeln und Muscheln gut von der Sauce überzogen sind. Mit Salz und Pfeffer abschmecken und sofort servieren.

Diese leckere Vorspeise paßt zu allen Gelegenheiten: vom einfachen Familienessen bis zum festlichen Menü.

Miesmuscheln und ausgelöste Krabben können auf dieselbe Weise zubereitet werden, haben aber einen weniger feinen Geschmack.

KAMMUSCHELN IN SCHNECKENBUTTER

Mit dieser Butter, die so gut zu Schnecken paßt, lassen sich auch Kammuscheln, Miesmuscheln, Herzmuscheln usw. verfeinern. Die Butter sollte nicht zu kräftig gewürzt werden.

Für 6 Personen:

- *3 kg Kammuscheln*
- *100 g gesalzene Butter*
- *2 EL gehackte Petersilie*
- *2 Schalotten*
- *2 Knoblauchzehen*
- *Pfeffer, Piment*

Zuerst die Butter mit der Petersilie, den feingehackten Schalotten und den zerdrückten Knoblauchzehen verkneten, mit Pfeffer und Piment abschmecken. Mindestens 30 Minuten durchziehen lassen.
Die Muscheln rasch unter fließendem Wasser waschen und abtropfen lassen. Wie gewohnt erhitzen, bis sich die Schalen öffnen. Die Butter zufügen; den Topf rütteln, damit sie schneller schmilzt. Topf vom Herd nehmen und die Muscheln noch einige Minuten zugedeckt durchziehen lassen, damit sich die Aromen durchdringen.
Mit getoastetem und mit Butter bestrichenem Bauernbrot servieren.

MUSCHELN
NACH BRETONISCHER ART

Diese leckere kleine Vorspeise kann mit Muscheln jeder Art zubereitet werden: mit Miesmuscheln, Kammuscheln, Herzmuscheln, Venusmuscheln oder auch mit Muschelarten, die man gewöhnlich roh ißt. Man serviert sie entweder in der Schale oder löst sie heraus und richtet sie in Portionspfännchen oder ungesüßten Mürbeteig-Torteletts an. Rechnen Sie mit sechs bis acht Muscheln pro Person.

Für 6 Personen:

- *36–48 Muscheln*
- *250 g gesalzene Butter*
- *2 Schalotten*
- *2 Knoblauchzehen*

- *2 EL feingehackte Petersilie*
- *1 EL trockener Weißwein (am besten Muscadet)*
- *Pfeffer, Piment*
- *altbackenes Weißbrot ohne Kruste*

Eine Stunde vor der Zubereitung der Muscheln die Füllung herstellen: Knoblauchzehen zerdrücken. Schalotten feinhacken. So viel in Wasser eingeweichtes Weißbrot ausdrücken, daß eine etwa eigroße Kugel entsteht. Butter weichrühren. Brotkrume mit Knoblauch, Schalotten und Petersilie vermengen, ein bis zwei Eßlöffel Weißwein unterrühren, so daß eine glatte, geschmeidige Paste entsteht, die jedoch nicht dünnflüssig sein darf. Mit Hilfe einer Gabel mit der weichen Butter vermischen, mit Pfeffer und Piment abschmecken. Muscheln öffnen und mit der Füllung bestreichen.
Auf den Boden einer Auflaufform oder einzelner Portionsförmchen oder der Fettpfanne eine 3–4 cm dicke Schicht Salz geben. Muscheln leicht schräg hineinstecken. Backofen auf höchster Stufe vorheizen und die Muscheln darin garen. Sobald die Butter braun ist, frisch aus dem Ofen servieren. Dazu mit Butter bestrichenes Bauernbrot reichen, das zuvor auch getoastet werden kann.
Und den restlichen Weißwein dazu trinken!

MUSCHELSALAT MIT BASILIKUM

Die Muscheln werden auf Endivien- oder Kopfsalat angerichtet, der in feine Streifen geschnitten wurde.

Für 6 Personen:

- *3 l Muscheln*
- *1 Zwiebel*
- *½ TL Thymian*
- *1 EL Öl*

BASILIKUMSAUCE

- *2 Knoblauchzehen*
- *15–20 Basilikumblätter*
- *6 EL Olivenöl*
- *1 EL Essig*
- *Salz, Pfeffer*

In einem großen Topf, in dem die Muscheln gegart werden sollen, das Öl erhitzen und die feingehackte Zwiebel mit dem Thymian hineingeben. So lange dünsten, bis die Zwiebel zu bräunen beginnt, dann die Muscheln zufügen. Zudecken. Bei starker Hitze schmoren, bis sich die Muscheln öffnen; dabei den Topf rütteln, damit sie gleichmäßig erhitzt werden. Wenn sich alle Muscheln geöffnet haben, das Fleisch aus den Schalen lösen. Erkalten lassen.

Im Mörser den Knoblauch und das Basilikum zu einer Paste zerstoßen. Mit Olivenöl, das in feinem Strahl zugegossen wird, geschmeidig rühren, dann den Essig untermischen. Salzen und pfeffern. Sauce über die Muscheln geben. 20–30 Minuten im Kühlschrank durchziehen lassen. Auf einem Salatbett anrichten.

Im Winter ist Basilikum kaum erhältlich. Ersetzen Sie es durch Petersilie oder durch sehr fein geschnittenes, zartes Selleriegrün.

GESOTTENE KREBSE

Dieses kostspielige Festessen verdient eine sorgfältige Zubereitung. Krebse mit roten Gliedmaßen sind die besten: ihre Scheren sind größer und fleischiger als bei anderen Sorten.

Die Krebse werden mit dem heißen Sud serviert, den man gesondert in Tassen reicht. Die Krebse selbst läßt man erkalten, damit das Fleisch fest wird und sich leichter aus den Schalen lösen läßt.

Für 6 Personen:

- *mindestens 36–40 Flußkrebse*
- *1 Flasche guter Weißwein (Chablis oder Riesling)*

- 2 Zwiebeln
- 1 Nelke
- 2 Möhren
- 12 Korianderkörner
- $^1/_2$ TL grob zerstoßener Pfeffer
- 1 Chilischote
- 1 Lorbeerblatt
- 1 Zweiglein Bohnenkraut
- 1 Zweiglein Thymian
- 2 Stangen Sellerie
- 1 Knoblauchzehe
- Salz

In einen großen Kochtopf, in dem die Krebse gut Platz haben, 1 l Wasser und den Wein gießen. Gewürze, in feine Scheibchen geschnittene Möhren, gewürfelten Sellerie und in Ringe geschnittene Zwiebeln zugeben. Zum Kochen bringen; 20–25 Minuten kochen lassen.

Inzwischen Krebse waschen und ausnehmen: Vorsichtig die mittlere Schwanzplatte ablösen und den mir ihr verwachsenen, schwärzlichen Darm herausziehen. Krebse in den sprudelnd kochenden Sud werfen. Wieder zum Kochen bringen und 10 Minuten leise köcheln lassen. Krebse herausnehmen und erkalten lassen.

Sud durch ein Sieb gießen; einige Möhrenscheibchen zurückbehalten. Sud auf etwa 6 Teetassen einkochen lassen. Nach Belieben heiß oder kalt servieren; jeder Tasse zwei bis drei Möhrenscheibchen beifügen. Man braucht den fein aromatisierten Krebssud jedoch nicht unbedingt einzukochen, sondern kann ihn auch servieren, wie er ist. Der Rest läßt sich zum Pochieren anderer Fische verwenden.

FESTLICHER SALAT MIT KRUSTENTIEREN

Taschenkrebs kann man mit vielen Zutaten als Salat zubereiten, der als Vorspeise oder, falls eine Käseplatte folgt, als Hauptgericht serviert wird.

Für 6 Personen:

- *1 großer Taschenkrebs oder zwei mittelgroße Krebse von je 600–800 g*
- *1/2 Dose gekochte Kichererbsen*
- *1/2 Dose Mais*
- *1 Grapefruit*
- *1–2 schöne Äpfel oder 1/2 Dose Ananasstücke*
- *1 Zitrone*
- *1 Staude Sellerie*
- *Petersilie, Schnittlauch, Kerbel, Minze*
- *Vinaigrette aus Olivenöl, Senf, Zwiebeln und Knoblauch*
- *100 g kleine schwarze Oliven*
- *1 Tasse Mayonnaise*
- *1 Eigelb*
- *Erdnußöl*
- *1 Kopfsalat*
- *Salz, Pfeffer, Tabasco*

Krebse kann man bereits vorgekocht kaufen, am besten jedoch kochen Sie sie am Vorabend selbst. Krebse einzeln wiegen. In einen großen Topf mit kaltem Salzwasser legen, Wasser zum Kochen bringen, Krebse pro Pfund 10 Minuten kochen; die Garzeit richtet sich nach dem schwersten Krebs. Vom Herd nehmen, Deckel abheben und die Krebse noch 5 Minuten ziehen lassen, dann mit fließendem kaltem Wasser abschrecken. Das Fleisch aus den Schalen lösen. In einem verschlossenen Gefäß im Kühlschrank aufbewahren.

Kichererbsen und Mais durch ein Sieb abgießen, abtropfen lassen. Grapefruit schälen, in Spalten zerteilen und jede Seite von der Haut befreien; jeweils in zwei bis drei Stücke schneiden. Äpfel schälen und kleinwürfeln; mit Zitronensaft beträufeln, damit sie sich nicht verfärben. Falls Ananas verwendet wird, die Hälfte einer Dose gut abtropfen lassen. Vom Sellerie die zarten unteren Partien und das Herz putzen und auf einem Brett in sehr feine Streifen schneiden. Schnittlauch in Röllchen schneiden. Petersilie und 8–10 Blätter Minze hacken.

Für die Vinaigrette eine Zwiebel und eine Knoblauchzehe durchpressen oder zerdrücken, mit einem Teelöffel Senf, sechs Eßlöffeln Olivenöl und einem Eßlöffel Essig verrühren. Nicht

zuviel Vinaigrette anrühren, da außer ihr noch weitere Würzzutaten zum Salat hinzugefügt werden. Beim Durchziehen verstärkt die Vinaigrette die Aromen der einzelnen Zutaten.
Krebsfleisch in Stückchen zerteilen. In einer Schüssel alle bisher genannten Zutaten vermischen, auch die Kräuter. Bis zum Servieren im Kühlschrank aufbewahren.
Servierschale mit großen Kopfsalatblättern auslegen. Salat mit der Mayonnaise, einem weiteren Teelöffel Senf, einem Eigelb, ¼ Liter Erdnußöl, Salz, Pfeffer und einigen Tropfen Tabasco vermischen. In der Schale anrichten; mit Oliven belegen. Nach Belieben mit einigen Radieschen oder Scheiben kleiner Tomaten garnieren.
Falls Sie die Salatteller schon vorher auf den Tisch stellen, ebenfalls mit Kopfsalatblättern garnieren.

8
FLEISCH

FLEISCH VOM GRILL

Als Brennstoff dient im allgemeinen Holzkohle. Der Umgang damit ist einfach; allerdings müssen bestimmte Regeln beachtet werden: die Holzkohle muß tiefrot glühen und auf der ganzen Feuerstelle gleichmäßig verteilt sein. Erst wenn sich die Glut mit einer feinen Ascheschicht überzieht, darf das Grillgut auf den Rost gelegt werden.

Wer in einer Weingegend wohnt oder dort Urlaub macht, kann als Brennstoff ein Bündel trockenes Rebholz nehmen. Das Feuer wird einige Zeit vor dem Grillen entzündet, da man warten muß, bis die Flammen erloschen sind. Ebnen Sie die Oberfläche der Glut ein und warten Sie, bis sich eine Ascheschicht bildet. Ölen Sie das Grillgitter ein, bevor Sie das Grillgut darauflegen – dies gilt für Fleisch ebenso wie für Fisch.

Gegen Ende der Garzeit kann man einige Zweige aromatischer Kräuter auf die Glut legen. Der würzige Rauch gibt dem Grillgut einen köstlichen Geschmack, der sogar raffiniertem Fenchel-Geräucherten nicht nachsteht: in feinen Restaurants werden große Fische manchmal mit Fenchelreisig, das mit Alkohol übergossen wird, aromatisiert.

Beliebt ist auch das Grillen am Spieß, besonders wenn ein senkrecht angebrachter Glutkorb zur Verfügung steht: auf diese Weise kann das Fett nicht in die Glut tropfen, wo es einen unangenehm riechenden Rauch entwickelt.

Beim Grillen größerer Stücke – Geflügel, Lammkeulen, Rinder- oder Schweinebraten – fängt man den Bratensaft in einer Fettpfanne auf und übergießt das Fleisch beim Grillen damit; außerdem kann man es mit Marinaden bestreichen, die mit verschiedenen Kräutern gewürzt werden. Man legt dazu die Kräuter in einer Mischung aus Öl und Essig oder Zitronensaft ein; dann salzt und pfeffert man das Ganze – pikanter noch wird's mit Cayennepfeffer.

Wer im offenen Kamin grillen möchte, muß die Glut genauso vorbereiten wie beim Grillen mit Holzkohle oder Rebholz, bevor der Grillrost oder der Spieß über der Feuerstelle angebracht werden kann.

Kurz noch einmal das Wichtigste: keine Flammen und kein Rauch! Sie enthalten schädliche Teerstoffe.

GEGRILLTES RINDERFILET NACH NORMANNISCHER ART

Dieses schöne Fleischstück aus der Schulter, das auch als „Falsches Filet" bekannt ist, wird gegrillt und auf einem Bett kleiner Kartoffeln angerichtet, die in Wasser gekocht oder in Butter gedünstet werden. Die „normannische" Zubereitungsart besteht in reichlich gehackter Petersilie, die zwei Stunden lang in Crème fraîche zieht. Diese Sauce wird dann über das Fleisch gegossen und verleiht auch den Kartoffeln einen feinen Geschmack.

Für 6 Personen:

- *2 Scheiben Schulterfilet von je 400−500 g*
- *1 Tasse gehackte Petersilie*
- *4 EL Crème fraîche*

KARTOFFELBEILAGE

- *1,5 kg kleine Kartoffeln aus neuer Ernte*
- *80 g Butter*
- *2 EL Öl*
- *Salz, Pfeffer*

Petersilie 2 Stunden im voraus in der Crème fraîche ziehen lassen, die leicht mit Salz und Pfeffer gewürzt wurde.
Kartoffeln schälen und langsam in der Butter und dem Öl dünsten, bis sie goldgelb und weich sind; je nach Größe und Alter der Kartoffeln beträgt die Garzeit 45 Minuten bis 1 Stunde. Das Fleisch in der Pfanne oder auf dem Grill garen – je nach persönlicher Vorliebe blutig, rosa oder durch. Beim Wenden der Scheiben salzen und pfeffern. Kartoffeln abtropfen lassen, leicht salzen und pfeffern und auf der Servierplatte verteilen. Das Fleisch darauflegen. Crème fraîche erhitzen, aber nicht zum Kochen bringen, und über das Fleisch gießen.
Den letzten Pfiff erhält dieses Gericht erst durch die Petersiliensauce. Mit Crème fraîche überzogene Kartoffeln bilden eine raffinierte Gemüsebeilage.

PIKANTES GRILLFLEISCH VOM RIND

Das auf diese Weise zubereitete Rindfleisch entfaltet sein volles Aroma, wenn man es über Holzkohlenfeuer oder besser noch über Rebholzfeuer grillt. Es eignet sich also hervorragend für eine Grillparty.
Falls Sie das Fleisch im Infrarot-Grill des Backofens garen wollen, heizen Sie den Ofen auf höchster Stufe vor und grillen das Fleisch 20–25 Minuten. Für diese Garmethode eignet sich eine einzige, dicke Scheibe Fleisch besser als zwei dünne.

Für 6 Personen:

- *1,2–1,4 kg falsches Filet aus der Schulter oder Lende, je nach Art des Grills in 1 oder 2 Scheiben geschnitten*
- *1 Stückchen zerstoßener Sternanis*
- *1 kleine zerstoßene Chilischote*
- *1½ TL Thymian*
- *1 gestrichener TL Salz*
- *1 gestrichener TL grob zerstoßener schwarzer und weißer Pfeffer (Steakpfeffer)*
- *2 dl kochendes Wasser*
- *60 g Butter*

2 Stunden vor dem Grillen alle Gewürze in eine Tasse geben, mit dem kochenden Wasser übergießen und ziehen lassen. Kurz vor dem Grillen den Inhalt der Tasse auf eine große Platte gießen und die Fleischscheiben darin auf jeder Seite 3–4 Minuten ziehen lassen. Fleisch abtropfen lassen und sofort auf den sehr heißen Grill legen. Garvorgang überwachen: Je nach persönlicher Vorliebe bleibt das Fleisch innen blutig oder rosa oder wird ganz durchgegart.
Inzwischen Servierplatte warmstellen und die Butter darin zerlassen. Das fertig gegarte Fleisch darauflegen und wenden, damit es ganz von der Butter überzogen wird.
Mit Röstkartoffeln oder Pommes frites servieren; oder nach amerikanischer Art in der Schale gebackene Kartoffeln dazu reichen, die von einem Schüsselchen Crème fraîche mit grünen Kräutern begleitet werden.

TOURNEDOS MIT KRÄUTERBUTTER

Für Tournedos werden aus dem hinteren, schmalen Ende des Filetstücks ziemlich dicke Scheiben geschnitten, mit dünnen Speckstreifen umwickelt und mit einem Bindfaden zusammengebunden. Tournedos gehören zu den zartesten und köstlichsten Grillstückchen. Man brät sie auf oder unter dem Grill; jedoch kann man sie auch in einer Pfanne bei starker Hitze in Butter braten – der Bratfond wird anschließend weggegossen.

Für 6 Personen:

- *6 Tournedos von je etwa 180 g*
- *6 dünne Speckstreifen*

KRÄUTERBUTTER

- *125 g Butter*
- *1 EL gehackte feine Kräuter: Petersilie, Kerbel und Schnittlauch zu gleichen Teilen*
- *1 gestrichener TL Senf*
- *Salz, Pfeffer, Zitrone*

Zuerst wird die Butter zubereitet: sie schmeckt feiner, wenn sie eine Weile durchzieht. Mit Hilfe einer Gabel die Butter mit den Kräutern, etwas Senf, Salz, Pfeffer und einigen Tropfen Zitronensaft vermengen. Zu einer Rolle formen, in Alufolie einwickeln und in den Kühlschrank legen.

30 Minuten vor dem Braten die Tournedos auf beiden Seiten salzen und pfeffern. Mit dem Speck umwickeln und zusammenbinden. Für etwa zwei Finger dicke Tournedos rechnet man etwa 3½ Minuten Bratzeit auf jeder Seite, wenn das Fleisch innen noch blutig sein soll, 5 Minuten, wenn es rosa werden soll, und 6 Minuten, wenn man es durchgegart bevorzugt. Man brät das Fleisch bei guter, wenn auch nicht allzu starker Hitze, so daß der Speck glasig und an den Rändern goldbraun gebraten wird.

Tournedos auf einer vorgewärmten Platte anrichten; jede Scheibe mit einem Stück Kräuterbutter garnieren. Zu Tournedos schmecken Butterkartoffeln, Kartoffelpüree, in Butter geschwenkte grüne Bohnen oder ein Gratin Dauphinois. Die klassische und raffinierteste Beigabe zu Tournedos ist jedoch Sauce Béarnaise (siehe S. 73).

ROASTBEEF MIT GEMÜSEGARNITUR

Erst wenn die Gäste kommen, wird dieses Roastbeef in den Ofen geschoben und in kurzer Zeit gegart. So kann man sicher sein, daß das Fleisch „genau richtig" wird: durch und durch erhitzt und doch noch innen rosa. Einfach ausprobieren!

Für 6 Personen:

– 1–1,2 kg Roastbeef (Lende) in einem dicken Bratenstück

GARNITUR

– 125 g Butter
– 1 kg Zucchini
– 6 Tomaten
– 3 EL geriebenes altbackenes Weißbrot ohne Kruste
– 4 EL gehackte Petersilie
– 1 kleine Knoblauchzehe (nach Belieben)
– Öl, Salz, Pfeffer

Den Braten von Hand mit Erdnußöl einreiben, damit er ringsum eingefettet wird. Auf beiden Seiten salzen und pfeffern.
Eine Pfanne ohne Öl erhitzen und das Fleisch ringsum gut anbräunen, und zwar möglichst rasch bei starker Hitze. Braten in eine feuerfeste Form legen und beiseite stellen, bis der letzte Gast eingetroffen ist oder sogar bis zum Beginn der Mahlzeit, falls eine Vorspeise gereicht wird.
Zucchini waschen und trockentupfen; nicht schälen, sondern gleich in Würfel schneiden. In der Pfanne die gleichen Mengen von Butter und Öl erhitzen und die Zucchini darin goldgelb braten. Dabei öfter umrühren; nicht bräunen lassen. Mit Salz, Pfeffer und einer Prise Thymian würzen. Warmstellen. Tomaten quer halbieren, entkernen und einsalzen. 5 Minuten ziehen lassen, dann umdrehen, damit sie abtropfen. Weißbrotkrume, Pe-

tersilie und nach Belieben eine durchgepreßte Knoblauchzehe vermischen und die Tomatenhälften damit füllen. Backofen auf höchster Stufe vorheizen; die Tomaten in die Fettpfanne legen und einschieben. Sobald sie zu bräunen beginnen, herausnehmen und warmstellen. Der Ofen muß für das Fleisch sehr heiß bleiben, das in 12–15 Minuten fertig gegart wird. Braten nach der Hälfte der Garzeit wenden.

Inzwischen die fertigen Zucchini auf einer vorgewärmten Platte anrichten und mit den Tomaten umlegen. Warmstellen; sobald der Braten aus dem Ofen genommen wird, die Platte mit der Gemüsegarnitur hineinstellen und bei geöffneter Tür warmhalten. Braten in der Garform aufschneiden, auf dem Gemüse anrichten. Restliche Butter in Stückchen schneiden und dem Bratensaft zufügen. Salzen und pfeffern, Form rütteln, damit die Butter schmilzt und die Sauce sämig wird. Gesondert reichen. Dies ist meiner Meinung nach das einzige Roastbeef-Rezept, das keine Zerreißprobe für die Nerven der Gastgeberin bedeutet.

SCHMORFLEISCH IN ROTWEINSAUCE

Dieses Rezept geht auf die berittenen Stierhüter der Camargue zurück. Typisch südfranzösisch sind dabei die Kräuter und die verwendete Weinsorte.

In vielen Gegenden gibt es ähnliche Rezepte für Rindfleisch, das langsam in Sauce geschmort wird: Boeuf Bourguignon erhält sein Aroma vom Burgunderwein, im belgischen Flandern wird bei der Carbonnade der Wein durch Bier ersetzt. All diese deftigen Fleischgerichte werden kräftig mit Kräutern und Gewürzen abgeschmeckt, die dem Fleisch ein intensives Aroma verleihen, außerdem verdauungsfördernd und anregend wirken.

Für 6 Personen:

- *1,8–2 kg Rindfleisch aus der Schale oder Hüfte*
- *1 großes Stück Speckschwarte ohne Fett*
- *500 g Zwiebeln*
- *2–3 Knoblauchzehen*

- *500 g Tomaten*
- *1 Flasche trockener Rotwein (Côtes du Rhône)*
- *1 Kräuterstrauß (Petersilie, Lorbeerblatt, Thymian) mit einem Zweiglein Majoran und 4 Salbeiblättern*
- *Salz, ganze Pfefferkörner*

Zutaten schon am Vortag besorgen, da das Fleisch über Nacht mariniert werden muß. Fleisch in gleichgroße Würfel schneiden. In ein Ton- oder Glasgefäß legen, Kräuterstrauß, Salz, 10 Pfefferkörner und den Rotwein zugeben. Über Nacht ziehen lassen. Am nächsten Tag den Schmortopf mit der Speckschwarte auslegen; die fette Seite zeigt dabei nach unten. Zwiebeln in Scheiben schneiden. Abwechselnd eine Schicht abgetropftes Fleisch und eine Schicht Zwiebeln in den Topf einfüllen. Tomaten häuten, entkernen und würfeln; auf die oberste Schicht in den Topf legen. Kräuterstrauß und Knoblauchzehen hineinstecken. Mit der durchgeseihten Marinade übergießen. Das Fleisch soll knapp davon bedeckt sein; eventuell etwas Wasser nachgießen. Bei starker Hitze zum Kochen bringen, dann zudecken und 4 Stunden leise schmoren lassen.

Dazu gedämpfte Kartoffeln oder dicke, in Butter geschwenkte Nudeln reichen.

TATAR

Bestes, mageres Rindfleisch, vom Fleischer durchgedreht, wird im Teller mit feinen Kräutern, Kapern, Worcestersauce, Olivenöl und anderen Zutaten vermengt, mit Eigelb gebunden, gesalzen und gepfeffert und roh verzehrt.
Bereiten Sie jeden Teller einzeln vor; die Gäste mischen sich dann das Tatar nach Ihren Vorschlägen selbst.

Für 6 Personen:

- *900 g – 1 kg Tatar*
- *6 Eier*
- *4 gehackte Zwiebeln*
- *125 g Kapern*

- 6 EL Olivenöl
- Tomatenketchup
- Worcestersauce
- 2 Zitronen
- 6 TL gehackte feine Kräuter: Petersilie, Estragon, Schnittlauch, Kerbel und andere
- Salz, Pfeffer, französischer Senf

Tatar unterscheidet sich von gewöhnlichem Hackfleisch dadurch, daß es magerer und feiner durchgedreht ist.
Fleisch portionieren, zu Kugeln drehen und auf den einzelnen Tellern anrichten. Eier trennen; in die Mitte jeder Fleischkugel ein Eigelb in einer Eierschalenhälfte setzen. Rings um das Fleisch kleine Häufchen gehackter Zwiebeln, feingehackter Kräuter und abgetropfter Kapern setzen – am besten schmecken die kleinen Kapern, die als „Nonpareilles" im Handel sind.
Auf den Tisch stellt man Worcestersauce, Senf, Olivenöl, Zitronenhälften, Salz, Pfeffer und Schälchen mit den restlichen Kräutern und Gewürzen; die Gäste bedienen sich selbst. Bei der Zubereitung seiner eigenen Tatarmischung beginnt man damit, das Eigelb, etwas Senf, die Häufchen auf dem Teller, etwas Olivenöl, einige Tropfen Worcestersauce, Salz und Pfeffer mit Hilfe einer Gabel gut unter das Fleisch zu mischen. Dann schmeckt man ab und würzt nach; ganz zum Schluß kann man noch Ketchup zufügen.
Als Beilage zu diesem kalten Gericht, das immer willkommen ist, reicht man einen schönen Salat der Jahreszeit.

RINDFLEISCHSÜLZE

Das ganze Jahr über, aber vor allem im Sommer schmeckt dieses ideale Gästeessen: mit einem Vorrat davon im Kühlschrank hat man überraschendem Besuch oder späten Gästen immer etwas zu bieten. Die Zubereitung dieser kalten Fleischpastete in Gelee ist einfach: man muß auf nichts achten außer darauf, daß das Fleisch bei schwacher Hitze leise vor sich hin köchelt. Die beste Beilage ist ein knackiger grüner Salat; zusätzlich kann man einen großen Teller frisch ausgebackener Pommes frites dazu reichen.

Für 6 bis 8 Personen:

- *1,5–2 kg Lende oder mageres Schulterstück*
- *2 Kalbsfüße*
- *250 g Räucherspeck*
- *250 g Möhren*
- *250 g Zwiebeln*
- *6 Schalotten*
- *2 Knoblauchzehen*
- *1 Kräuterstrauß mit 2 Zweiglein Majoran*
- *1/2 l trockener Weißwein*
- *10 ganze Pfefferkörner*
- *2 Nelken*
- *10 Korianderkörner, Muskat*
- *3 EL Olivenöl*
- *100 g grüne Oliven (nach Belieben)*

Fleisch in ziemlich große Stücke schneiden (von etwa 80 g), Kalbsfüße in zwei Teile zerteilen, Speck grob würfeln. Fleisch und Speck mit einem großen Kräuterstrauß, der sich aus Petersilie, Thymian, Lorbeerblatt und Majoran zusammensetzt, in eine Schüssel geben. Dazu kommen die längs zerteilten Möhren, die in Scheiben geschnittenen Zwiebeln, die ganzen Knoblauchzehen, die Pfeffer- und Korianderkörner, die Nelken sowie eine Prise Muskat. Einen Eßlöffel Olivenöl und den Wein darübergießen. 24 Stunden kühlstellen, dabei zwei- bis dreimal umrühren.

Bevor das Fleisch gegart wird, die Kalbsfüße in kräftig gesalzenes, kochendes Wasser geben, aufkochen lassen und 10 Minuten blanchieren.

Den gesamten Inhalt der Schüssel in ein Sieb schütten, die Marinade mit den ganzen Gewürzen dabei auffangen. Fleisch trockentupfen. Zwei Eßlöffel Olivenöl bei Mittelhitze heiß werden lassen, so daß es nicht verbrennt; das Fleisch darin anbraten. Dann die Kalbsfüße, die Zwiebeln und die Marinade mit allen Gewürzen und den Möhren dazugeben. Zum Kochen bringen und zugedeckt leise köcheln lassen. Nach einer Stunde so viel kochendes Wasser zugießen, daß die Zutaten bedeckt sind. Nach einer weiteren Stunde abschmecken und salzen. Die Mischung soll sehr würzig und kräftig abgeschmeckt sein.

Sobald sich das Fleisch der Kalbsfüße von selbst von den Knochen löst, ist das Gericht gar. Zugedeckt abkühlen lassen, bis es nur noch lauwarm ist, dann in eine Schüssel gießen, damit man die einzelnen Stücke besser erkennen kann. Fleischstücke und Möhren in einer gläsernen oder tönernen Form anrichten, in der die Sülze erstarren soll. Zwischen die Schichten nach Belieben Oliven geben, die entkernt und 5 Minuten in kochendem Wasser blanchiert wurden.

Kochflüssigkeit durchseihen und in die Form gießen; dabei alle Zwischenräume sorgfältig ausfüllen. Mit einem Brett bedecken und mit einem Gewicht beschweren. Ganz erkalten lassen, dann 8 Stunden in den Kühlschrank stellen.

Restliche Kochflüssigkeit ebenfalls im Kühlschrank erstarren lassen, entfetten und in Würfel schneiden. Rindfleischsülze auf eine mit Salatblättern ausgelegte Platte stürzen und mit den Geleewürfeln garnieren.

KALBSSCHNITZEL IN KRÄUTERSAUCE

Wenn Sie nur für zwei bis drei Personen kochen, können Sie Schnitzel in der gewöhnlich vom Fleischer angebotenen Größe kaufen. Wenn Sie aber Ihren Gästen etwas Besonderes bieten wollen, lassen Sie sich von Ihrem Fleischer kleine Schnitzelchen zurechtschneiden, die gleich dick und regelmäßig geformt sind und je etwa 60 g wiegen. Pro Person rechnet man zwei solcher Schnitzel.

Für 6 Personen:

- *12 kleine Schnitzel von je 60 g*
- *100 g Butter*
- *125 g Crème fraîche*
- *1 Zitrone, Salz, Pfeffer, Mehl*
- *1 Bund Kresse*
- *1 Bund Petersilie*
- *2 Stengel Estragon*

Zunächst die Kräutermischung vorbereiten. Von der Hälfte der Kresse die Blätter und die zarten Teile abzupfen, zusammen mit den anderen Kräutern feinhacken. Die Menge soll vier gehäufte Eßlöffel Kräuter ergeben. Mit der Crème fraîche vermengen. Leicht salzen, pfeffern und den Saft einer halben Zitrone teelöffelweise unterrühren, dabei ständig abschmecken: die Mischung soll pikant, aber nicht sauer schmecken. Bei Zimmertemperatur durchziehen lassen.

DAS FLEISCH

Etwas Mehl mit Salz und Pfeffer vermischen und auf ein Holzbrett streuen. Schnitzel darin wälzen; überschüssiges Mehl abklopfen. Bei Mittelhitze in der Butter goldbraun braten – die Butter darf nicht verbrennen. Es spielt keine Rolle, ob die Schnitzel dabei durchgaren oder nicht.
Backofen vorheizen; jedes fertig gebratene Schnitzel immer gleich auf eine ofenfeste Servierplatte in den Backofen legen, Tür einen Spalt geöffnet halten. In die Pfanne, in der die Schnitzel angebraten wurden, die Kräutermischung gießen. Bei ziemlich starker Hitze aufkochen lassen, dabei den eingekochten Bratensaft vom Pfannenboden losrühren. Sobald die Sauce legiert und den Holzlöffel überzieht, einige Tropfen Zitronensaft unterrühren. Sauce über die Schnitzel gießen. Das Ganze bei 200°C im Backofen erhitzen; dabei garen die Schnitzel fertig. Die Sauce darf nicht kochen!
Als Beilagen passen dazu grüne Gemüse der Jahreszeit wie Bohnen, Erbsen oder Spinat sowie kleine Butterkartoffeln aus neuer Ernte.

FRIKANDEAU MIT GRÜNEM PFEFFER

Den Tournedos beim Rindfleisch entspricht beim Kalb das Frikandeau: es wird in dicke, runde Scheiben geschnitten. Das Fleisch stammt aus der Keule, und zwar aus der Unterschale oder der noch zarteren Nuß.

Grüner Pfeffer ist eingelegt in Dosen oder Gläschen erhältlich oder gefriergetrocknet in Gewürzgläschen. Für die Sahnesauce ziehe ich persönlich saure Sahne vor; aber auch süße Sahne oder Crème fraîche hat ihre Anhänger.

Für 6 Personen:

- *6 Scheiben Frikandeau von je 150–180 g*
- *4 TL grüner Pfeffer*
- *100 g Butter*
- *2 dl trockener Weißwein*
- *250 g Crème fraîche*
- *1 Schnapsgläschen Cognac*
- *Salz, Mehl*
- *Tomatenmark*

Frikandeaus leicht einmehlen – nur so viel, daß die Schnittflächen trocken werden. In der Pfanne bei mäßiger Hitze in einem Eßlöffel Butter anbräunen – die Butter darf dabei nicht verbrennen. Die Fleischstücke in eine feuerfeste Form legen, in der sie auch serviert werden können. Mit Cognac übergießen und zugedeckt warmstellen.

Pfanne mit dem Weißwein ablöschen, den eingekochten Bratensaft loskratzen. Grünen Pfeffer im Mörser zerdrücken und zugeben. Zum Kochen bringen und auf die Hälfte der ursprünglichen Flüssigkeitsmenge einkochen; über die Frikandeaus gießen.

Crème fraîche zusammen mit einem Teelöffel Tomatenmark in die Pfanne geben und köcheln lassen, bis die Sauce legiert und den Löffel überzieht; salzen und über das Fleisch gießen. Ohne Deckel bei sehr schwacher Hitze 15–20 Minuten köcheln lassen, dabei das Fleisch einmal wenden.

Dazu passen in Butter gedünstete Zucchini, Gurken oder grüne Bohnen. In der entsprechenden Jahreszeit reicht man außerdem noch gekochte kleine Kartoffeln aus neuer Ernte.

KALBFLEISCH-SCHMORTOPF MIT MÖHREN

Man verwendet hierzu Fleisch von der Brust oder der Flanke, also der unteren Verlängerung des Kotelettstücks. Diese Fleischstücke sind preiswerter als die „besseren" Teile des Kalbs, werden aber ebenfalls sehr zart und ergeben saftige Schmorgerichte.

Für 6 Personen:

- *1,2–1,5 kg Kalbsbrust oder -flanke*
- *1 kleiner Kalbsfuß*
- *2 EL Öl*
- *1,5 kg Möhren*
- *1 Knoblauchzehe*
- *1 Kräuterstrauß mit 1 Stange Sellerie*
- *1 Glas Rotwein*
- *100 g Butter*
- *Salz, Pfeffer, Mehl*

Falls nötig, Fleisch entfetten lassen. Bitten Sie Ihren Fleischer auch, den kleinen Kalbsfuß zu entbeinen und in Stücke zu schneiden.
Zwei Eßlöffel Mehl mit Salz und Pfeffer würzen. Kalbsbrust und Kalbsfußstücke in Mehl wälzen und in einer Pfanne im Öl anbräunen; schalten Sie den Herd nur auf Mittelhitze, damit das Fett nicht verbrennt. Möhren und Zwiebeln in Scheiben schneiden, in einem großen Topf langsam in drei Eßlöffeln Butter andünsten; die Gemüse dürfen nicht bräunen. Knoblauch und den Kräuterstrauß (Petersilie, Thymian, Lorbeerblatt, Sellerie) zufügen.
Die Kalbsfußstücke 10 Minuten in kochendem Salzwasser blanchieren. Trockentupfen. Angebratenes Kalbfleisch abtropfen lassen und mit dem Kalbsfuß in den Topf geben. Falls nötig, überschüssiges Fett aus der Pfanne abgießen, mit Wein ablöschen. Aufkochen lassen, dabei den anhaftenden Bratensaft mit dem Rücken einer Gabel loskratzen. In den Schmortopf gießen, eine Tasse Wasser zufügen. Etwa $1^{3/4}-2$ Stunden schmoren lassen. Dann abschmecken und nachwürzen.

Vor dem Servieren den Kräuterstrauß entfernen, das Kalbfleisch auf einer Platte anrichten und mit den Möhren umlegen. Dazu passen als Beilage in Butter gedünsteter Blattspinat oder in Butter geschwenkte feine Nudeln.

KALBFLEISCH-SCHMORTOPF AUS NIZZA

Die Kalbsbrust oder -flanke, die man für dieses Gericht verwendet, sollte ziemlich mager sein. Die Fleischstücke sind relativ preiswert und dennoch zart. Man kann sie durch Beinfleisch ersetzen, das sich für diese Art der Zubereitung ebenso gut eignet.

Für 6 Personen:

- *1,2–1,5 kg Kalbsbrust oder -flanke*
- *4 Zwiebeln*
- *1 Knoblauchzehe*
- *1 Paprikaschote*
- *3 Möhren*
- *3 Tomaten*
- *3 EL Olivenöl*
- *1 Kräuterstrauß mit 1 Stange Sellerie und einem Zweiglein Oregano*
- *2 dl trockener Weißwein*
- *2 Auberginen*
- *125 g grüne Oliven*
- *100 g kleine schwarze Oliven*
- *1 EL gehackte Petersilie*
- *Salz, Pfeffer, Mehl*
- *50 g Butter*

Das Kalbfleisch in gleichgroße Stücke schneiden lassen. Leicht einmehlen; mit einem guten Eßlöffel Öl in der Pfanne portionsweise anbraten. Die fertigen Stücke jeweils gleich in den Kochtopf geben.
Zwiebeln in dünne Scheiben schneiden. Paprikaschote grillen, enthäuten und entkernen, in Streifen schneiden. Möhren rei-

ben; die Gemüse mit dem Kräuterstrauß in die Pfanne geben. Bei Mittelhitze weichdünsten. Sobald die Gemüse zu bräunen beginnen, in den Topf über das Fleisch geben. Mit dem Wein aufgießen, leicht salzen und pfeffern. 1¼ Stunden schmoren lassen; dann die grünen Oliven zufügen, die entkernt und einige Minuten in kochendem Wasser blanchiert wurden.

Inzwischen die Auberginen schälen, in Würfel schneiden und in der Pfanne im restlichen Olivenöl garen. Sie sollen sich goldgelb verfärben, aber nicht bräunen. Tomaten quer halbieren und mit Hilfe eines Teelöffels aushöhlen. Salzen und pfeffern; in den auf 200°C vorgeheizten Backofen geben. Garen, dabei aber nicht zusammenfallen lassen.

Sobald die Auberginen fertig sind, falls nötig, überschüssiges Öl abnehmen. Salzen und pfeffern; Knoblauch zusammen mit der Petersilie feinhacken und darüberstreuen, die kleinen schwarzen Oliven zufügen. Warmstellen, dabei aber nicht weitergaren lassen.

Die Fleischstücke auf einer Platte anrichten und mit den Tomaten umlegen; das Fleisch mit einem Eßlöffel Auberginen garnieren, den Rest auf der Platte verteilen. Den Topf mit der kochenden Sauce vom Herd nehmen; die in Stückchen geschnittene Butter zufügen. Den Topf rütteln, damit die Butter schneller schmilzt und die Sauce sämig macht. Über das Fleisch gießen.

Zur vollständigen Mahlzeit wird dieses saftige Gericht, wenn man dazu in Butter geschwenkte, möglichst hausgemachte Nudeln oder Blattspinat reicht.

KALBFLEISCHRAGOUT MIT KRÄUTERN

Für 6 Personen:

- *1,2 kg entbeinte Kalbsschulter, -brust oder -flanke*
- *100 g Butter*
- *4 EL gehackte Petersilie*
- *1 EL feine Schnittlauchröllchen*
- *1 EL abgezupfte Kerbelblättchen*

- *1 EL grob gehackte Estragonblättchen*
- *2 dl trockener Weißwein*
- *1 Zitrone, Salz, Pfeffer*
- *2 EL Crème fraîche*

Das Kalbfleisch vom Fleischer in etwa 4 cm große Würfel schneiden lassen. Auf allen Seiten mäßig salzen und pfeffern. In einem ofenfesten Topf bei Mittelhitze die Butter zerlassen, das Fleisch darin andünsten, bis es sich hell verfärbt. Es soll nicht bräunen. Topf vom Herd nehmen, sämtliche Kräuter hineingeben und gründlich mit dem Fleisch vermischen. Backofen auf 200°C vorheizen. Topf zudecken und das Fleisch eine Stunde lang im Ofen garen, dabei ein- bis zweimal wenden. Wichtig ist, daß die Kräuter nicht bräunen: falls nötig, die Temperatur auf 180°C herunterschalten und die Türe 5 Minuten lang einen Spalt öffnen.

Am Ende der Garzeit das Fleisch mit dem Schaumlöffel herausnehmen und im ausgeschalteten Ofen bei spaltbreit geöffneter Tür warmstellen. Topf bei starker Hitze auf den Herd stellen, Weißwein, den Saft einer halben Zitrone und die Crème fraîche zufügen. 5 Minuten lang lebhaft kochen lassen, dabei die anhaftenden Bratensäfte loskratzen. Über das Fleisch gießen.

Dazu Blattspinat oder Zucchini, die in Butter gedünstet oder gratiniert wurden, als Beilage servieren.

GEFÜLLTE KALBSBRUST

Bitten Sie Ihren Fleischer, die Kalbsbrust zu entbeinen und die Tasche für die Füllung einzuschneiden. Lassen Sie sich die Abfälle mitgeben; sie werden unter die Füllung gemischt. An Gemüse verwendet man für die Füllung Spinat oder Mangold, der in kochendem Wasser nur einige Minuten blanchiert wird, damit er sein frisches Grün nicht verliert.

Für 6 bis 8 Personen:

- *1,5 kg entbeinte Kalbsbrust*

FÜLLUNG

- *1 Kalbshirn*
- *300 g entbeinter Schweinekamm, durchgedreht*
- *3 hartgekochte Eier*
- *2 rohe Eier*
- *250 g Zwiebeln*
- *500 g fertig gegarter Spinat oder Mangold*
- *1 Tasse Milch*
- *100 g altbackenes Weißbrot*
- *2 TL Thymian*
- *2 EL gehackte Petersilie*
- *2 TL Majoran*
- *2 Lorbeerblätter*
- *2 Knoblauchzehen*
- *4 – 5 große Blätter vom Grünkohl*

SAUCE

- *60 g Butter*
- *2 Zwiebeln*
- *2 Möhren*
- *2 Schalotten*
- *1 – 2 Knoblauchzehen*
- *1 Kräuterstrauß*
- *¹/₂ l trockener Weißwein*
- *Salz, Pfeffer, Muskat*

Das Kalbshirn 6 – 8 Minuten in siedendem Salzwasser blanchieren. Abtropfen lassen und aufschneiden, damit es schnell erkalten kann und wieder fest wird. Die Abfälle der Kalbsbrust, falls vorhanden, kleinschneiden. Zwiebeln, Knoblauch, Spinat und das in der Milch eingeweichte und ausgedrückte Brot hacken. Erkaltetes Hirn in Würfel schneiden; alle diese Zutaten mit dem Schweinefleisch vermischen. Mit Thymian, Majoran, Petersilie, zerbröckeltem Lorbeerblatt, Salz, Pfeffer und Muskat würzen. Abschmecken: die Füllung darf nicht fade schmecken. Mit den rohen Eiern binden.

Kohlblätter kurz kochen. Dicke Mittelrippe entfernen, dabei die Blätter jedoch nicht zerteilen. Auf einem Brett nebeneinander ausbreiten. Die Kohlblätter sind die Hülle der Füllung. So eingewickelt läßt sie sich leicht in die Tasche der Kalbsbrust einschieben. Die Hälfte der Füllung auf die Kohlblätter verteilen. Die gekochten Eier in einer Reihe darauflegen und mit dem Rest der Füllung bedecken. Die Füllung in die Kohlblätter einwickeln. Auf Perfektion kommt es dabei nicht an; überstehende Blätter jedoch zurückschneiden. So verpackte Füllung in die Kalbsbrust schieben, Öffnung mit Küchengarn zunähen.

Kalbsbrust vorsichtig in eine regelmäßige, längliche Form bringen; die Kalbsbrust darf nicht zu prall gefüllt sein, sonst besteht die Gefahr, daß sie aufplatzt. An vier Stellen mit Bindfaden umwickeln, damit sie nicht reißt.

Kalbsbrust mit zwei Eßlöffeln Butter, den in Scheiben geschnittenen Möhren, den ganzen Zwiebeln, den Schalotten, dem Knoblauch und dem Kräuterstrauß in einen großen Topf geben. Bei Mittelhitze heiß werden lassen, die Gemüse und das Fleisch goldgelb braten, ohne daß die Butter dabei verbrennt. Mit dem Weißwein und so viel Wasser aufgießen, daß drei Viertel der Kalbsbrust bedeckt sind. Salzen, pfeffern und zudecken; sobald die Flüssigkeit kocht, Herdplatte herunterschalten und die Kalbsbrust 1¼–1½ Stunden schmoren lassen; nach der Hälfte der Garzeit wenden. Auch wenn sie länger gegart wird, trocknet sie nicht aus; deshalb kann man sie nach dem Ende der Garzeit ruhig zugedeckt warmstellen, sie schmeckt dann nur noch feiner.

In Scheiben geschnitten servieren; die Sauce reduzieren und mitsamt den Gemüsen in einer Saucière dazu reichen. (Um die Sauce zu reduzieren, läßt man sie bei starker Hitze ohne Deckel einkochen.)

OSSO BUCO MILANESE

Für 6 Personen:

- *1,5–1,7 kg Kalbshaxe*
- *250 g Möhren*
- *250 g Zwiebeln*

- 3 EL Olivenöl
- 1 kleine Dose geschälte Tomaten
- 4 Salbeiblätter
- 6 große Basilikumblätter oder 2 TL getrocknetes Basilikum
- 1 Zweiglein Oregano
- 1 Prise Thymian
- 1 Stange Sellerie
- ¼ l trockener Weißwein
- 1 Würfel Hühnerbrühe
- Salz, Pfeffer, Mehl

CREMOLATA

- 1 EL gehackte Petersilie
- 1 zerdrückte Knoblauchzehe
- abgeriebene Schale von 1 Zitrone
- abgeriebene Schale von 1 Orange

Lassen Sie beim Fleischer die Kalbshaxe in etwa 2 cm dicke Scheiben zerteilen.

Möhren und Zwiebeln reiben. In dem großen, dickwandigen Topf, in dem das Gericht schmoren wird, einen Eßlöffel Olivenöl erhitzen und die Möhren und Zwiebeln darin bei schwacher Hitze andünsten. Sobald die Gemüse zu bräunen beginnen, das kleingeschnittene Tomatenfleisch, das mit der Schere kleingeschnittene Basilikum, die Selleriestangen, Oregano, Thymian und Salbei zugeben. Zugedeckt schmoren lassen.

Haxenscheiben leicht einmehlen und nacheinander in einer Pfanne in etwas Olivenöl anbraten. Wenn sie auf beiden Seiten braun sind, in den Topf zu den Gemüsen geben. Das verbrannte Öl aus der Pfanne abgießen; anhaftende Bratensäfte mit dem Weißwein loskochen. So viel Wasser zugießen, daß man den Brühwürfel in der Flüssigkeit auflösen kann. In den Topf gießen. Das Fleisch soll knapp von Flüssigkeit bedeckt sein; gegebenenfalls noch etwas Wasser zugießen. Zum Kochen bringen und abschmecken. Salzen, pfeffern, zudecken und die Hitze herunterschalten. Bei sehr schwacher Hitze 1¼–1½ Stunden schmoren lassen. Dann gegebenenfalls nachwürzen.

5 Minuten vor dem Servieren die Zutaten für die Cremolata vermischen und in den köchelnden Schmortopf geben. Vom Herd

nehmen und zugedeckt ziehen lassen. Erst diese Gewürzmischung verleiht dem Osso buco seinen charakteristischen Geschmack.
Dazu Reis oder Pilaw (siehe S. 172) reichen.

KALBSLEBERBRATEN MIT FRISCHEN KRÄUTERN

Man läßt dafür eine ganze Kalbsleber vom Fleischer an vier bis fünf Stellen der Länge nach spicken und zu einem schönen Bratenstück verschnüren. Die Leber soll nicht mit Speck umhüllt werden.

Eine ganze Kalbsleber wiegt 2−2,3 kg und reicht für 10 bis 12 Personen. Der hohe Preis ist zum einen durch das Fehlen von Abfällen gerechtfertigt, zum anderen durch den köstlichen Geschmack dieser Delikatesse, die man auch noch kalt servieren und genießen kann, falls etwas übrigbleibt.

Sie sollten die Leber beim Fleischer vorbestellen, um sicherzugehen, daß Sie wirklich frische, keine tiefgefrorene Ware erhalten.

- *1 ganze Kalbsleber von 2−2,3 kg*
- *1 Gewebenetz (vom Fleischer)*
- *1 große, sehr dünne Speckscheibe*
- *2 Schnapsgläschen guter Champagner oder Armagnac*
- *4 dl entfettete Rindsbrühe*
- *3 ganze Knoblauchzehen*
- *1 Schälchen gehackte Petersilie*
- *1 Schälchen Kerbel*
- *1 Schälchen Schnittlauch*
- *1/4 Schälchen Thymian*
- *1 EL Rosmarin*
- *1/2 Schälchen Minze*
- *10 Wacholderbeeren*
- *Salz, Pfeffer, Zitrone*
- *100 g Butter*

Ein Schälchen Kräuter entspricht ungefähr 2 dl gehackten Kräutern. Sämtliche Kräuter nacheinander hacken und dann vermischen. Das Gewebenetz mit lauwarmem Wasser waschen. Auf einem Brett ausbreiten, trockentupfen und dick mit Kräutern bestreuen (jedoch noch Kräuter zurückbehalten), salzen und pfeffern. Die Leber fest darin einwickeln. Die beiden Enden zusammendrehen und verschnüren; überstehende Teile abschneiden. Die Speckscheibe um den Braten wickeln und zusammenbinden. Den Leberbraten mit den Knoblauchzehen in eine große ofenfeste Form legen. Backofen auf 250°C vorheizen, den Braten im heißen Ofen ringsum bräunen lassen; dies dauert etwas 25 Minuten.

Braten aus dem Ofen nehmen. Alles Fett abgießen. Mit einem Schälchen heißer Brühe aufgießen. Ein halbes Schälchen Kräuter zurückbehalten, restliche Kräuter mit den zerstoßenen Wacholderbeeren und einem Gläschen des gewählten Alkohols in die Form geben. Ofen auf 200°C herunterschalten und den Braten noch 35 Minuten garen, dabei zweimal wenden. So überprüft man, ob der Braten gar ist: mit einer Rouladennadel bis in die Mitte des Leberbratens stechen. Die Spitze der Nadel muß sich heiß anfühlen.

Braten aus dem Ofen nehmen, warmstellen, aber nicht weitergaren. Den Bratfond mit der restlichen Brühe und mit Zitronensaft loskochen. Nach dem Aufkochen die restlichen Kräuter zufügen. Herd ausschalten, Sauce zugedeckt noch 2–3 Minuten ziehen lassen. Restlichen Alkohol zugießen, abschmecken und nachwürzen, nochmals erhitzen und dann vom Herd nehmen. Die Butter in Stückchen zugeben und mit dem Schneebesen unterschlagen.

Leber in etwa 1 cm dicke Scheiben aufschneiden und servieren. Die Sauce in einer Saucière gesondert dazu reichen. Die beste Beilage ist Naturreis, nach Packungsaufschrift gekocht.

FEINE HACKFLEISCHPASTETE

Man verwendet hierzu Fleisch guter Qualität, das aus den preiswerteren Stücken vom Kalb und vom Schwein geschnitten wird. Da auch keine Abfälle entstehen, ist das Gericht recht billig. Es schmeckt sowohl heiß, als Braten, als auch kalt, als feine Pastete.

Für 6 Personen:

- *750 g Halsstück vom Kalb ohne Knochen*
- *250 g Schweinekamm ohne Knochen*
- *1 Gewebenetz (vom Fleischer)*
- *6 EL gehackte Zwiebeln*
- *6 EL kleingeschnittene Selleriestangen*
- *2 Knoblauchzehen*
- *1 Tasse altbackenes Weißbrot ohne Kruste*
- *2 Eier*
- *Thymian, Lorbeer, Salz, Pfeffer, Muskat*
- *2 EL Olivenöl*
- *2 EL Butter*
- *2 dl trockener Weißwein*

Lassen Sie das Fleisch vom Fleischer zweimal durchdrehen oder pürieren Sie es im Mixer. Wichtig ist, daß das Fleisch fein zermahlen wird.

Zwiebeln und Sellerie mit einem zerbröckelten Lorbeerblatt in dem Öl andünsten; nicht bräunen lassen. Mit der Hälfte des Weins aufgießen, 2 Minuten köcheln lassen, das zerbröselte Weißbrot und die Butter zugeben und noch 2 Minuten quellen lassen. Gemüsemischung unter das Fleisch mengen, salzen, pfeffern, eine Prise Muskat hineinreiben, einen halben Teelöffel Thymian und die Eier zufügen. Mit der Hand durchkneten, bis eine glatte, einheitliche Masse entsteht, die ziemlich kräftig schmecken soll.

Fleischteig zu einer Rolle formen und in das unter lauwarmem Wasser abgespülte Gewebenetz einwickeln, so daß ein schön geformtes Bratenstück entsteht. In eine ofenfeste Form legen. Backofen auf 160°C vorheizen und die Pastete 25 Minuten darin backen, dann die Temperatur höherschalten, Fleisch mit dem restlichen Wein begießen und noch 15 Minuten garen.

Man kann die Pastete auch im Topf braten: langsam auf allen Seiten in etwas Öl anbräunen – das dauert etwa 25 Minuten –, dann den restlichen Wein zugießen und das Fleisch zugedeckt noch etwa 40 Minuten bei schwacher Hitze schmoren lassen.

Dazu Kartoffelpüree, Butterkartoffeln oder Pommes frites reichen. Wird die Pastete kalt gegessen, serviert man dazu grünen Salat.

GEGRILLTE SCHWEINERIPPCHEN

Zwischen Kotelettstück und Bauchspeck liegen die Rippchen, die, vom Fett befreit, als Schmor- oder Schälrippchen verkauft werden. Man grillt sie im Ofen oder über der Holzkohlenglut; zuvor jedoch reibt man sie mit gewürztem Salz ein und läßt sie 8–12 Stunden ziehen. Während des Garens bepinselt man sie mit Barbecue-Sauce.
Als Beilage serviert man Kartoffeln, die ungeschält in Alufolie eingewickelt und im Ofen gebacken werden; dazu reicht man Butter und mit Crème fraîche verfeinerten Quark, der mit Salz und Pfeffer gewürzt wurde, und außerdem ein Schälchen mit feinen Kräutern, die überwiegend aus Schnittlauch bestehen sollen.

Für 6 Personen:

– 1,8 kg entfettete Schweinerippchen

GEWÜRZSALZ

– 500 g grobes Salz
– 1 EL Steakpfeffer (grob zerstoßener schwarzer und weißer Pfeffer)
– 4 zerstoßene Nelken
– 12 zerstoßene Wacholderbeeren
– 1 TL Piment
– 1 EL getrocknete Kräuter der Provence oder Thymian, Lorbeerblatt, Oregano, Rosmarin

SAUCE

– 3 dl Barbecue-Soße (siehe S. 58)

BEILAGEN

- *6 große Kartoffeln*
- *250 g Speisequark*
- *100 g Crème fraîche*
- *grob geschnittener Schnittlauch*
- *125 g Butter*
- *Salz, Pfeffer*

Bitten Sie Ihren Fleischer, die gut entfetteten Rippchen nicht zu zerteilen, sondern im Stück zu lassen. Auf diese Weise bleiben sie beim Grillen saftiger. Das Fleisch auf beiden Seiten mit Gewürzsalz einreiben. In eine längliche Ton- oder Glasform legen; restliches Gewürzsalz darüberstreuen.

GRILLEN IM OFEN

Fleisch vom Salz befreien und mit Küchenkrepp abtupfen; anhaftende Gewürze dabei jedoch nicht entfernen. Rippchen flach in die Fettpfanne legen; die Stücke sollen nicht übereinanderliegen. Backofen 15–20 Minuten auf höchster Stufe vorheizen, dann die Fettpfanne in die Ofenmitte einschieben. Fleisch 10–12 Minuten braten; während dieser Zeit tritt das überschüssige Fett aus, das man anschließend weggießt.

Temperatur auf 200°C herunterschalten, Rippchen dick mit reduzierter Barbecue-Sauce bestreichen. Lassen Sie die Sauce zuvor einkochen, damit sie schön dick und geschmacksintensiv wird. Weitergaren, Rippchen dabei öfter bestreichen. Falls der Bratensaft eintrocknet, etwas Wasser zugeben. Die Sauce soll das Fleisch später glänzend überziehen und muß bräunen, ohne zu verbrennen.

Nach 45 Minuten sind die Rippchen fertig. Fleisch zwischen den Rippenknochen vorsichtig einschneiden, Sauce dabei nicht abstreifen. Rippchen mit der restlichen Barbecue-Sauce und den Kartoffeln servieren.

GRILLEN AUF DEM HOLZKOHLENGRILL

Fleisch aus der Salzmischung heben und gut abwischen. Nach Belieben mit etwas Knoblauch einreiben. Auf beiden Seiten über der Glut garen. Sobald die Unterseite gar ist, Rippchen

wenden und mit Hilfe eines Zweigs Bohnenkraut oder Rosmarin mit der Barbecue-Sauce bestreichen.
In Stücke zerschnitten servieren, dazu die Sauce, die Kartoffeln und deren Garnitur reichen.

SCHWEINEKOTELETTS MIT KRÄUTERN DER PROVENCE

Ob man nun die Scheiben aus dem Kotelettstück oder aus dem hinteren Filetkotelettstück schneiden läßt, die Zubereitung bleibt die gleiche. Man überstreut das Fleisch mit Kräutern und läßt es eine Stunde lang durchziehen. Dann brät man es in der Pfanne an und gart es im Ofen fertig. Als Beilage paßt dazu im Grunde jede Art von Gemüse; besonders gut jedoch schmecken frische oder getrocknete weiße Bohnen, die in Butter geschwenkt und mit Petersilie und einem Hauch Knoblauch gewürzt wurden.

Für 6 Personen:

– *6 Schweinekoteletts von je etwa 180 g*
– *Salz, Pfeffer*
– *Mischung getrockneter Kräuter aus der Provence*
– *1 EL Schweineschmalz*
– *50 g Butter*

Koteletts salzen und pfeffern. Jede Seite mit der Kräutermischung bestreuen; andrücken, damit sie haften bleibt. Koteletts 1 Stunde im Kühlschrank durchziehen lassen.
Die Koteletts in der Pfanne in dem Schweineschmalz anbräunen; sie brauchen dabei noch nicht zu garen. Die jeweils fertig angebratenen Stücke in eine ofenfeste Form legen, mit Alufolie abdecken. Backofen auf 200°C vorheizen; die Koteletts 10 Minuten im Ofen fertig garen. Vor dem Servieren die Butter über dem Fleisch verteilen.
Das Gelingen dieses Gerichts hängt von der mäßigen Dosierung der verwendeten Kräuter ab.

SCHWEINEFILET MIT SALBEISAUCE

Dieser Braten wird zunächst mit Gemüsen, Kräutern und Gewürzen in Flüssigkeit vorgegart und schließlich im Ofen fertig gebraten. Auf diese Weise erhält man sehr saftiges Fleisch, das auf der Zunge zergeht. Der Gewichtsverlust beträgt bei dieser Methode nur zehn Prozent; gart man den Braten ausschließlich im Ofen, verliert er dagegen zwanzig Prozent seines ursprünglichen Gewichts.

Wer seinen Braten gern mit Knoblauch spickt, kann auch bei diesem Rezept verfahren wie gewohnt. Der Salbei wird der Sauce zugefügt; er aromatisiert sie nicht nur, sondern macht auch fettes Fleisch leichter verdaulich.

Da dieser Braten kalt ebensosehr wie warm geschätzt wird, sollten Sie gleich genug für zwei Mahlzeiten kaufen. Rechnen Sie pro Person 200 g Fleisch.

Für 6 Personen:

- *1,5 kg entbeintes Schweinefilet oder 2 kg mit Knochen*
- *2 Möhren*
- *2 Zwiebeln*
- *4 Schalotten*
- *4 Knoblauchzehen*
- *1 Kräuterstrauß*
- *6 Salbeiblätter*
- *Salz, Pfefferkörner, Nelken*

Braten wiegen. Die in Stücke geschnittenen Gemüse, den Knoblauch, den Kräuterstrauß, Salz, 6 Pfefferkörner und eine Gewürznelke in einen Topf geben. Mit Wasser bedecken und zugedeckt bei starker Hitze 15 Minuten kochen lassen. Den Braten hineinlegen und so viel Wasser zugießen, daß die Flüssigkeit bis zur halben Bratenhöhe reicht. Braten pro Pfund 15 Minuten köcheln lassen – dies gilt für Stücke mittlerer Dicke. Dickere Stücke einige Minuten länger schmoren lassen. Nach der Hälfte der errechneten Zeit umdrehen.

Ist der Braten so vorgegart, die kleingeschnittenen Salbeiblätter in die Sauce geben, Herd ausschalten und das Fleisch noch 5–8 Minuten ziehen lassen. Braten herausnehmen und auf den Bratrost über der Fettpfanne legen. Backofen 15 Minuten zuvor auf höchster Stufe vorheizen. Braten einschieben und ringsum bräunen lassen – dies dauert etwa 20 Minuten.

Inzwischen Sauce entfetten und durchseihen; bei starker Hitze einkochen, bis nur noch ein großes Glas Flüssigkeit zurückbleibt. Braten aufschneiden, den austretenden Saft auffangen und zu der Sauce geben, ebenso den Bratensaft, der sich in der Fettpfanne gesammelt hat. Sauce aufkochen und vom Herd nehmen. Einen Eßlöffel Butter darin zerlassen, damit die Sauce sämig wird; den Topf dabei kräftig rütteln. In einer Saucière gesondert zum Fleisch reichen.

SCHULTERBRATEN MIT SALBEI

Man verwendet hierzu von der Schulter das Blatt (meist ohne das falsche Filet) – es ist ein sehr zartes Stück Fleisch. Wenn man es mitsamt dem Knochen brät, ist es zwar schwieriger aufzuschneiden, wird jedoch saftiger. Entbeinte Schulter läßt man mit Bindfaden zu einem schönen Bratenstück zusammenschnüren.

Für 6 Personen:

- *etwa 1,5 kg Schweineschulter*
- *20 kleine, getrocknete Salbeiblätter*
- *100 g Schweineschmalz*
- *2 mittelgroße Zwiebeln*
- *1 Knoblauchzehe*
- *2 Schalotten*
- *Salz, Pfeffer*

Schulter mit Salbei spicken, dazu je zwei Blättchen Salbei mit etwas gesalzenem und gepfeffertem Schweineschmalz zusammenkleben und tief in das Fleisch stecken. Einen Eßlöffel Schweineschmalz in einen Topf geben, die Schulter mit den Zwiebeln bei Mittelhitze anbraten – das Fett darf dabei nicht verbrennen. Sobald das Fleisch ringsum schön braun ist, Hitze herunterschalten, ein bis zwei Eßlöffel kaltes Wasser zugeben, Knoblauch und Schalotten zufügen, leicht salzen und zudecken. Bei schwacher

Hitze langsam schmoren. Fleisch ein- bis zweimal umdrehen, dabei nochmals leicht salzen und Pfeffer aus der Mühle darübermahlen. Die Garzeit beträgt für eine entbeinte Schulter 1³/₄ Stunden, für eine Schulter mit Knochen 1¹/₂ Stunden.
Braten aufgeschnitten servieren, dazu den Bratensaft, der gegebenenfalls entfettet wird, gesondert reichen. An Beilagen passen dazu Kartoffeln, Möhren, Linsen oder pürierte weiße Bohnen. In der entsprechenden Jahreszeit wird auch Rosenkohl dazu sehr geschätzt, ebenso Spinat oder mit Äpfeln zubereiteter Kohl.

SCHLEGELBRATEN VOM JUNGSCHWEIN MIT KRÄUTERN DER PROVENCE

Die berühmten Kräuter der Provence sind eine fein abgestimmte Mischung aus Kräutern, die wild auf den Hügeln Südfrankreichs wachsen.
Man verwendet für diesen Braten den ganzen Schlegel eines Jungschweins, von dem die Schwarte nicht entfernt wird.

Für etwa 10 Personen:

- *1 Jungschwein-Schlegel von 2,5−3 kg*
- *2 gehäufte EL Kräuter der Provence*
- *1 TL Korianderkörner*
- *2 EL Schweineschmalz*
- *Salz, Pfeffer*

Koriander kauft man am besten in ganzen Körnern. Sie werden in einem Mörser zerstoßen oder in der Pfeffermühle gemahlen. Schweineschmalz mit den Kräutern und Gewürzen verkneten, salzen und pfeffern und kräftig abschmecken. Die Schwarte mit einem scharfen Messer im Abstand von 2−3 cm rautenförmig einschneiden. Etwas von der Schmalzmischung in die Ritzen streichen. Während des Garens werden sich die Ritzen weiter öffnen, dabei füllt man die Spalten nach und nach mit der restlichen Schmalzmischung.

Schlegel abwiegen, auf den Bratrost über der Fettpfanne legen und in den kalten Ofen schieben. Temperatur auf 200°C einstellen; der Schlegel wird langsam erhitzt. Darauf achten, wann der Schlegel zu bräunen beginnt; ab diesem Zeitpunkt rechnet man pro Pfund 25 Minuten Garzeit.

Bei Öfen mit starker Unterhitze legt man die Fettpfanne mit einem großen Stück Alufolie aus. Der Bratensaft darf nicht verbrennen. Gelegentlich einen Eßlöffel Wasser zufügen. Wenn der Schlegel nach einmaligem Wenden ringsum schön goldbraun ist, Temperatur auf 180°C herunterschalten und den Braten mit Alufolie abdecken. Überprüfen, ob das Fleisch gar ist: eine Rouladennadel bis zur Bratenmitte stechen, nach kurzer Zeit wieder herausziehen. Die Spitze muß sich heiß anfühlen. Ofen ausschalten und den Schlegel noch 10 Minuten darin ruhen lassen.

Die Schwarte mitsamt der Fettschicht abschneiden und die einzelnen Rauten voneinander trennen. Sie werden mit dem in dünne Scheiben geschnittenen Fleisch serviert. Fettpfanne mit etwas kochendem Wasser ablöschen, den anhaftenden Bratensaft mit dem Rücken einer Gabel loskratzen. Falls nötig, überschüssiges Fett abschöpfen; Sauce in einer Saucière servieren.

Für die Beilage können Sie unter folgenden Gemüsen wählen: Butterkartoffeln, Kartoffelpüree, frische oder getrocknete Bohnenkerne, Kohl und Spinat.

Achtung: Bei der angegebenen Garzeit bleiben die Fleischstücke innen rosa. Dabei wird vorausgesetzt, daß das Fleisch bereits Zimmertemperatur angenommen hat, bevor man es in den Ofen schiebt. Wird es direkt aus dem Kühlschrank verwendet, verlängert sich die Garzeit ein wenig.

JUNGSCHWEIN-RAGOUT

Um die Sauce eines solchen Ragouts zu binden, bittet man den Fleischer um ein kleines Töpfchen Schweineblut. Darin besteht das Geheimnis sämiger, schmackhafter Ragoutsaucen.

Für 6 Personen:

- *1,5 kg Kamm oder Schulterblatt vom Jungschwein, entfettet*
- *150 g geräucherter Bauchspeck*
- *2 EL Schweineschmalz, Gänsefett oder Entenfett*
- *6 mittelgroße Zwiebeln*
- *1 Knoblauchzehe, 1 Kräuterstrauß mit einem Zweig Ysop*
- *2 EL Mehl*
- *1 Flasche guter Rotwein*
- *1 dl Schweineblut*
- *Salz, Pfeffer, Muskat*
- *4 Salbeiblätter*

Bitten Sie Ihren Fleischer, das Fleisch von den Knochen zu lösen und in Stücke zu schneiden; lassen Sie sich die Knochen mitgeben. Bauchspeck würfeln und 5 Minuten in kochendem Wasser blanchieren. Trockentupfen und im Topf langsam anbraten, so daß das Fett austritt. Speck herausnehmen.

Zum ausgebratenen Fett noch einen Eßlöffel Schweineschmalz geben und das Fleisch darin anbraten. Sobald es leicht zu bräunen beginnt, mit einem guten Eßlöffel Mehl bestäuben, einige Minuten unter Rühren anschwitzen und dann das Ganze mit dem Wein aufgießen. Das Fleisch soll von Flüssigkeit knapp bedeckt sein; gegebenenfalls etwas Wasser zugießen. Zum Kochen bringen, den Kräuterstrauß mit dem Ysop, die Zwiebeln, den Knoblauch, Salz, Pfeffer, Muskat und Salbei zugeben. Zugedeckt bei schwacher Hitze 1½–2 Stunden schmoren lassen.

10 Minuten vor dem Servieren das Blut mit einigen Eßlöffeln kochend heißer Sauce verrühren. Topf vom Herd nehmen und die Mischung unter Rühren hineingießen. Bei sehr schwacher Hitze wieder auf den Herd stellen; das Blut wird die Sauce legieren. Nicht kochen lassen, sonst gerinnt das Blut. Probieren und pikant abschmecken – der Geschmack soll recht kräftig sein.

Dazu in Butter geschwenkte Nudeln oder gekochte Kartoffeln reichen.

Falls Sie Fleisch vom ausgewachsenen Schwein verwenden, muß das Ragout mindestens 2 Stunden schmoren, damit das Fleisch weich wird.

PROVENZALISCHE FLEISCHKLOPSE

Diese üppigen kleinen Fleischpasteten bestehen nicht aus Hackfleisch, sondern aus Schweinefleisch, Leber und Speck, die zu Kugeln geformt und im Ofen gegart werden. Man setzt sie dazu dicht nebeneinander in eine Auflaufform. Sie schmecken warm ebenso gut wie kalt.

Für 12 Fleischklopse:

- *1 kg Schweineleber*
- *250 g Schweinekamm ohne Knochen*
- *500 g frischer, fetter Speck*
- *2 ganze Gewebenetze vom Schwein (beim Fleischer erhältlich)*
- *6 Knoblauchzehen*
- *12 EL gehackte Petersilie*
- *2 TL Thymian*
- *1 zerbröckeltes Lorbeerblatt oder gemahlener Lorbeer*
- *Salz, Pfeffer*

Lassen Sie von Ihrem Fleischer die Leber, das Fleisch und den Speck jeweils in 1 cm dicke Scheiben schneiden. Sie selbst schneiden alles dann in 7–8 cm lange und ebenso breite Stücke. Knoblauchzehen zerdrücken und mit den gehackten Kräutern vermischen. Fleischstücke mit den Kräutern in eine Schüssel geben, salzen und pfeffern. Alles gut vermengen und an einem kühlen Ort mindestens 4 Stunden durchziehen lassen.
Die Gewebenetze in lauwarmem Salzwasser waschen und vorsichtig ausbreiten, damit sie nicht zerreißen. Jedes in etwa 12 cm große Quadrate schneiden. Auf jedem Quadrat die marinierten Stücke schichtweise verteilen. Zusammenrollen und zu Kugeln formen; Enden des Netzes zusammenbinden. Die fertigen Klopse in eine Auflaufform setzen, die nicht zu groß sein sollte, damit die Kugeln dicht aneinanderliegen.
Backofen auf 200°C vorheizen; die Fleischklopse 1 Stunde darin garen. Darauf achten, daß die Oberfläche nicht verbrennt. Dann die Temperatur auf 180°C herunterschalten und die Klopse in 20–30 Minuten fertig garen. Werden sie heiß gegessen, reicht man dazu Pommes frites und grünen Salat, der kräftig mit Estragon abgeschmeckt wird. Zu kalten Klopsen genügt ein Salat.

HAMMELKEULE „BÄCKERIN"

Dieses Bratenstück gart auf einem Bett von Kartoffelscheiben, die mit Kräutern gewürzt und vorgebacken werden. Ob das Gericht gelingt, hängt davon ab, ob die Kartoffeln bereits gut durchgegart sind, wenn man das Fleisch darauflegt. Rechnen Sie 1¾ bis 2 Stunden Garzeit für die Kartoffeln und für das Fleisch 15—18 Minuten pro Pfund.

Für eine entbeinte Hammelkeule von 1,5—2 kg:

- *2 Knoblauchzehen*
- *1 große Zwiebel*
- *2 kg Kartoffeln*
- *100 g Butter*
- *Thymian, Lorbeerblatt, Majoran, Salbei, 6 zerstoßene Korianderkörner*
- *Salz, Pfeffer*

Hammelkeule 4 Stunden, bevor sie in den Ofen kommt, aus dem Kühlschrank nehmen; so gart sie schneller. 1½ Stunden, bevor die Hammelkeule gegart wird, die Kartoffeln in den Ofen schieben.
Dazu zunächst die Gewürzmischung vorbereiten: einen gehäuften Teelöffel Thymianblättchen und einen halben Teelöffel Majoran von den Stengeln streifen. 2 Lorbeerblätter, 3 Salbeiblätter und 6 Korianderkörner zerstoßen. Geschälte Kartoffeln in dünne Scheiben schneiden und in eine Schüssel geben. Kräutermischung zugeben, ebenso einen Teelöffel Salz, Pfeffer aus der Mühle und die feingehackte Zwiebel. Eine Knoblauchzehe hineinpressen oder darüberreiben. Mit beiden Händen gut durchmischen. Eine längliche, ofenfeste Form mit der zweiten Knoblauchzehe einreiben, Kartoffelmischung darin verteilen. Mit heißem Wasser aufgießen, bis die Kartoffeln knapp bedeckt sind. Mit 50 g Butterflöckchen bestreuen.
Backofen auf 200°C vorheizen, Kartoffeln auf der mittleren Schiene einschieben. Wenn die Hammelkeule daraufgelegt wird, versetzt man den Rost mit der Form um eine Schiene weiter nach unten. Wenn das Wasser kocht und die Kartoffeln oben auszutrocknen beginnen, mit Alufolie abdecken. Ab und zu die

Kartoffeln mit dem Rücken eines Messers mit langem Griff nach unten drücken.
Wenn sie fast weich sind, Alufolie entfernen, Temperatur auf 180°C herunterschalten und die Kartoffeln bräunen lassen. Sie sind gar, wenn sich am Boden der Form fast kein Wasser mehr befindet.
Hammelkeule abwiegen. Pro Pfund rechnet man mit 15–18 Minuten Garzeit. Restliche Butter mit einem halben Teelöffel Salz und einer kräftigen Prise Pfeffer verkneten, Hammelkeule damit überziehen und auf die Kartoffeln legen. Temperatur auf 220°C hochschalten, Rost eine Schiene weiter unten einschieben. Wenn die Hammelkeule oben gebräunt ist, wenden. Sobald die errechnete Garzeit verstrichen ist, Ofen ausschalten. Braten bei spaltbreit geöffneter Tür noch 5 Minuten im Ofen ruhen lassen.
In der Form servieren; Braten auf einem Brett aufschneiden, den austretenden Saft über die Kartoffeln gießen.

HAMMELKEULE MIT NIEREN GEFÜLLT

Eine entbeinte Hammelkeule wird mit Lammnierchen gefüllt, die mit aromatischen Kräutern in der Pfanne angebraten wurden. Dann spickt man das Fleisch mit etwas Knoblauch und bringt es durch Verschnüren in Form. Die Keule wird wie jeder Braten aufgeschnitten; wenn man sie gut verschnürt, kann man sie auch am Spieß braten.

Für 6 Personen:

- *1 Hammelkeule von etwa 1,3 kg*
- *3 Lammnieren*
- *2 gestrichene EL Kräutermischung aus der Provence oder 2 TL Thymian*
- *1 TL Bohnenkraut*
- *1 TL Oregano*
- *3 große gehackte Basilikumblätter*

- *1 Prise Rosmarinblätter*
- *1 Knoblauchzehe*
- *60 g Butter*
- *Salz, Pfeffer*

Bitten Sie Ihren Fleischer, die Hammelkeule auszubeinen und Ihnen den Knochen mitzugeben, nachdem das dicke Gelenkende abgetrennt wurde. Damit bringt man die Keule in Form. Nieren aufschneiden, aber nicht ganz durchschneiden lassen.
In einer Pfanne ein großes Stück Butter erhitzen, einen Eßlöffel Kräutermischung zugeben. Bei Mittelhitze die Nieren grau werden lassen, salzen und pfeffern. Nicht durchgaren; die Nieren müssen innen blutig bleiben. Zum Füllen der Keule die Nierchen aufgeklappt nacheinander in die Öffnung schieben. Den Knochen in das schmalere Ende einschieben und den Braten so verschnüren, daß er wieder eine regelmäßige Keulenform annimmt. Mit kleinen Knoblauchstreifen spicken. Abwiegen und die Garzeit errechnen: pro Pfund etwa 18–20 Minuten.
Eine Prise Kräuter zur Kochbutter der Nieren zufügen; salzen und pfeffern. Hammelkeule damit bestreichen und auf den Bratrost über der Fettpfanne in den Ofen legen, der 15–20 Minuten zuvor auf 250°C vorgeheizt wurde. Hammelkeule zunächst ringsum gleichmäßig bräunen lassen, dann die Temperatur auf 200°C herunterschalten und den Braten mit ein bis zwei Eßlöffeln Wasser befeuchten. Nachdem die errechnete Garzeit verstrichen ist, Ofen ausschalten, die Tür einen Spalt öffnen und die Hammelkeule noch 5 Minuten ruhen lassen.
Bratfond in der Fettpfanne mit einem Eßlöffel kochendem Wasser lösen, eingekochte Bratensäfte dabei mit dem Rücken einer Gabel loskratzen. Aufkochen lassen, vom Herd nehmen und die restliche Butter zufügen. Gut durchschlagen, damit die Sauce beim Schmelzen der Butter sämig wird. Mit Salz und Pfeffer abschmecken. Hammelkeule aufschneiden. Den dabei austretenden Saft auffangen und zu der Sauce in die Saucière gießen.
Dazu weiße Bohnen mit einem Häubchen grüner Bohnen, die beide in Butter geschwenkt wurden, reichen.

HAMMELSCHULTER MIT KARTOFFELN UND TOMATEN

Dieser köstliche, deftige Braten macht überhaupt keine Mühe. Die Beilage gart gleich im Ofen mit – ohne viel Aufwand erhält man so ein vollständiges Gericht.

Für 4 bis 6 Personen:

- *1 Schulter samt Knochen vom jungen Hammel*
- *1 kg Kartoffeln*
- *500 g festfleischige Tomaten*
- *1 Knoblauchzehe (nach Belieben)*
- *1 TL Thymian oder Kräutermischung aus der Provence*
- *Salz, Pfeffer, Öl*

Wenn man die Schulter nicht entbeint, behält sie ihre Form am besten. Nach Belieben mit Knoblauchstückchen spicken und mit gesalzener und gepfefferter Butter oder Öl einreiben.
Kartoffeln in ziemlich kleine Würfel schneiden. Fettpfanne des Backofens mit einem Eßlöffel Öl einfetten. Kartoffeln hineingeben, regelmäßig verteilen, leicht salzen und mit der Hälfte des Thymians bestreuen. Tomaten in ziemlich dicke Scheiben schneiden und über die Kartoffeln verteilen.
Backofen auf 200°C vorheizen. Hammelschulter auf den Bratrost über der Fettpfanne legen und auf der mittleren Schiene einschieben. Beim Garen tropfen der Saft und das Fett des Bratens auf die Kartoffeln, die durch die Tomaten feuchtgehalten werden. Nach der Hälfte der Garzeit die Hammelschulter wenden und den restlichen Thymian über den Inhalt der Fettpfanne streuen.
Man rechnet 20 Minuten Garzeit pro Pfund Hammelkeule, vorausgesetzt, sie besitzt Zimmertemperatur.

LAMMKOTELETTS MIT THYMIAN

Leider haben nur wenige Köchinnen die Möglichkeit, das Fleisch auf einer Glut aus Rebholz zu grillen – außer dem Holz braucht man dazu entweder einen Garten oder eine große Küche mit einem offenen Kamin, der gut zieht. Aber probieren Sie es doch einfach einmal mit etwas Öl in einer gußeisernen Pfanne, dazu einer Prise Thymian und nach Belieben zwei bis drei ganzen Knoblauchzehen – auch mit dieser Zubereitung werden die Lammkoteletts ganz köstlich schmecken!

Für 4 Personen:

– 4 oder 8 Koteletts vom jungen Hammel
– 1 TL Thymian
– geschmacksneutrales Öl
– Salz, Pfeffer
– 2–3 Knoblauchzehen (nach Belieben)

Wählen Sie eine Pfanne, die so groß ist, daß die Koteletts gut nebeneinander Platz haben. Einen knappen Eßlöffel Erdnußöl, Maisöl oder einer anderen Ölsorte, die hohe Temperaturen verträgt, hineingeben. Thymian einstreuen, Knoblauchzehen zufügen. Öl auf starker Flamme erhitzen; es soll jedoch nicht rauchen. Koteletts in der Pfanne verteilen. Auf beiden Seiten goldbraun braten, ohne dabei die Fettschicht zu verbrennen; salzen und pfeffern.

Mit Lammkoteletts verhält es sich wie mit allem Kurzgebratenem: man liebt es durchgebraten oder innen noch rosa. Je nachdem brät man die Koteletts kürzer oder länger, allerdings nicht bei allzu starker Hitze. Bei der richtigen Temperatur verbrennt der Thymian nicht; orientieren Sie sich an diesem „Gradmesser".

LAMM MIT KRÄUTERN

Für dieses Frühlingsessen läßt man ein Stück Halsgrat vom Lamm in Scheiben schneiden. Das Fleisch ist so zart, daß es nur sehr kurz gegart werden muß. Außerdem ist es eines der preiswertesten Stücke vom Lamm.

Für 6 Personen:

– 1,2–1,5 kg Halsstück vom Lamm
– 12 Frühlingszwiebeln

- *2 Stangen Lauch*
- *1 Kräuterstrauß mit einem Stengel frischer Minze*
- *1 dl Weißwein*
- *1 dl Rindsbrühe*
- *50 g Butter*
- *Öl, Salz, Pfeffer*
- *1 EL abgezupfte Kerbelblättchen oder einige kleingeschnittene Basilikumblätter*

Einen Eßlöffel Öl in einer Pfanne erhitzen und die Lammscheiben darin goldbraun anbraten. In eine ofenfeste Form legen, salzen und pfeffern. Backofen auf 200°C vorheizen. Weißwein und Brühe über das Fleisch gießen; im Ofen fertig garen, dabei die Scheiben gelegentlich wenden.

Frühlingszwiebeln mitsamt dem Grün in Scheiben schneiden, die weißen Teile des Lauchs in 1 cm lange Stücke schneiden. In der Butter bei schwacher Hitze andünsten und glasig werden lassen; die Gemüse dürfen nicht bräunen. Sobald sie weich sind, kurz vor dem Servieren den Kerbel oder das Basilikum zufügen. Die Gemüsemischung mitsamt der Kochbutter über das Lammfleisch geben.

Dazu eine Platte mit Frühlingsgemüsen oder mit frischen Puffbohnen reichen oder glasierte junge Karotten servieren.

LAMMBRATEN MIT KRÄUTERN

Hierzu wird das Mittelstück der entbeinten Schulter zu einem schönen Braten geformt und verschnürt. Lammschulter, die auf diese Weise zubereitet und mit Lorbeer, Thymian und Rosmarin aromatisiert wird, ergibt ein ausgezeichnetes, saftiges Fleischgericht.

Für 6 Personen:

- *2 Mittelstücke aus der Schulter vom Lamm oder Junghammel von je 700–800 g*
- *Lorbeerblatt, Thymian, Rosmarin*
- *Salz, Pfeffer*

- 50 g Butter
- 1 Knoblauchzehe (nach Belieben)

Lassen Sie das Fleisch vom Fleischer entbeinen und zu schönen Bratenstücken verschnüren. Fragen Sie nach dem Gewicht der Stücke. Die Garzeit richtet sich nach dem größeren Stück; sie beträgt 20 Minuten pro Pfund.

Eine Stunde bevor das Fleisch in den Ofen kommt, beidseitig salzen und pfeffern; unter die Fäden der Verschnürung je zwei Lorbeerblätter, einige Zweiglein Thymian und einen Zweig Rosmarin stecken. Backofen 15 Minuten im voraus auf 230°C erhitzen. Bratenstücke auf den Rost über der Fettpfanne legen. Sobald die Oberseite schön goldbraun ist, wenden; eine halbe Tasse Wasser in die Fettpfanne gießen und das Fleisch fertig garen. Im ausgeschalteten Ofen noch 5 Minuten bei spaltbreit geöffneter Tür ruhen lassen.

Fleisch in Scheiben schneiden, den dabei austretenden Fleischsaft auffangen. Bratfond in der Fettpfanne mit einem Eßlöffel kochendem Wasser und der Butter loskochen; den Bratensaft dabei mit dem Rücken einer Gabel vom Boden loskratzen. Den beim Aufschneiden ausgetretenen Fleischsaft zufügen und die Sauce in einer vorgewärmten Saucière servieren.

Knoblauch-Liebhaber schätzen es, wenn man ein bis zwei Knoblauchzehen in die heiße Sauce preßt.

LAMM ODER ZICKLEIN IN GELEE

Das Fleisch junger Zicklein ist zartestem Kaninchenfleisch vergleichbar. Es ist nur während kurzer Zeit im Frühjahr erhältlich. Zu dieser Jahreszeit sind auch die Kräuter noch jung und zart; ihr Aroma ist dann am feinsten.

Dieses köstliche Gericht wird ohne weitere Beilagen als Vorspeise serviert. Pommes frites und der jeweilige Blattsalat der Jahreszeit ergänzen es zur Hauptmahlzeit.

Für 6 bis 8 Personen:

- 2,5 – 3 kg Zicklein, in Stücke geschnitten (Hals, Schulter, Rippen)

- 4 Knoblauchzehen
- 1 gehäufter TL getrockneter Thymian
- 1 Lorbeerblatt
- 2 EL Schnittlauchröllchen
- 3 EL gehackte Petersilie
- 2–3 Blättchen Minze
- $^1/_2$ l entfettete Fleischbrühe
- $^1/_2$ l trockener Weißwein
- gemahlene Gelatine
- Salz, Pfeffer

Wählen Sie eine ofenfeste Form, die vom Fleisch bis zum Rand gefüllt wird. Sie sollte auch ansehnlich sein, da das Gericht in der Garform aus dem Kühlschrank direkt auf den Tisch kommt.
Knoblauch in der Knoblauchpresse oder unter einer Messerklinge auf einem Holzbrett zerdrücken. Schnittlauch mit der Schere in kleine Röllchen schneiden, Lorbeerblatt zerbröckeln, mit dem Thymian und der Petersilie, die zusammen mit der Minze feingehackt wurde, vermischen.
Boden der Form mit einer Schicht Fleisch bedecken, gehackte Kräuter darüberstreuen, leicht salzen und pfeffern. Auf diese Weise fortfahren; die Fleischstücke nicht zu dicht gedrängt in die Form pressen, sondern dachziegelartig mit kleinen Zwischenräumen übereinanderlegen. Mit Weißwein übergießen und mit so viel Brühe aufgießen, daß das Fleisch von Flüssigkeit bedeckt ist. Backofen auf 160–180°C vorheizen, Fleisch zugedeckt darin etwa 2$^1/_2$ Stunden leise köcheln lassen. Aus dem Ofen nehmen. Mit der restlichen Brühe und der Gelatine nach Packungsvorschrift ein Gelee ansetzen. Den Kochsaft des Fleischs, der ebenfalls gelieren wird, mit abgekühlter Brühe aufgießen, bis das Fleisch wieder bedeckt ist. Über Nacht abkühlen lassen, dabei nicht zudecken.
Die Fettschicht, die sich oben gebildet hat, abnehmen. Mit dem restlichen Gelee bedecken. An einem kühlen Ort gelieren lassen, dann zugedeckt in den Kühlschrank stellen und gut gekühlt servieren.

EINTOPF AUS DER CHAMPAGNE

Eintöpfe, kräftige Suppen mit Gemüse- und Wursteinlage, waren jahrhundertelang die Hauptnahrung der Landbevölkerung. Als die Städter das Gericht nachahmten, wurde es wesentlich üppiger.

Dieser Eintopf, der traditionell zum Fest gereicht wird, das die Weinernte beschließt – und zwar die Traubenernte in der Champagne, wie schon der Name des Rezepts verrät –, war sicher nicht immer so reichhaltig und nahrhaft wie heute. Dieses Gericht ist eine vollständige Hauptmahlzeit.

Für 8 bis 10 Personen:

- *1 Masthähnchen von 2,5 kg*
- *1 geräuchertes Eisbein (oder ein entsprechend großes Schinkenstück)*
- *1 Lyoner, getrüffelt, falls erhältlich*
- *600 g geräucherter Bauchspeck*
- *1 kleine Dauerwurst oder Salametti von ca. 100 g*
- *1 kg frische, entschotete weiße Bohnen oder 400 g getrocknete Bohnenkerne*
- *2 Zwiebeln*
- *1 Staude Stangensellerie*
- *6 Möhren*
- *3 weiße Rüben*
- *12 mittelgroße Kartoffeln*
- *10 ganze Pfefferkörner, Salz*
- *2 Nelken*
- *1 Kräuterstrauß*

Bauchspeck und Eisbein abspülen und mit 5 l kaltem Wasser in einen Topf geben. Zum Kochen bringen, abschäumen. Sobald die Brühe klar ist, Hitze herunterschalten und das Fleisch 1½–2 Stunden köcheln lassen. Dann kommen hinzu: Möhren, mit den Nelken gespickte Zwiebeln, Rüben, das Sellerieherz, die Pfefferkörner und 20 Minuten später das wie ein Brathähnchen dressierte Masthähnchen (man bindet jeweils die Flügel und die Beine zusammen, damit das Hähnchen seine Form nicht verliert). Sobald die Brühe wieder kocht, rechnet man 20 Minuten Garzeit pro Pfund Hähnchen – die Brühe soll dabei leise köcheln. Erst probieren, dann salzen. 30 Minuten vor Ende der Garzeit die Kartoffeln und die Würste dazugeben.

Inzwischen die frischen Bohnen mit dem Kräuterstrauß und einer Stange Sellerie in Wasser gar kochen; sie sollen nur leise köcheln, damit sie nicht aufplatzen. Erst salzen, nachdem drei Viertel der Garzeit verstrichen sind. Falls getrocknete Bohnen verwendet werden, 2 Stunden in lauwarmem Wasser quellen lassen, dann in mindestens 2 l kaltem Wasser mit dem Kräuterstrauß und dem Sellerie aufsetzen; erst kurz vor Ende der Garzeit salzen. Auch hier sollen die Bohnen nur leise köcheln, damit sie nicht platzen.

Alles Fleisch tranchieren und auf einer Platte anrichten; die Gemüse gesondert reichen. Dazu stellt man die üblichen Gewürze und Saucen auf den Tisch: grobes Salz, verschiedene Senfsorten, saure Gurken, Mixed Pickles, Barbecue-Sauce, Öl und Essig.

Auch die Kochbrühe kommt zu Ehren: würzen Sie sie nach Geschmack, fügen Sie ein blanchiertes, in feine Streifchen geschnittenes Grünkohlherz hinzu und lassen Sie es 30 Minuten köcheln. So entsteht einen herrliche Kohlsuppe, die man bei der nächsten Mahlzeit serviert; legen Sie getoastete Scheiben Bauernbrot in die Suppenterrine und gießen Sie die kochend heiße Suppe darüber.

9
GEFLÜGEL UND WILD

GEFLÜGELLEBER-SPIESSCHEN

Servieren Sie die Spießchen ohne weitere Beilagen als leckere Vorspeise. Eine leichte Mahlzeit wird daraus, wenn Sie ein Gemüse, einen Salat oder sogar Polenta dazu reichen, die wie ein großer Eierkuchen in der Pfanne goldbraun gebraten wird.

Für 6 Personen:

- *500 g Geflügelleber, küchenfertig*
- *50 g Butter*
- *1 TL Thymian*
- *3–4 zerriebene Salbeiblätter*
- *1 kleine Prise Ysop*
- *20 sehr dünne Scheiben Räucherspeck*
- *Salz, Pfeffer*

Butter mit den Kräutern langsam in einer Pfanne zerlassen. Bei schwacher Hitze eine Weile ziehen lassen, so daß die Butter das Aroma der Kräuter annimmt; dann die Leber zufügen.
Rasch anbraten, bis sie sich ringsum grau verfärbt hat und fester geworden ist. Vom Herd nehmen und etwas abkühlen lassen, dann leicht salzen und pfeffern. Die Leberstücke in 20 Häufchen ordnen, jedes in eine Scheibe Räucherspeck fest einwickeln. Auf Spieße stecken. Grill des Backofens vorheizen; die Leberspießchen darin grillen, dabei mehrmals wenden. Wenn der Speck braun und knusprig ist, sind die Spießchen fertig.

HÄHNCHEN-BLITZREZEPT

In Stücke geschnittene junge Hähnchen brauchen nur 25–30 Minuten im Backofen zu garen und können dann gleich serviert werden. Dazu reicht man eine Schale mit heißer Butter, die mit Petersilie gewürzt wird.

Für 6 Personen:

- *2 Hähnchen von je 1–1,2 kg*
- *15–20 Scheiben Räucherspeck*

- *150 g Butter*
- *1 großer Bund Petersilie*
- *1 kleine Knoblauchzehe (nach Belieben)*
- *Salz, Pfeffer*

Hähnchen zerteilen, wie man ein fertig gebratenes Huhn tranchiert. Stücke in die Fettpfanne des Backofens geben, in der sie bequem Platz haben sollten; dazwischen die Speckscheiben legen. Salzen und pfeffern. Backofen auf höchster Stufe vorheizen, Hähnchen in den Ofen schieben. Sobald sie an der Oberseite gebräunt sind, umdrehen. Insgesamt benötigen sie kaum mehr als 25 Minuten Garzeit.

Auf einer Platte anrichten; dazu eine Schale zerlassener Butter reichen, die mit der gehackten Petersilie und nach Belieben mit etwas durchgepreßtem Knoblauch gewürzt wird. Als Beilage passen dazu knusprig gebratene Kartoffelscheibchen.

Aus den Hühnerknochen läßt sich eine sehr leckere Bauernsuppe kochen.

BRATHÄHNCHEN VOM HOLZKOHLENGRILL

Natürlich ißt man sie mit den Fingern, diese im Garten gegrillten Hähnchen, und knabbert dazu Selleriestangen und Kartoffelchips. Darüber hinaus können Sie Ihre Gäste mit einem exotischen Gewürz überraschen: Vermengen Sie gemahlenen Kreuzkümmel mit etwas Salz und reichen Sie die Mischung auf kleinen Tellerchen. Die Araber würzen damit ihren Brathammel; aber auch Grillhähnchen schmecken sehr gut damit. Jeder bestreut sein Hähnchen selbst mit dem Kreuzkümmel-Salz.

Für 6 Personen:

- *3 oder 4 junge Hähnchen*

MARINADE

- *4 EL Olivenöl*
- *1 TL Zitronensaft*

- *Salz, Pfeffer, Koriander*
- *1 Prise getrockneter Thymian, Oregano oder Bohnenkraut*
- *gemahlener Kreuzkümmel*

Zuerst die Marinade vorbereiten: alle Zutaten verrühren. Die jungen Hähnchen werden 20–30 Minuten vor dem Grillen zweimal mit der Marinade bepinselt. Hähnchen der Länge nach halbieren. Das Rückgrat, die kleinen Rippenknochen und das Brustbein entfernen; da die Knochen weich sind, kann dies mit einem Messer oder einer Schere erledigt werden. Hähnchenhälften beidseitig mit Marinade überziehen. In einem Gefäß zugedeckt ziehen lassen.

Mit der Innenseite nach unten auf den Rost des Grills legen. Je nach Größe nach 8–10 Minuten wenden. Nach 10–12 Minuten müßten die Hähnchen gar sein. Sofort servieren.

Diese Garzeiten gelten nur, wenn die Holzkohle tiefrot glüht und sich auf der Glut bereits eine weiße Ascheschicht bildet.

MARINIERTES HÄHNCHEN NACH AMERIKANISCHER ART

Vor allem „Singles" wissen dieses Rezept zu schätzen: Man kann die Hähnchenviertel einzeln aus der Marinade nehmen und in der Pfanne, unter dem Grill im Backofen oder über dem Holzkohlenfeuer garen; das restliche Hähnchenfleisch wird weiter in der Marinade aufbewahrt. Die mit der sehr pikant abgeschmeckten Marinade überzogenen Hähnchenteile werden in eine Schüssel gelegt und zugedeckt. Im Kühlschrank halten sie sich mindestens eine Woche; gelegentlich werden sie gewendet. Bei der Grill-Party reicht man dazu gegrillten Mais oder die berühmten in der Schale gebackenen Kartoffeln sowie Quark mit Kräutern.

Für 6 Personen:

- *2 junge Hähnchen von je 1–1,2 kg*
- *2 gestrichene EL französischer Senf mit Senfkörnern*

- *2–3 durchgepreßte Knoblauchzehen*
- *¹/₄ l Erdnuß-, Mais- oder Olivenöl*
- *1 Prise Cayennepfeffer*
- *Salz*
- *1 TL Steakpfeffer (grob zerstoßener schwarzer und weißer Pfeffer)*
- *2 EL Essig*
- *2 EL Weißwein*
- *1 TL Thymian*
- *1 zerbröckeltes kleines Lorbeerblatt*

24 Stunden im voraus jedes Hähnchen in vier Stücke zerteilen. Die Knochen der Wirbelsäule, der Rippen und des Brustbeins entfernen.

Den Senf, bei dem die Senfkörner als dunkle Pünktchen zu sehen sind, in einer großen Schüssel mit dem gewählten Öl wie eine Mayonnaise aufschlagen. Nach und nach alle Würzzutaten zufügen, bis eine sehr sämige und sehr pikante Sauce entsteht. Im Laufe der Zubereitung auch abwechselnd einen Fingerhut voll Essig und Weißwein unterschlagen. Alle Hähnchenteile dick mit Marinade überziehen und in einen verschließbaren Behälter legen. In den Kühlschrank stellen. Nach 24 Stunden sind die Hähnchen bratfertig. Sie halten sich jedoch auch bis zu acht Tage lang.

Wenn Sie die Hähnchen im Haus zubereiten wollen, legen Sie die Teile mit der Innenseite nach oben auf den Bratrost der Fettpfanne und schieben sie unter den Grill des Backofens. Sobald die Oberseite braun ist, wenden, so daß die Hautseite nach oben zu liegen kommt.

GEBRATENES KNOBLAUCHHÄHNCHEN

Ganz stilecht ist es, wenn Sie das Hähnchen in einem unglasierten Tontopf zubereiten, der wie ein Huhn geformt ist. Die Tonform wird ¹/₂ Stunde oder länger in kaltem Wasser eingeweicht und dann abgetrocknet. Das Hähnchen füllt man mit goldbraun gebratenen Croutons, die mit Knoblauch eingerieben wurden.

Für 4 bis 5 Personen:

- *1 Hähnchen von etwa 1,5 kg*
- *4–5 Scheiben Weißbrot ohne Kruste*
- *1 Knoblauchknolle, d. h. ein ganzer Kopf mit allen Zehen*
- *1 gehäufter TL Thymian*
- *Olivenöl*
- *Salz, Pfeffer, Mehl*

Als erstes die Croutons zubereiten. Die etwa 1 cm dicken Weißbrotscheiben auf beiden Seiten in Olivenöl goldbraun braten, mit Knoblauch einreiben und in kleine Würfel schneiden. Das Hähnchen innen salzen und pfeffern, mit den Croutons füllen. Die Schenkel über Kreuz zusammenlegen und verschnüren; auf diese Weise die Bauchöffnung so gut wie möglich verschließen. Restliche Knoblauchzehen ungeschält in der Bratform verteilen, Thymian darüberstreuen, mit Olivenöl beträufeln. Das Hähnchen mit dem Rücken nach unten hineinlegen.

Aus Mehl und Wasser einen weichen Teig kneten, der etwa so groß wie eine Orange sein soll. Mit den Handflächen auf dem Tisch zu fingerdicken Würsten ausrollen. So auf die Ränder der Form drücken, daß der Teig mehr nach außen als nach innen übersteht. Deckel aufsetzen. Teig mit den Fingern so zwischen Form und Deckel verstreichen, daß der Topf luftdicht verschlossen wird. Backofen 20 Minuten im voraus auf 230°C vorheizen. Hähnchen 2 Stunden darin garen – Sie brauchen sich während der Garzeit um nichts zu kümmern.

Wenn Sie den Deckel ablösen, kommt ein goldbraunes Hähnchen zum Vorschein, das prall und saftig ist und ein würziges Aroma verströmt.

POULARDE IM SALZBETT

Eine Poularde wird ganz und gar in Salz eingebettet und im Ofen gegart. Dabei spielt eine wichtige Rolle, welche Art von Salz verwendet wird: man benötigt grobes, möglichst ungereinigtes Meersalz. Die Salzkruste wird so hart, daß man sie mit dem Hammer zerschlagen muß. Was dabei zum Vorschein kommt,

ist eine Poularde, die nicht nur gar und saftig ist, sondern auch
ringsum eine schöne, goldbraune Farbe hat. Keine Angst – sie ist
nicht versalzen, sondern schmeckt äußerst lecker.

Für 6 Personen:

- *1 bratfertige Poularde von 1,8−2 kg*
- *2−3 Geflügellebern*
- *1 Zweiglein Bohnenkraut, Thymian oder Estragon*
- *1 kleines Lorbeerblatt*
- *Salz, Pfeffer*
- *4−5 kg Meersalz*

Geflügellebern salzen und pfeffern, mit dem Kräuterzweiglein
in die Bauchhöhle der Poularde stecken. Poularde wie zum Braten dressieren (Flügelspitzen und Beine zusammenbinden).
Falls Sie das Meersalz im Supermarkt nicht erhalten, kaufen Sie
es im Reformhaus. Das schöne, weiße Speisesalz ist für dieses
Rezept nicht geeignet.
Einen Topf, der so groß ist, daß die Poularde ringsum 4 cm Spielraum hat, mit Alufolie auskleiden. Boden mit einer 4 cm dicken
Salzschicht bedecken. Geflügel mit dem Rücken nach oben (!)
hineinlegen und dick mit Salz bedecken. Das Salz auch in alle
Hohlräume streuen und festdrücken. Die Poularde muß völlig in
Salz eingebettet sein; es dürfen keine Löcher unausgefüllt bleiben. Backofen auf höchster Stufe vorheizen und das Huhn ohne
Deckel genau 1½ Stunden darin garen.
Vor dem Servieren den Topf auf ein Holzbrett stürzen, so daß
sich der Inhalt in einem einzigen Block daraus löst. Oberseite
der Kruste ringsum aufschlagen, so daß die Poularde freigelegt
wird. Sie liegt jetzt auf dem Rücken, ist goldbraun, prall und saftig – sie wird Ihre Gäste in Erstaunen versetzen.
Falls die Poularde nicht sofort serviert wird, den Backofen schon
10 Minuten früher ausschalten. Die Poularde im spaltbreit geöffneten Ofen bis zur Verwendung ruhen lassen.

HÄHNCHEN IN ESTRAGONSAUCE

Es gibt zahlreiche Möglichkeiten, Hähnchen mit Estragon zuzubereiten. Wir haben aus den vielen Rezepten eines der besten ausgewählt.

Für 4 bis 6 Personen:

- *1 Masthähnchen von etwa 2 kg*
- *1 Sträußchen Estragon*
- *4 mittelgroße weiße Zwiebeln*
- *4 Schalotten*
- *1 Prise Thymian*
- *1 Möhre*
- *1 kleines Sträußchen Kerbel*
- *2 EL Öl*
- *100 g Butter*
- *1 Schnapsgläschen Cognac (nach Belieben)*
- *1 dl trockener Weißwein*
- *175 g Crème fraîche*
- *1 Eigelb*
- *Salz, Pfeffer*

Drei bis vier Estragonzweige mit Salz überstreuen und in die Bauchhöhle des Hähnchens stecken. Hähnchen wie zum Braten dressieren: Flügelspitzen und Schenkel über Kreuz legen und zusammenbinden. Das Öl und einen Eßlöffel Butter in einem Topf erhitzen. Das Hähnchen darin langsam auf allen Seiten goldbraun braten – dies dauert etwa 20–25 Minuten. Darauf achten, daß das Fett nicht verbrennt. Aus dem Topf nehmen und warmstellen.

Einen weiteren Eßlöffel Butter in den Topf geben, die geriebene Möhre, die in Scheiben geschnittenen Schalotten und Zwiebeln sowie eine Prise Thymian zufügen. Einige Minuten unter häufigem Umrühren andünsten. Hähnchen zurück in den Topf legen; sobald es wieder heiß ist, nach Belieben mit Cognac übergießen. Mit dem Weißwein und halb soviel Wasser aufgießen, zwei ganze Zweiglein Estragon zufügen und alles zum Kochen bringen. Salzen und pfeffern. Zugedeckt bei schwacher Hitze 30–40 Minuten schmoren lassen.

Hähnchen herausnehmen und auf einer Servierplatte tranchieren. Austretenden Fleischsaft zurück in den Topf gießen. Platte mit Alufolie abdecken und im heißen Backofen bei spaltbreit geöffneter Türe warmstellen.

Sauce im Topf gegebenenfalls entfetten. Estragonzweige entfernen; Sauce im Mixer fein pürieren. Nochmals aufkochen und gegebenenfalls reduzieren, falls die Sauce zu dünnflüssig oder zu reichlich ist. Vom Herd nehmen; Crème fraîche mit dem Eigelb verquirlen und unter die Sauce rühren. Abschmecken und nachwürzen. Von den restlichen Estragonzweigen die Blättchen abzupfen; Kerbelblättchen mit der Schere kleinschneiden. Kräuter in die Sauce geben, nochmals unter Rühren erhitzen, aber nicht mehr zum Kochen bringen.

Das tranchierte Hähnchen mit einigen Eßlöffeln Sauce überziehen; restliche Sauce gesondert reichen. Die köstlichste Gemüsebeilage sind junge, kleine Kartoffeln, die in der gleichen Menge von Butter und Öl oder in Gänseschmalz gebraten werden und gut abgetropft serviert werden.

HÄHNCHENTOPF NACH BASKISCHER ART

Wie bei jedem Regionalrezept gibt es auch beim baskischen Hähnchentopf zahlreiche Variationen; die Grundzutaten bleiben jedoch immer die gleichen. Es handelt sich um einen deftigen Eintopf, nicht etwa um ein klägliches Ragout mit mehr Flüssigkeit als Einlagen.

Für 6 Personen:

– *1 Hähnchen von etwa 1,5 kg*
– *2 rote Paprikaschoten*
– *2 grüne Paprikaschoten*
– *4 mittelgroße Tomaten*
– *6 Zwiebeln*
– *4 Knoblauchzehen*
– *1 dl trockener Weißwein*
– *1 Kräuterstrauß mit einem Zweiglein Ysop*

- *Olivenöl*
- *Salz, Pfeffer*

Zuerst die Paprikaschoten leicht einölen und unter dem Grill des Backofens grillen, dabei öfters wenden. Sobald sich die Haut abhebt, Paprika in ein feuchtes Küchentuch wickeln; dann lassen sie sich leicht enthäuten. Paprikaschoten in Streifen schneiden. Hähnchen in Stücke zerteilen. In der Pfanne langsam in zwei Eßlöffeln Olivenöl anbräunen. Falls nötig, Hähnchenstücke in zwei bis drei Portionen anbraten. Angebratene Hähnchenstücke aus der Pfanne nehmen, in einen Kochtopf geben, salzen, pfeffern und mit dem Weißwein aufgießen. Bei schwacher Hitze weiterschmoren lassen.

Inzwischen Tomaten kurz in kochendes Wasser legen, enthäuten und entkernen. Zwiebeln in Scheiben schneiden. In der Pfanne die Zwiebeln in Olivenöl andünsten. Knoblauch zufügen, nicht bräunen lassen. Dann die kleingeschnittenen Tomaten, die Paprika und den Kräuterstrauß zugeben. Salzen und pfeffern. Wenn die Gemüse fast zu einer cremigen Masse zerfallen sind, in den Kochtopf geben und das Ganze noch 20–30 Minuten auf kleiner Flamme schmoren lassen. Servieren.

INDISCHER HÄHNCHENTOPF

Diese Hauptmahlzeit ist zu jeder Jahreszeit willkommen. Auf den ersten Blick erscheint das Rezept mit seinem Dutzend Gewürzen recht kompliziert. Der Eintopf kocht jedoch ganz allein vor sich hin, und der Duft, den er verbreitet, wenn man bei Tisch den Terrinendeckel lüftet, lohnt schon ein wenig Mühe!

Für 6 bis 8 Personen:

- *1 Brathähnchen von 1,5–1,8 kg*
- *2 Becher Joghurt*
- *4 zerdrückte Knoblauchzehen*
- *abgeriebene Schale von 1 Zitrone*
- *60 g frische Ingwerwurzel oder 4 EL Ingwerpulver*
- *10 kleingeschnittene Blättchen frische Minze oder 2 TL zerriebene getrocknete Minze*

- 6 Nelken
- 1 EL Korianderkörner
- 3 kleine Chilischoten
- 1 EL Kreuzkümmel in ganzen Körnern
- 1 kräftige Prise Zimt
- 1 Prise Safranfädchen
- 2¹/2 Tassen Reis
- Salz
- 1 Weinglas Olivenöl
- 2 große Zwiebeln

Alle Gewürze und den Joghurt in eine Schüssel geben. Das Hähnchen in Stücke zerteilen und dazulegen. Alles gut vermischen und 30−45 Minuten durchziehen lassen. Auf keinen Fall gespritzte Zitronen verwenden!
Inzwischen in einem großen Topf, in dem das Hähnchen schmoren wird, das Olivenöl erhitzen. Zwiebeln feinhacken und bei sehr schwacher Hitze in dem Öl andünsten, dabei öfter umrühren. Dies dauert mindestens 20 Minuten. Hähnchen mitsamt der Marinade zufügen. Langsam zum Kochen bringen und zugedeckt 20−25 Minuten schmoren.
Einen Liter Salzwasser mit den Safranfädchen zum Kochen bringen. Den Reis in den Hähnchentopf einrieseln lassen, verteilen und drei Viertel des Safranwassers dazugießen. Bei starker Hitze aufwallen und 10 Minuten sprudelnd kochen lassen. Dann den Herd herunterschalten und den Hähnchentopf 45 Minuten leise schmoren lassen, dabei nicht umrühren.
Danach muß der Reis das gesamte Wasser aufgesogen haben. Falls die Reiskörner an der Oberfläche noch nicht gar sind, nicht umrühren, sondern noch etwas von dem Safranwasser zugeben, das man die ganze Zeit über leise köcheln läßt. So viel Wasser jeweils in kleinen Mengen zugeben, bis der Reis gar ist. Dann den Deckel abnehmen und den Hähnchentopf bei schwacher Hitze noch so lange schmoren lassen, bis sich in der Oberfläche kleine Löcher bilden.
Den schönen, goldgelben Reis mit dem Hühnerfleisch verrühren und das Gericht im Topf servieren.
Wie bei allen indischen Gerichten können Sie als Beilagen Schälchen mit Bananenscheiben, Apfelvierteln, Ananasstücken, Man-

deln oder Erdnüssen auf den Tisch stellen. Diese Beigaben besänftigen auch sensible Gaumen. Mango- oder andere Obst-Chutneys sind ebenfalls mit von der Partie.

HÄHNCHEN-CURRY

Dieses Gericht bildet eine komplette Hauptmahlzeit, die man im Sommer ebenso schätzt wie im Winter. Es schmort vor sich hin, ohne daß die Köchin einzugreifen braucht, und erfüllt das ganze Haus mit Wohlgeruch. Schweine- oder Kalbfleisch kann auf die gleiche Weise zubereitet werden.

Für 6 bis 8 Personen:

- 1 Masthähnchen von 2,5–3 kg
- 2 EL Olivenöl
- 300 g gehackte Zwiebeln
- 2 Becher Joghurt
- 500 g Tomaten
- 2 EL Madras-Curry
- 1 Prise Safranfäden oder 1 Döschen gemahlener Safran
- 3 Knoblauchzehen
- 20 Korianderkörner
- Salz, Pfeffer, gemahlener Kreuzkümmel, Cayennepfeffer

BEILAGEN

- indischer Reis, falls möglich, oder eine andere Sorte
- 100 g Kokosflocken
- 1 Schälchen Joghurt
- 1 kleines Sträußchen Minze
- 1 Glas mildes oder scharfes Mango-Chutney
- 1 Banane
- 100 g Rosinen

Feingehackte Zwiebeln bei Mittelhitze in dem Öl langsam andünsten; sie sollen nicht bräunen. Hähnchen in mundgerechte Stücke zerteilen. Topf mit den Zwiebeln vom Herd nehmen und das Hähnchen hineingeben. Joghurt mit dem Curry und dem Safran verrühren und zugeben. Tomaten enthäuten, vierteln und entkernen, in den Topf geben, ebenso die Korianderkörner, den zerdrückten Knoblauch, Salz und Pfeffer. Durchrühren und gründlich vermengen, eine Stunde ziehen lassen. Dann mit so viel Wasser aufgießen, daß die Hähnchenstücke bedeckt sind. Langsam zum Kochen bringen und zudecken. Etwa 1½ Stunden schmoren lassen; das Fleisch darf dabei nicht zerkochen. Die Sauce soll in der Menge ausreichend, aber nicht dünnflüssig sein. Probieren und nachwürzen; das Gericht soll intensiv, aber nicht allzu scharf schmecken. Dann eine gute Prise Kreuzkümmel zufügen und gegebenenfalls noch einen Eßlöffel Currypulver und eine kleine Messerspitze Cayennepfeffer. Warmstellen, aber nicht weiter garen lassen.

Dazu Reis nach indischer Art reichen, das heißt, in Wasser gekochten, körnigen Reis. Außerdem stellt man Schälchen mit Joghurt, der mit gehackter Minze vermischt wurde, Bananenscheiben und ein Glas Mango-Chutney auf den Tisch. Dies ist eine erstklassige süß-saure Konfitüre, von der sich jeder einen Klecks auf den Teller nimmt.

GEBRATENE JUNGENTEN

Jungenten von knapp einem Kilo, wie man sie im Frühling erhält, werden im Ofen gegart; ihre Haut wird dabei ganz knusprig. Dieses delikate, raffinierte Gericht ist es wert, sehr sorgfältig zubereitet zu werden. Reichen Sie dazu die ersten Frühlingserbsen oder ganz junge weiße Rübchen.

Für 4 Personen:

- *2 Jungenten von je 900–1000 g*
- *60 g Butter*
- *Salz, Butter*
- *Zitrone (nach Belieben)*

Die Lebern der Jungenten pfeffern und salzen und zusammen mit einem zuckerwürfelgroßen Stück Butter in die Bauchhöhle stecken. Öffnungen zunähen. Wenn man bei gebratenem Geflü-

gel die Haut vernäht, kann der innere Fleischsaft nicht verdampfen. Wenn man die Geflügel dann tranchiert, fließt der Saft aus; das Fleisch ist saftig geblieben.
Jungenten von Hand mit Butter einfetten. Mit dem Rücken nach unten in eine Form legen, in der sie bequem Platz haben, die aber auch nicht zu groß sein darf; Enten pfeffern und salzen.
Backofen auf 200°C vorheizen und die Enten einschieben. Sobald die Brust goldgelb geworden ist (dies dauert etwa 15 Minuten), die Enten auf die Seite legen und mit je zwei Eßlöffeln heißem Wasser begießen. Nach weiteren 15 Minuten die Enten auf die andere Seite drehen. Insgesamt etwa 40–45 Minuten im Ofen garen. Form herausnehmen und in Alufolie wickeln. Nicht mehr in den Ofen stellen; das Geflügel noch 5 Minuten ruhen lassen. Dann aus der Form nehmen; alles Fett aus der Form abgießen. Jungenten auf einer vorgewärmten Platte vierteln, den austretenden Fleischsaft dabei auffangen.
Entenstücke auf der Platte anrichten und mit Alufolie abdecken. In den noch heißen Backofen stellen, bis sie serviert werden; Türe dabei spaltbreit geöffnet halten.
Bratfond in der Form mit etwas löffelweise zugegebenem heißem Wasser ablöschen, dabei mit dem Rücken einer Gabel die anhaftenden Bratensäfte loskratzen. Den Fleischsaft und nach Belieben einige Tropfen Zitronensaft zugeben und aufkochen lassen. Restliche Butter stückchenweise zufügen, dabei die Form rütteln, damit die Sauce legiert wird.
Die Entenstücke vor dem Servieren mit einigen Eßlöffeln Sauce überziehen; restliche Sauce in eine vorgewärmte Sauciere füllen und gesondert reichen. Dazu die gewählten Gemüse servieren. Vor allem glasierte Rübchen, die im Frühling so zart sind, schmecken ausgezeichnet zu Ente.

ENTENBRÜSTCHEN NACH GASCOGNER ART

Noch vor zehn Jahren kannte sie kein Mensch: heute sind die nach südfranzösischer Art zubereiteten Entenbrüstchen bei den Parisern groß in Mode gekommen; und jede Hausfrau weiß, daß

man dazu die Brüstchen junger, aber schon ausgewachsener Enten verwendet.
Um das Gericht zu variieren, wechselt man einfach die Beilagen. In den Landes oder der Languedoc, woher das Rezept stammt, grillt man die Entenbrüstchen einfach über einer Glut aus Rebholz. Als Gipfel lukullischen Genusses reicht man dazu in Gänseschmalz gebratene Kartoffeln, die in der entsprechenden Jahreszeit durch eine blättrig geschnittene Trüffel verfeinert werden. Das Rezept für diese „Feinen Bratkartoffeln" finden Sie auf S. 147.
Man erhält die fertig filetierten Brüstchen beim Geflügelhändler. Wie ein Steak werden sie in der Pfanne gebraten: blutig, rosa oder durch. Dieses leckere Gericht ist zwar etwas kostspielig, gelingt aber so gut wie immer.

Für 6 Personen:

– 4–6 Entenbrüstchen
– Gänseschmalz
– Salz, Pfeffer

Bitten Sie Ihren Geflügelhändler, die Entenbrüstchen nicht zu enthäuten, aber schmale Hautstreifen der Länge nach abzuschneiden und Ihnen mitzugeben. Sie dienen als Garnitur und sind zugleich von praktischem Nutzen: so benötigt man nämlich zum Braten der Brüstchen kein Gänseschmalz.
Pfanne sehr heiß werden lassen und die Entenbrüstchen mit der Hautseite nach unten hineinlegen. Sobald die Unterseite goldbraun ist, Brüstchen wenden, salzen und pfeffern. So lange wie gewünscht weiterbraten: man bevorzugt sie meist rosa oder durchgebraten.
Falls die Haut nur eine dünne Fettschicht enthält, vor dem Braten der Brüstchen die abgeschnittenen Hautstreifen erhitzen, bis das Fett ausbrät; dies dürfte an Bratfett genügen. Damit das Fett nicht verbrennt, darf es nicht allzu stark erhitzt werden. Nach dem Braten den größten Teil des Fetts abgießen und zum Kochen zurückbehalten. Bratfond mit einem Eßlöffel heißem Wasser ablöschen und mit dem Rücken einer Gabel loskratzen. Sauce aufkochen lassen und über die halbierten Entenbrüstchen gießen. Man schneidet die Entenbrüstchen der Breite nach schräg

durch, um zu prüfen, ob sie gar sind: dabei muß Fleischsaft austreten, der mehr oder weniger rosa gefärbt sein soll.
Bei diesem Rezept kommt es darauf an, daß man die Entenbrüstchen nicht zu lange brät.

GÄNSERAGOUT

Ein echtes Ragout wird immer mit dem Blut des jeweiligen Geflügels gebunden. Deshalb kann man sicher sein, daß dieses Festessen auf dem Land stets besser zubereitet wird als in der Stadt. Ihr Geflügelhändler wird kaum imstande sein, Ihnen Gänseblut zu beschaffen. Besorgen Sie sich deshalb vom Fleischer ein Töpfchen Schweineblut – etwa so viel, wie ein Joghurtbecher faßt.

Für 8 bis 10 Personen:

– 1 junge Gans von 2,5 – 3 kg
– 3 Zwiebeln
– 4 Schalotten
– 1 Knoblauchzehe
– 1 Kräuterstrauß
– 3 gestrichene EL Mehl
– 1 Flasche Rotwein (Mâcon, falls erhältlich)
– 1 dl Gänse- oder Schweineblut
– Salz, Pfeffer
– 1 Nelke (nach Belieben)

Die Gans vom Geflügelhändler in Stücke zerteilen lassen. Den Magen, die Leber und das Fett beiseite stellen.
Eine Pfanne ohne Fett erhitzen; die Gänsestücke darin anbraten, bis sie sich leicht goldgelb färben. Mit den fettesten Stücken beginnen. Nach und nach herausnehmen, abtropfen lassen und in einen Kochtopf geben. Das Fett aus der Pfanne abgießen und aufbewahren; man gibt es zu dem anderen Gänsefett, das man aus den zurückbehaltenen fetten Teilen ausgebraten hat – es läßt sich für viele Gerichte verwenden. Wichtig ist, daß man das Fett nicht verbrennen läßt.

Das Fleisch in dem Topf gründlich erhitzen, mit Mehl bestäuben, anbräunen lassen und mit dem Wein aufgießen. So viel Wasser zugießen, daß das Fleisch bedeckt ist; Gewürze und Magen zugeben. Salzen, pfeffern und zudecken. 1¼ Stunden schmoren lassen, dann prüfen, ob das Fleisch gar ist: es muß weich sein und sich vom Knochen lösen, wenn man daran zieht; es soll jedoch nicht vom Knochen abfallen.

10 Minuten vor dem Servieren den Kräuterstrauß entfernen. Die Leber mit Hilfe eines Löffels von überschüssigem Fett befreien und im Ganzen in den Topf geben. Abschmecken und nachwürzen, dann noch 5 Minuten köcheln lassen, damit die Leber gart. Das Blut mit einigen Eßlöffeln heißer Sauce verrühren, damit es nicht so leicht gerinnt; Topf vom Herd nehmen und das Blut langsam und unter Rühren zugießen. Sobald es gründlich mit der Sauce vermischt ist, das Ragout noch 5–10 Minuten bei sehr schwacher Hitze ziehen lassen. Dann ist die Sauce glatt, sehr dunkel, sämig und glänzend. Dazu in Butter geschwenkte Nudeln oder gekochte Kartoffeln reichen.

Das Ragout läßt sich bei sehr schwacher Hitze gut aufwärmen, ohne an Qualität einzubüßen. Ente, Kaninchen und Masthähnchen können auf die gleiche Weise zubereitet werden.

TÄUBCHEN MIT BOHNENKRAUT

Für 6 Personen:

- *6 kleine Täubchen oder drei große Tauben*
- *1 EL gehacktes Bohnenkraut*
- *6 Salbeiblätter*
- *1 Prise Thymian*
- *125 g Butter*
- *1 Knoblauchzehe*
- *Salz, Pfeffer*

Die Butter mit den Kräutern (nicht mit dem Knoblauch) gut verkneten, salzen und pfeffern. In die Bauchhöhle der kleinen Täubchen ein haselnußgroßes, in die großen Tauben ein walnußgroßes Stück Butter geben. Tauben zusammenbinden, damit sie in ihrer Form erhalten bleiben. Die restliche Butter in einem Topf zerlassen, der so groß ist, daß die Tauben darin nebeneinander gut Platz haben. Vögel auf allen Seiten nicht zu rasch anbräunen. Die Butter darf nicht verbrennen. Wenn die Tauben ringsum goldbraun sind, zwei Eßlöffel kaltes Wasser sowie die ungeschälte Knoblauchzehe zufügen. Zugedeckt bei sehr schwacher Hitze ¾–1 Stunde schmoren lassen.

Kleine Täubchen im ganzen servieren, große Tauben der Länge nach halbieren. Knoblauch entfernen. Falls nötig, die Sauce entfetten; wenn sie zu stark eingekocht ist – was besser nicht passieren sollte –, den anhaftenden Bratfond lösen. Dazu gibt man einfach einen Eßlöffel kochendes Wasser in den Topf und kratzt mit dem Rücken einer Gabel die am Topfboden anhaftenden Bratensäfte los.

FASAN MIT SAUERKRAUT

Bei diesem Rezept werden die Fasane nicht direkt im Sauerkraut, sondern gesondert gegart; auf diese Weise bleibt das Fleisch fest und behält seinen Eigengeschmack. Man verwendet möglichst junge Vögel, die sich auch zum Braten eignen würden. Falls Ihnen aber Ihr Jäger einen alten Fasanhahn nach Hause bringt, gart man den Vogel zunächst wie beschrieben und gibt ihn dann mitsamt seinem Bratsaft zum Sauerkraut, wo er weiterschmort, bis er weich ist.

Das Loblied des Sauerkrauts braucht man nicht erst lange zu singen: Es ist eine wahre Wohltat für die Eingeweide und enthält viele Vitamine, außerdem Schwefel und Milchsäurebakterien. Sauerkraut ist auch leicht verdaulich – vorausgesetzt, man ißt nicht zu viel von dem fetten Schweinebauch, mit dem es gegart wird.

Für 6 bis 8 Personen:

SAUERKRAUT

– *2 kg rohes Sauerkraut*
– *800 g geräucherter Schweinebauch (Wammerl)*

- *2 Möhren*
- *2 Zwiebeln*
- *1 EL Wacholderbeeren*
- *1 TL Kümmel*
- *2 Nelken*
- *10 Pfefferkörner*
- *1 Flasche Riesling (möglichst aus dem Elsaß)*
- *2–3 EL Gänse- oder Schweineschmalz*
- *200 g Speckschwarte ohne Fett*

FASANE

- *2 mit dünnen Speckscheiben umwickelte Fasane*
- *125 g leicht geräucherter, fetter Speck*
- *6 Salbeiblätter*
- *1 Zwiebel*
- *1 Möhre*
- *1 Kräuterstrauß*
- *1 kleines Gläschen Cognac (nach Belieben)*
- *Salz, Pfeffer*

Mit der Zubereitung des Sauerkrauts beginnen, da es mindestens 2½ Stunden gedünstet werden muß: Das Gänseschmalz, eine in Scheiben geschnittene Zwiebel, die der Länge nach geviertelten Möhren und die Fasan-Abfälle (Flügel, Köpfe und Hälse) in einen großen Topf geben. Einige Minuten anbraten, jedoch nicht bräunen lassen. Das Sauerkraut waschen, gründlich ausdrücken und auseinanderzupfen; in den Topf geben. Gegebenenfalls überschüssige Flüssigkeit bei starker Hitze unter Rühren verdampfen lassen. Dann den Inhalt des Topfs auf die Seite schieben und die Speckschwarte mit der fetten Seite nach unten auf den Topfboden legen. Sämtliche Gewürze zufügen; die zweite Zwiebel mit den Nelken spicken und dazugeben. So viel Riesling zugießen, daß das Sauerkraut knapp bedeckt ist. Deckel aufsetzen.

Den geräucherten Schweinebauch in kochendem, ungesalzenem Wasser 20 Minuten blanchieren und zu dem Sauerkraut geben. Sauerkraut bei schwacher Hitze dünsten.

Zubereitung der Fasane: Fetten Speck reiben und zu einer Paste verkneten. Salzen und pfeffern, mit einer Prise Salbei und den kleingeschnittenen Fasanlebern vermengen. Die Fasane mit der Masse füllen. Nur sehr wenig Fett in einen Topf geben und die Vögel darin nicht zu rasch ringsum goldbraun braten. Zwiebel und Möhre in Scheiben schneiden und mit dem Kräuterstrauß zufügen; nach Belieben mit einem Gläschen Cognac übergießen. Backofen auf 200°C vorheizen. Topf ohne Deckel einschieben. Die Fasane etwa 35 Minuten garen, dabei einmal wenden. Falls sie auszutrocknen beginnen, Topf mit dem Deckel verschließen. Am Ende der Garzeit sollten die Fasane glänzen und schön prall sein.

Schnüre lösen, Speckstreifen entfernen und das Geflügel tranchieren. Sauce durchseihen, die Füllung der Fasane unterrühren.

Aus dem Sauerkraut die Speckschwarte, Zwiebeln, Möhren und Fasan-Abfälle herausnehmen. Die Fasane darauf anrichten. Die Sauce darübergießen oder in einer Saucière gesondert dazu reichen.

Nach diesem Rezept können Sie auch junge Rebhühner und sogar Perlhühner zubereiten.

KANINCHEN MIT BACKPFLAUMEN

Verwenden Sie für dieses Gericht ein junges Kaninchen und, falls erhältlich, Pflaumen aus Agen, die hocharomatisch sind und eine besonders zarte Schale haben. Die mit trockenem Madeira abgeschmeckte Sauce rundet dieses Kaninchengericht hervorragend ab.

Für 6 Personen:

- *1 junges Kaninchen von 1,3—1,5 kg*
- *12—15 Backpflaumen*
- *2 Möhren*
- *2 Zwiebeln*
- *1 Prise getrockneter Thymian*
- *150 g gekochter Schinken*

- 2 dl trockener Madeira
- 60 g Butter
- 1 EL Olivenöl
- Salz, Pfeffer

Kaufen Sie am besten vakuumverpackte Pflaumen, da sie saftiger sind. Mit Hilfe eines spitzen Messers entsteinen, in Madeira ziehen lassen. Das Kaninchen vom Fleischer in Stücke zerteilen lassen. Schinken am Stück, in einer einzigen, dicken Scheibe kaufen. Fettrand nicht entfernen; Schinken in Würfel schneiden.

Das Olivenöl mit einem Eßlöffel Butter in den Topf geben. Sobald das Fett heiß ist, die Kaninchenstücke hineingeben. Bei Mittelhitze nicht zu rasch auf allen Seiten goldgelb braten. 5 Minuten bevor die Stücke fertig angebraten sind, den Schinken zugeben, so daß er fest werden kann, ohne zu bräunen. Salzen und pfeffern, mit Thymian überstreuen. Mit dem Madeira und drei bis vier Eßlöffeln Wasser aufgießen. Die Pflaumen auf dem Fleisch verteilen, Deckel aufsetzen. Bei sehr schwacher Hitze 45 Minuten köcheln lassen, ohne umzurühren. Dann prüfen, ob das Fleisch weich ist; je nach Alter des Kaninchens wird die Garzeit noch etwas verlängert.

Die Kaninchenstücke auf einer vorgewärmten Platte anrichten und mit den Pflaumen garnieren. Die Sauce noch einmal bis zum Siedepunkt erhitzen, vom Herd nehmen und die restliche Butter stückchenweise zugeben; mit einem Schneebesen unterschlagen, so daß die Sauce sämig wird. Über das Kaninchen gießen. Eine köstliche Beilage sind hausgemachte Nudeln, in Butter geschwenkt.

KANINCHEN MIT PROVENZALISCHER KAPERNSAUCE

Nach einem bekannten Rezept wird Kaninchen mit Senf bestrichen und im Ofen gegart. Sie können den Senf zur Abwechslung durch die südfranzösische Tapenade ersetzen, eine würzige Kapernsauce – das Rezept dafür steht auf S. 66.

Damit das Kaninchen leichter zerteilt werden kann, bitten Sie Ihren Fleischer, das Rückgrat an mehreren Stellen durchzuhakken, ohne das Kaninchen dabei ganz durchzutrennen.

Für 4 Personen:

– 1 junges Kaninchen von etwa 1,2 kg
– 5 EL südfranzösische Kapernsauce (etwa 180 g)
– 1 Gewebenetz (vom Fleischer)
– 2 dl trockener Weißwein

Vom Kaninchen die Vorderläufe und die Schulterblätter entfernen, so daß nur der Rumpf mit den Schenkeln zurückbleibt. Das Gewebenetz in lauwarmem Salzwasser waschen und vorsichtig auf dem Tisch ausbreiten, so daß es nicht zerreißt. Kaninchen innen und außen dick mit Kapernsauce bestreichen. Vorderläufe und Schulterblätter ebenfalls bestreichen und in die Bauchhöhle stecken; Bauchhaut darüberschlagen. Kaninchen in das Gewebenetz wickeln und an drei bis vier Stellen zusammenschnüren. Enden fest zusammenbinden, überstehendes Gewebenetz abschneiden. In eine längliche Form oder einfach in die Fettpfanne des Backofens legen.

Backofen auf 220°C vorheizen. Kaninchen einschieben. Sobald es zu bräunen beginnt, mit dem erhitzten Weißwein begießen. Wenden, damit es ringsum schön bräunt, dann die Temperatur auf 180°C herunterschalten. Insgesamt beträgt die Garzeit $3/4 - 1$ Stunde; dabei das Kaninchen von Zeit zu Zeit übergießen, damit es nicht austrocknet.

In Stücke zerteilt servieren. Falls nötig, Sauce entfetten. Sauce mit ein bis zwei Eßlöffeln sehr heißem Wasser ablöschen, damit man den anhaftenden Bratfond lösen kann, und über das Kaninchen gießen. Dazu in Butter geschwenkte Nudeln, grüne Bohnen oder Röstkartoffeln reichen.

Genauso bereitet man Kaninchen mit Senf zu – wählen Sie den pikanten französischen Senf! Der Bratfond wird dann allerdings mit 100 g Crème fraîche losgekocht; man läßt die Sauce so lange köcheln, bis sie sämig wird.

GEFÜLLTES KANINCHEN

Die überraschende Füllung kann mit ihren sehr unterschiedlichen Zutaten, die nicht gehackt, sondern nur in grobe Stücke geschnitten werden, als ein eigenständiges, originelles Gericht serviert werden. Sie paßt hervorragend zu Kaninchen, das kräftig und pikant gewürzt werden muß.

Für 6 Personen:

- *1 junges Kaninchen von etwa 1,5 kg*
- *2 Geflügellebern*
- *2 Knoblauchwürstchen (dünne, lange Würstchen)*
- *200 g Räucherspeck*
- *150 g Champignons*
- *6 kleine Zwiebeln*
- *6 Knoblauchzehen*
- *15 grüne Oliven*
- *1 kräftige Prise Thymian*
- *1 Prise Majoran*
- *1 Lorbeerblatt*
- *1 Kräuterstrauß*
- *1 dl trockener Weißwein*
- *Olivenöl*
- *30 g Butter*
- *Salz, Pfeffer*

Speck in kleine Würfel schneiden und 5 Minuten in kochendem Wasser quellen lassen. Herausnehmen und trockentupfen. Langsam in der Pfanne goldbraun braten. Mit dem Schaumlöffel herausnehmen und beiseite stellen. Knoblauchwürstchen in etwa 2 cm lange Stücke schneiden. Zusammen mit den grob zerteilten Geflügellebern, der Kaninchenleber und den Knoblauchzehen in dem ausgebratenen Speckfett rasch anbräunen. Mit dem Schaumlöffel herausnehmen und zu den Speckwürfeln legen. Die Champignons – man kauft möglichst kleine Pilze – nicht blättrig schneiden, sondern vierteln. In der Pfanne so lange dünsten, bis alle überschüssige Flüssigkeit verdampft ist. Alle so vorbereiteten Zutaten für die Füllung vermischen, pfeffern und wenig salzen. Oliven entkernen und in kochendem Wasser 5 Minuten blanchieren. Zu der Mischung geben; mit den Kräutern und dem zerbröckelten Lorbeerblatt würzen. Das Kaninchen mit all diesen Zutaten füllen; Bauchhöhle zunähen.

Zwei Eßlöffel Olivenöl in einem Topf erhitzen, der nur so groß sein soll, daß das Kaninchen mit angewinkelten Beinen darin Platz hat – ideal ist ein länglicher Bräter. Kaninchen darin auf beiden Seiten goldbraun anbraten. Mit dem Weißwein aufgießen, den Kräuterstrauß zufügen, Deckel aufsetzen. Bei schwacher Hitze 1–1½ Stunden schmoren lassen, eventuell auch länger, je nach Größe des Kaninchens.

Zum Servieren tranchieren und wieder zusammensetzen, mit der Füllung umlegen. Die Sauce mit der Butter legieren: Topf rütteln, damit die Butter sich gut mit der Flüssigkeit verbindet. In einer Saucière dazu reichen.

GEDÜNSTETES KANINCHEN IN SCHNECKENBUTTER

- *1 Kaninchen von etwa 1,2 kg*
- *1 EL Erdnußöl*
- *1 großer EL Butter*

SCHNECKENBUTTER

- *200 g gesalzene Butter*
- *4 graue Schalotten*
- *3–4 Knoblauchzehen*
- *4 EL feingehackte Petersilie*
- *½ TL Piment*
- *weißer Pfeffer*
- *3 getrocknete kleine Salbeiblätter*

Am Vortag die Schneckenbutter zubereiten: Petersilie feinhakken. Die Knoblauchzehen vom Keim befreien. Schalotten und Knoblauch erst einzeln, dann zusammen hacken. Die Butter im Mixer oder auf einem Brett mit Hilfe einer Gabel weichkneten;

die gehackte Petersilie, die Schalotten, den Knoblauch, die zerriebenen Salbeiblätter, den Piment und etwas Pfeffer aus der Mühle zufügen und untermengen. Butter zu einer Rolle formen, in Alufolie einwickeln und in den Kühlschrank legen. Man läßt sie einige Zeit durchziehen, damit sich das Aroma verfeinert.

KANINCHEN

Das Kaninchen in Stücke teilen. Das Öl und den Eßlöffel Butter vorsichtig in einer großen, dickwandigen Pfanne erhitzen; das Fett darf nicht bräunen. Die Kaninchenstücke bei mäßiger Hitze hell goldgelb anbraten; dabei immer darauf achten, daß das Fett nicht verbrennt. Der Vorgang muß sorgfältig überwacht werden, damit das Gericht zart bleibt und einen feinen Geschmack erhält. Falls das Fett zu bräunen beginnen sollte, sofort ein bis zwei Eßlöffel kaltes Wasser zufügen und den Herd eine Minute später auf die kleinste Stufe schalten. Deckel aufsetzen und das Kaninchen fertig dünsten.

5 Minuten vor dem Servieren Hitze etwas höher schalten. Die Schneckenbutter stückchenweise zugeben, damit sie schneller schmilzt, und die Pfanne rütteln, damit die Kaninchenstücke ringsum gut mit Butter überzogen werden. (Es ist vielleicht nicht nötig, die ganze Butter zuzugeben.) Abschmecken, nachwürzen, Herd ausschalten und die Pfanne zudecken. Nach einigen Minuten servieren.

Als Beilagen passen dazu am besten Salzkartoffeln oder gedämpfte Kartoffeln sowie in Öl gedünstete Zucchini.

10
NACHSPEISEN UND KONFITÜREN

FRISCHKÄSE NACH ART DER SEIDENWEBER

Der Name dieser Spezialität aus Lyon bedarf einer kurzen Erklärung: Die Lyoner Seidenweber, auch „Canuts" genannt, stellten und stellen noch immer in handwerklichen Betrieben die schönsten Seidenstoffe ganz Frankreichs her. Früher wurden sie dafür nur schlecht bezahlt – und erfanden wohl aus diesem Grund dieses köstliche „Arme-Leute-Gericht". Frischkäse aus Vollmilch wird mit reichlich feinen gehackten Kräutern aromatisiert, die den Organismus anregen und die Verdauung fördern. (Unser Speisequark kommt dem französischen Frischkäse ziemlich nahe.)

Für 500 g Speisequark:
- *feine Kräuter der Jahreszeit: Schnittlauch, Kerbel, Petersilie, Estragon, Dill usw.*
- *1 Knoblauchzehe*
- *125 g Crème fraîche*
- *Öl, Essig*
- *Salz, Pfeffer*

Quark gut abtropfen lassen, damit die Masse nicht zu dünnflüssig wird. Mit etwas Crème fraîche glattschlagen. Die gewählten Kräuter sehr fein hacken und löffelweise unter die Quarkmischung schlagen, bis sie sich so gut mit dem Frischkäse verbunden haben, daß man sie kaum noch sieht. Einige Tropfen Knoblauchsaft hineinpressen – nicht mehr.

Jetzt kann der Frischkäse serviert werden. Feinschmecker jedoch fügen noch mehr Crème fraîche sowie ein bis zwei Teelöffel Öl hinzu und schmecken die Masse mit einem Schuß Essig ab. Gut durchrühren, damit der Frischkäse eine gleichmäßige Konsistenz erhält. Er soll cremig, aber nicht dünnflüssig sein.

Gut gekühlt servieren, dazu lauwarmen, gebutterten Toast reichen.

ZIEGENKÄSE IN OLIVENÖL

Man kauft dazu kleine, noch recht frische Ziegenkäse wie den französischen Saint-Marcelin oder Chavignol und legt sie in ein Einmachglas, dessen Größe sich nach der Anzahl der Käse richtet. Wichtig dabei ist, daß die Käse von einer dicken Ölschicht bedeckt sind. Am besten eignen sich Einmachgläser mit federndem Schnappverschluß, da sie den Inhalt wirklich luftdicht einschließen. Unter solchen Voraussetzungen kann man den entnommenen Käse mehrmals durch frischen ersetzen.

Für 6 kleine Ziegenkäse:

- *1 l Olivenöl*
- *1 kleines Zweiglein Bohnenkraut*
- *1 Zweiglein Rosmarin*
- *1 frische rote Peperoni oder 3 kleine Chilischoten*
- *20 Wacholderbeeren*
- *4 Zweige getrocknetes Fenchelgrün oder 8 Fenchelkörner*
- *5 Zweiglein Thymian*
- *2–3 ungeschälte, zerdrückte Knoblauchzehen*
- *1 getrocknetes Lorbeerblatt*

Kaufen Sie frischen oder halbreifen Käse. Zwischen den Handflächen vorsichtig in Salzwasser waschen, um die Oberfläche zu reinigen und zu glätten. Mit sämtlichen Kräutern und Gewürzen in das Einmachglas legen. Mit reichlich feinem Olivenöl übergießen. Nach 48 Stunden den Rosmarin herausnehmen. Probieren Sie den Käse: er hat nun ein sehr feines Aroma. Für jeden entnommenen Käse können Sie einen frischen Käse einlegen. Jeder frische Ziegenkäse kann auf diese Weise eingelegt werden, vorausgesetzt, er ist fest genug, daß er sich nicht im Öl auflöst. Wenn das Öl zu trüb wird, durchfiltern und aufbewahren: Bereiten Sie damit die Marinaden für Wintersalate zu, denen das Öl einen kräftigen Kräutergeschmack verleihen wird.

BLÄTTERTEIG-HÄPPCHEN MIT ROQUEFORT

Sie können diese aus tiefgefrorenem Blätterteig hergestellten kleinen Pastetchen als Häppchen zum Apéritif oder als leichte, heiße Vorspeise reichen – in diesem Fall schneiden Sie den Teig etwas größer zu. Ein Paket Blätterteig reicht für vierzehn bis sechzehn Appetithäppchen; man sticht dafür 4,5 cm große Teigkreise mit Hilfe einer Plätzchenform aus.

Für 6 bis 8 Personen:

- *2 Pakete tiefgekühlter Blätterteig*
- *300 g Roquefort*
- *1 Eigelb zum Bestreichen*
- *Mehl zum Ausrollen*

Teig im Gemüsefach des Kühlschranks mindestens 8 Stunden auftauen. Er muß biegsam werden, dabei aber kalt bleiben. Roquefort bei Zimmertemperatur aufbewahren.
Arbeitsfläche leicht einmehlen. Den Teig mit Hilfe eines Rollholzes 3–4 cm dick ausrollen, dabei die rechteckige Form möglichst bewahren. Mit einem Plätzchenausstecher von 4,5–5 cm Durchmesser oder einem dünnwandigen Glas eine gerade Anzahl Kreise ausstechen. Backblech leicht buttern und einmehlen, die Hälfte der Teigkreise darauflegen. Auf jedes Teigstück ein nußgroßes Stückchen Roquefort setzen. Mit einem kleinen Pinsel den Teig rund um den Käse sorgfältig mit Wasser bestreichen, dabei auf keinen Fall die Ränder befeuchten. Jedes belegte Stück mit einer Teigscheibe bedecken. Mit den Fingern vorsichtig andrücken. Teigreste überlappend aufeinanderlegen, aber nicht verkneten, sonst werden die Teigblättchen zerstört. Nochmals ausrollen und neue Kreise ausstechen, belegen und mit einem Deckel versehen, bis der ganze Teig verbraucht ist. Backofen auf höchster Stufe vorheizen.
Inzwischen das Eigelb mit einem Teelöffel Wasser verrühren und die Häppchen damit zweimal mit Hilfe eines Pinsels bestreichen. Achten Sie darauf, daß kein Eigelb über die Ränder fließt, sonst geht der Teig nicht auf.

Blech auf die unterste Leiste einschieben. Innerhalb weniger
Minuten wird der Teig bis zur dreifachen Höhe aufgehen. Während
der ersten 10-12 Minuten die Ofentüre nicht öffnen. Die
Garzeit beträgt normalerweise 15 Minuten. Die Häppchen noch
5 Minuten im ausgeschalteten Ofen ruhen lassen, damit sich der
Teig festigt, auf diese Weise fällt er nicht zusammen, wenn man
ihn aus dem Ofen nimmt.

PFIRSICHE MIT MINZE

Dieses Dessert sieht am schönsten aus, wenn Sie dazu vollreife,
weißfleischige Pfirsiche verwenden – falls es die Jahreszeit gerade
erlaubt. Aber auch gelbe Pfirsiche schmecken gut dazu.
Wichtig ist, daß die Früchte keine braunen Flecken oder Druckstellen
haben.
Die Pfirsiche werden geschält und in Dessertschüsselchen angerichtet.
Man umgießt sie mit Himbeersauce, die mit einigen zerriebenen
Blättchen Minze abgeschmeckt wird – sie verleihen
dem Dessert erst seinen besonderen Geschmack. Deshalb werden
die Früchte auch mit kleinen Stengeln Minze garniert, die in
das Fruchtfleisch gesteckt werden.

Für 6 Personen:

- *6 reife Pfirsiche*
- *$1/2$ l süße Sahne oder 250 g Crème fraîche, die mit Wasser bis zu
  $1/2$ l Flüssigkeit aufgegossen wird*
- *6 Eigelb*
- *200 g Himbeeren*
- *Zucker*
- *1 Sträußchen frische Minze*

Pfirsiche vorsichtig waschen und in einen Topf legen, der so groß
ist, daß sie gut nebeneinander Platz haben. So viel kochendes
Wasser zugießen, daß die Früchte bedeckt sind. Nicht auf den
Herd stellen; zugedeckt abkühlen lassen, bis die Pfirsiche lauwarm
sind. Schälen. Die Haut läßt sich leicht ablösen, ohne daß
die Früchte dabei verletzt werden.

HIMBEERSAUCE

Sahne oder Crème-fraîche-Mischung zum Kochen bringen. Die Eigelb mit dem Schneebesen glatt und cremig schlagen. Langsam und unter ständigem Schlagen die kochende Sahne über die Eigelb gießen. Die Masse durch ein feines Sieb passieren und zurück in den Topf gießen. Bei Mittelhitze unter ständigem Rühren andicken lassen, bis die Sauce cremig ist und den Löffel überzieht. Kühlstellen. Mit $1/2$ l Sahne und 6 Eigelb erhält man eine sehr üppige Sauce.

Himbeeren zusammen mit drei Blättchen Minze im Mixer pürieren, durch ein feines Sieb streichen. Kühlstellen. Sobald die Sauce erkaltet ist, Himbeermasse eßlöffelweise unterrühren. Die Sauce soll eher aromatisiert als gefärbt werden.

Zum Servieren in jedem Dessertschälchen einen Pfirsich anrichten, oben ein kleines Sträußchen Minze (von etwa drei Blättchen) einstecken. Die Früchte sollen etwa Zimmertemperatur haben. Einige Eßlöffel kalte Himbeersauce über die Pfirsiche verteilen, restliche Sauce gesondert dazu reichen.

Zu dieser Nachspeise legt man zu den Dessertlöffeln auch Dessertgabeln auf, damit man die Pfirsiche leichter zerteilen kann.

CREME CARAMEL

Diese Creme ist zwar eine der einfachsten Süßspeisen, erfordert aber bei der Zubereitung einige Sorgfalt. Die Form wird in ein 5 cm hohes Wasserbad gestellt, das niemals kochen darf; die Creme darf sich an der Oberfläche höchstens zart goldgelb färben. Nur unter diesen Bedingungen bilden sich keine Löcher und die Creme wird glatt und sahnig. Ihre Beschaffenheit verbessert sich noch, wenn man sie vor dem Servieren 24 Stunden kaltstellt.

Für eine Ringform mit 1 l Fassungsvermögen (für 6 Personen):

- *1 l Milch*
- *9 Eier*
- *160 g Zucker*

- *1 Päckchen Vanillinzucker (2 TL) oder 1 Vanilleschote*
- *1 Prise Salz*
- *150 g Zucker für die Karamelmasse*

Zuerst wird die Karamelmasse zubereitet. Zwei Eßlöffel kaltes Wasser in ein Glas geben und bereitstellen, damit der Garvorgang unterbrochen werden kann, sobald der Zucker die gewünschte Farbe angenommen hat. Auch die Ringform bereitstellen. Zucker in einen Topf geben. Mit ein wenig Wasser befeuchten und bei Mittelhitze auf den Herd stellen. Sobald er goldgelb wird, nicht mehr aus den Augen lassen; wenn er eine schöne, braune Karamelfarbe angenommen hat, vom Herd nehmen und mit dem bereitgestellten kalten Wasser ablöschen. Achtung: Verbrennen Sie sich nicht an den Spritzern! Sobald die Masse nicht mehr brodelt, sofort in die Ringform gießen. Es spielt keine Rolle, ob die Form dabei gleichmäßig überzogen wird oder nicht. Karamelmasse erkalten lassen. Dabei verwandelt sie sich in einen sehr dicken Sirup.

Vanilleschote der Länge nach aufschlitzen und mit der Milch aufkochen. Vom Herd nehmen, den Zucker und gegebenenfalls Vanillinzucker sowie eine Prise Salz zufügen. Fünf Eigelb und vier ganze Eier in eine Schüssel geben und gut verquirlen. Unter ständigem Schlagen die Milch einfließen lassen.

Wenn die Karamelmasse fest geworden ist, die Milchmischung durch ein feines Sieb in die Ringform gießen. Die Haut, die sich auf der Milch gebildet hat, bleibt im Sieb zurück, ebenso die festen Bestandteile der Eier.

Backofen auf 200°C vorheizen. Ringform in ein kaltes Wasserbad stellen und in den Ofen schieben. Nach 25–30 Minuten die Temperatur auf 180°C herunterschalten. Darauf achtgeben, daß das Wasserbad nicht zum Kochen gebracht wird. Nach insgesamt 1 Stunde Garzeit wird überprüft, ob die Creme fertig ist: mit einem Messer bis zum Boden der Ringform stechen. Die Messerklinge muß sauber wieder herauskommen. Bei geöffneter Türe noch 10 Minuten im Ofen ruhen lassen, dann herausnehmen, erkalten lassen und mit Alufolie abdecken. 24 Stunden in den Kühlschrank stellen.

Die Crème Caramel läßt sich leicht stürzen, wenn man sie mit einer Messerklinge von den Rändern der Form löst.

MOUSSE AU CARAMEL

Die schaumige Masse besteht aus sehr steif geschlagenem Eiweiß, das durch die Karamelmasse gefestigt wird. Diese wird kochend heiß unter ständigem Schlagen in den Eischnee eingearbeitet; man läßt sie in dünnem Strahl einfließen, wie bei der Zubereitung einer Mayonnaise. Die Mousse au Caramel wird gut gekühlt, aber nicht eiskalt serviert; man reicht dazu eine selbstgemachte Vanillesauce.

Für 6 Personen:

- *1 Ringform mit 1 l Fassungsvermögen*
- *5 Eier*
- *200 g Zucker*
- *2 Päckchen Vanillinzucker (etwa 2 gehäufte TL)*
- *160 g Zucker für die Karamelmasse*

Ringform mit Butter einfetten und kühlstellen. Eiweiß in einer Schüssel sehr steif schlagen, dann den Zucker und den Vanillezucker portionsweise unterschlagen, bis der Eischnee wie Perlmutt glänzt und so feinporig wie Rasierschaum ist.
Dann die Karamelmasse zubereiten: Zucker mit sehr wenig Wasser anfeuchten. Bei Mittelhitze kochen; sobald die Masse goldgelb wird, den Garvorgang sehr sorgfältig überwachen – selbst wenn man sie vom Herd nimmt, gart die Masse aufgrund ihrer Eigenhitze weiter! Die Karamelmasse ist fertig, wenn sie stark duftet und fast so dunkel wie Mahagoniholz ist.
Die kochend heiße Karamelmasse nun in dünnem Strahl und unter ständigem Schlagen in den Eischnee einarbeiten. Noch einige Minuten weiterschlagen, bis die Hitze gleichmäßig verteilt ist, dann in die gebutterte Form geben. Erkalten lassen, mit Alufolie abdecken und mindestens 4 Stunden, besser jedoch über Nacht in den Kühlschrank stellen – nicht ins Gefrierfach.
Ringform in Wasser tauchen, das Zimmertemperatur besitzt oder auch nur überschlagen ist, dann die Mousse auf eine Servierplatte stürzen. Mit der Vanillesauce umgießen, die aus den fünf Eigelb und einem halben Liter gesüßter und mit Vanille aromatisierter Milch zubereitet wird.

EINFACHER MÜRBETEIG

Kein Teig ist so vielseitig und wird so häufig verwendet wie Mürbeteig. Man braucht ihn für pikante Speisen wie z. B. Quiches ebenso wie für süße Obstkuchen und Flans.

Für eine Form mit 24–26 cm Durchmesser:

- *200 g Mehl*
- *100 g Butter*
- *1 Eigelb (nach Belieben)*
- *1 Prise Salz*
- *1 Glas sehr kaltes Wasser*
- *1 TL Zucker (für süßes Gebäck)*

Mehl auf die Arbeitsfläche sieben, in die Mitte eine Mulde drükken. Salz, Eigelb, weiche Butter und die Hälfte des Wassers hineingeben. Zutaten mit den Fingerspitzen in das Mehl reiben, bis sie ganz aufgesogen sind. Rasch arbeiten, nicht kneten.

Da nicht alle Mehlsorten die gleiche Aufnahmefähigkeit besitzen, das Wasser nicht auf einmal, sondern nach und nach zugießen, bis ein geschmeidiger Teig entsteht, der jedoch nicht weich sein darf. Der Teig kann ruhig körnig sein; die Zutaten brauchen noch nicht restlos eingearbeitet zu sein. Man sollte sogar auf keinen Fall versuchen, einen ganz glatten Teig herzustellen: nach dem Backen hätte er die Beschaffenheit von Pappe.

Sobald sich im Teig keine Mehlspuren mehr zeigen, nicht mehr daran arbeiten. Zur Kugel rollen, in Alufolie wickeln und im Kühlschrank mindestens 30 Minuten ruhen lassen. Man kann ihn dort sogar bis zu 8 Stunden aufheben, wenn er erst am nächsten Tag verbacken werden soll.

Die Form mit zerlassener Butter einpinseln und mit Mehl bestäuben. Umdrehen und überschüssiges Mehl abklopfen. Teig aus dem Kühlschrank nehmen. Nicht mehr durchkneten, sondern zweimal auf der eingemehlten Arbeitsfläche ausrollen, dabei jedesmal umschlagen, so daß der Teig doppelt liegt. Jetzt soll er glatt und geschmeidig sein. Ist dies nicht der Fall, ein drittes Mal ausrollen. Zum Schluß 4 mm dick ausrollen, über das Rollholz legen und in die Form gleiten lassen. Die Teigränder nicht zu knapp halten, sondern im Gegenteil lieber großzügig bemessen, da Mürbeteig dazu neigt, sich beim Backen zusammenzuziehen. Überschüssigen Teig nicht abschneiden, sondern so formen, daß er über den Rand hinaus hochsteht, und mit feuchten Fingern abzwicken. Teigboden mit einer Gabel mehrmals einstechen, damit er sich nicht hochwölbt. Dies gilt auch dann, wenn der Boden mit einer schweren oder cremigen Masse gefüllt wird.

Wenn der Teigboden ohne Füllung gebacken werden soll, aus Pergamentpapier einen Kreis schneiden, der um einiges größer als der Teigboden ist, und mit der Schere ringsum einschneiden, damit sich das Papier gut in den Rand der Form schmiegt. Teig damit abdecken und Kerne oder Hülsenfrüchte einschütten – an den Rändern entlang höher aufschütten als in der Mitte. Den Teigboden durch das Papier hindurch nochmals einstechen, damit er nicht aufgeht.

Backofen auf 230°C vorheizen und den Teig auf die unterste Leiste schieben. Gerade der Boden des Teigs wird oft nicht richtig durchgebacken. So lange backen, bis die Teigränder fest sind. Wenn der Teig mit einer cremigen Masse gefüllt werden soll, das Papier abheben und den Teig noch einmal 5–10 Minuten in den Ofen schieben, damit der Boden durchgart. Nicht zu stark bräunen lassen!

SÜSSER MÜRBETEIG

Damit stellt man Tortenböden für Füllungen her, die nicht gebacken werden sollen: für Früchte wie Erdbeeren oder Himbeeren, Dosenfrüchte, Kompott, aber auch für Cremefüllungen, die in kurzer Zeit durchgegart sind.

Für eine Form mit 24–26 cm Durchmesser:

- *125 g Butter*
- *75 g Zucker*
- *250 g Mehl*
- *1 Ei*
- *1 Prise Salz*

Butter mit Zucker und Salz in einer Schüssel cremig rühren. Das Ei hineinschlagen und so lange rühren, bis eine glatte, einheitliche Masse entsteht. Das durchgesiebte Mehl auf einmal hineingeben, mit der Hand schnell untermischen. Teig auf die Arbeitsfläche geben und mit den Handflächen, nicht mit den Fingerspitzen, gut durchkneten, bis alles Mehl eingearbeitet ist. Wenn der Teig glatt ist, zu einer Kugel rollen. Mit einem Messer in vier Teile schneiden. Teigstücke übereinanderlegen und mit den Händen hinunterdrücken oder mit dem Rollholz flachschlagen. Diesen Vorgang noch zweimal wiederholen, dann den Teig 1 Stunde im Kühlschrank ruhen lassen. Anschließend 5 mm dick ausrollen. Locker um das Rollholz wickeln und in die gebutterte und leicht eingemehlte Form gleiten lassen.
Aus Alufolie einen Kreis zuschneiden, der um einiges größer als die Form ist. Ringsum mit der Schere einschneiden, damit sich die Folie eng an die Teigränder anlegen läßt und den Teig in Form halten kann. Mit Hülsenfrüchten oder Obstkernen aufschütten; den Teigboden noch mehrmals mit einer Messerspitze einstechen – durch die Folie hindurch bis zum Grund der Form stechen.
Backofen auf 200°C vorheizen. Teig 15 Minuten backen. Dann sollen die Teigränder fest sein und es darf keine Gefahr mehr bestehen, daß sie in sich zusammenfallen. Füllung und Alufolie entfernen und den Teig fertig backen, aber nicht bräunen lassen. Der Teig ist gar, wenn der Teigboden fest geworden ist.
Nun kann der Tortenboden gefüllt werden. Er bleibt bis zu zwei Tage lang frisch.

WINDBEUTEL AUS BRANDTEIG

Aus süßem Brandteig bäckt man Windbeutel und mit Creme gefüllte Eclairs; in der Friteuse entstehen köstliche, duftige Karnevalskrapfen. Auch aus salzigem Brandteig läßt sich Leckeres zubereiten, zum Beispiel die auf S. 122 vorgestellten Käsekrapfen, einen burgundische Spezialität.
Brandteig ist einfach herzustellen; allerdings kostet es einige Mühe, die Eier unterzuschlagen. Wenn Sie größere Mengen

Brandteig benötigen, sollten Sie die angegebenen Zutaten nicht einfach verdoppeln, sondern den Teig mit den ursprünglichen Mengen in mehreren Portionen zubereiten.

Für 12—15 Windbeutel:

- *¹/₄ l Wasser*
- *75 g Butter*
- *150 g Mehl*
- *4—5 Eier*
- *1 TL Salz (für salzigen Brandteig)*
- *1 EL Zucker (für süßen Brandteig)*
- *1 Ei zum Bestreichen*

Das Wasser mit dem Zucker oder Salz und der Butter in einem großen Topf aufkochen. Das Mehl auf einmal hineinschütten und mit dem Holzlöffel so lange rühren, bis sich der Teig vom Topfboden löst. Herd ausschalten, Teig noch eine Minute durchrühren. Das erste Ei hineinschlagen. Kräftig durchrühren, bis es völlig in den Teig eingearbeitet ist. Vom ersten Ei hängt es ab, ob der Teig geschmeidig und locker sein wird oder nicht. Die anderen drei oder vier Eier nacheinander hineinschlagen und jedesmal gut unterrühren. Dann den Teig noch eine Minute lang durchschlagen, damit er fester wird.

In den Spritzbeutel eine 12 mm dicke Tülle einschrauben und den Teig hineingeben. In regelmäßigen Abständen eigroße Häufchen auf das gefettete Blech spritzen. Ein Ei verquirlen und die Windbeutel damit bepinseln.

Backofen 15 Minuten im voraus auf 200°C vorheizen. Windbeutel in die Ofenmitte einschieben und 20—25 Minuten backen. Während der ersten 20 Minuten die Ofentüre nicht öffnen. Am Ende der Garzeit die Windbeutel noch 5 Minuten bei spaltbreit geöffneter Türe im Ofen ruhen lassen, damit sie beim Herausnehmen nicht zusammenfallen.

Gewöhnlich benötigt man für die angegebenen Mengen von Zutaten vier Eier. Ob sie ausreichen, hängt vor allem von der verwendeten Mehlsorte ab. Der Teig muß schwer und fest sein, darf sich aber nicht hart anfühlen. Wenn er diese Bedingungen nicht erfüllt, muß ein fünftes Ei zugegeben werden. Man schlägt es nicht im ganzen hinein, sondern verquirlt es erst mit Hilfe einer

Gabel wie für ein Omelett. Es wird genauso sorgfältig in den Teig eingearbeitet wie die ersten vier Eier. Der Teig hat die richtige Beschaffenheit, wenn er auf dem Blech nicht auseinanderfließt, sondern seine ursprüngliche Form bewahrt.

PFLAUMENKUCHEN VOM BLECH

Bei diesem Rezept braucht der süße Mürbeteig nicht vorgebakken zu werden. Er wird direkt auf das Backblech gelegt. Der runde Festtagskuchen hat einen Durchmesser von 30 cm.

Für ein Backblech:

- *500 g Mehl*
- *250 g Butter*
- *150 g Zucker*
- *2 Eier*
- *8 g Salz*
- *500 g getrocknete Pflaumen*
- *1 Eigelb zum Bestreichen*
- *Himbeermarmelade oder Johannisbeergelee*

Kaufen Sie am besten vakuumverpackte Pflaumen, sie sind nicht so trocken. Pflaumen mit Hilfe eines kleinen, scharfen Messers der Länge nach aufschlitzen und entkernen. Wieder zudrücken. 3 Stunden in lauwarmem Wasser einweichen. Abtropfen lassen und trockentupfen. Die Pflaumen müssen aufgequollen, dürfen aber nicht zerfallen sein.

Den süßen Mürbeteig wie bereits beschrieben zubereiten (siehe S. 275). Sobald er fertig geknetet ist, 4 mm dick ausrollen und auf das leicht eingefettete und eingemehlte Backblech legen. Mit Hilfe eines großen Tellers einen runden Teigboden ausschneiden. Teig außen zu einem Rand hochdrücken. Da der Belag keine Flüssigkeit enthält, braucht der Rand nicht höher als 1^{1}/$_{2}$ cm zu sein. 30 Minuten kühlstellen.

Teig mit den Pflaumen belegen. Teigreste 3 mm dick ausrollen und mit dem Teigrädchen in schmale Streifen schneiden. Gitterförmig über die Pflaumen legen. Enden der Teigstreifen mit et-

was Wasser befeuchten und an die Ränder des Teigbodens kleben, dabei aber nicht zerdrücken. Eigelb mit einem Teelöffel Wasser verrühren und die Teiggarnitur damit bestreichen.
Backofen auf 200°C vorheizen. Blech in die Ofenmitte einschieben. So lange backen, bis man den Kuchen an den Rändern hochheben kann und der Teigboden fest ist – Vorsicht beim Ausprobieren! Darauf achten, daß der Kuchen nicht zu stark bräunt. Wenn der Teigboden zu weich bleibt, das Blech um eine Leiste nach unten versetzen.
Wenn der Kuchen erkaltet ist, die Öffnungen zwischen dem Teiggitter mit der gewählten Konfitüre füllen.

ZITRONENTORTE

Die Grundlage dieser Torte ist ein Boden aus süßem Mürbeteig. Wenn man sie sorgfältig zubereitet, ist die Zitronentorte immer ein Erfolg – sogar als Abschluß eines erlesenen Festmahls.

Für eine Springform von 24 oder 26 cm Durchmesser:

- *150 g Zucker*
- *150 g Butter*
- *100 g gemahlene Mandeln (nach Belieben)*
- *3 Eier*
- *2 Zitronen*
- *1 vorgebackener Tortenboden aus süßem Mürbeteig*

Falls Sie keine unbehandelten Zitronen erhalten, die Früchte sorgfältig unter heißem Wasser bürsten, damit die Chemikalien samt der dünnen Wachsschicht, mit der die Früchte überzogen sind, entfernt werden.
Eier mit dem Zucker, der abgeriebenen Schale der beiden Zitronen, dem Saft einer Zitrone und den gemahlenen Mandeln vermischen und mit dem Schneebesen durchschlagen. Wenn sich der Zucker aufgelöst hat, die zerlassene, abgekühlte Butter unterschlagen. Abschmecken; die Masse soll intensiv nach Zitrone schmecken, darf aber nicht zu sauer sein. Falls nötig, teelöffelweise noch mehr Zitronensaft unterrühren.

Masse in den vorgebackenen Tortenboden gießen, dessen Ränder so fest sein sollen, daß sie nicht zerbröckeln. Backofen auf 180°C vorheizen; die Torte in die Ofenmitte einschieben und 30 Minuten backen. Die Füllung soll fest werden, darf jedoch nicht bräunen.

Wer mag, setzt auf die Zitronentorte noch eine Baiser-Haube. Zwei Eiweiß zu sehr steifem Schnee schlagen; dabei werden, sobald die Eiweiß zu steigen beginnen, 100 g Puderzucker löffelweise untergeschlagen und eine Prise Salz zugegeben. In den Spritzbeutel eine 10 mm große Sterntülle einschrauben, Eischnee hineinfüllen und spiralenförmig auf die fertig gebackene Zitronentorte spritzen. Man beginnt am Rand der Form und spritzt bis hin zur Mitte.

Mit Puderzucker bestäuben und bei schwacher Hitze (100°C) fest werden lassen. Dabei darauf achten, daß die Baisermasse nicht bräunt; falls nötig, die Ofentüre einen Spalt geöffnet halten.

JOHANNISBEER-BAISER

Der vorgebackene Tortenboden wird mit Baisermasse gefüllt, in die die Johannisbeeren eingebettet sind. Die Torte wird etwa eine Stunde lang bei schwacher Hitze gebacken. Dabei ist darauf zu achten, daß die Oberseite nicht bräunt.

Für eine Form mit 24 cm Durchmesser:

MÜRBETEIG

- *250 g Mehl*
- *130 g Butter*
- *1 Prise Salz*
- *1 Eigelb*
- *1 gestrichener EL Zucker*

BELAG

- *300 g reife, von den Rispen gestreifte Johannisbeeren*
- *6 Eiweiß*

- *300 g Zucker*
- *100 g geröstete, grob zerstoßene Haselnüsse*
- *Puderzucker*

Den Mürbeteig mit den genannten Zutaten nach dem auf S. 275 vorgestellten Verfahren zubereiten und den Tortenboden vorbacken.

Die Eiweiß zu sehr steifem Schnee schlagen. Sobald sie zu steigen beginnen, den Zucker nach und nach unterschlagen. Vom Eischnee vier bis fünf gehäufte Eßlöffel abnehmen. Unter den restlichen Eischnee die Johannisbeeren mischen.

Teigboden mit den Haselnußstückchen bestreuen. Die Johannisbeer-Baisermasse mit Hilfe eines Eßlöffels daraufgeben. Mit dem zurückbehaltenen Eischnee bedecken, mit einem Teigschaber glattstreichen und mit reichlich Puderzucker überstäuben.

Backofen auf 100°C vorheizen, Torte 1 Stunde darin backen, aber nicht bräunen lassen. Lauwarm oder kalt servieren.

DIE BERÜHMTE „TORTE DER FRÄULEIN TATIN"

Diese umgedreht gebackene Torte machte die beiden Schwestern Tatin berühmt, die in der Sologne – dem Gebiet beim Loire-Bogen – ein Gasthaus führten. Noch heute kennt man diesen Apfelkuchen unter der genannten Bezeichnung. Es gab früher sogar eigene Tatin-Formen: runde Blechformen mit einem 4–5 cm hohen Rand. Statt dessen wird heute eine Springform verwendet.

Für eine Form mit 24–26 cm Durchmesser:

SÜSSER MÜRBETEIG

- *100 g Butter*
- *100 g Zucker*
- *1 Ei*
- *5 g Salz*
- *250 g Mehl*

BELAG

- *2 kg Äpfel*
- *200 g Zucker*
- *200 g Butter*
- *1 Päckchen Vanillinzucker oder eine kleine Prise Zimt*

Den süßen Mürbeteig wie auf S. 275 beschrieben zubereiten und 30 Minuten im Kühlschrank ruhen lassen.

Äpfel schälen, vierteln und entkernen. Die Butter in der Form zerlassen. Wenn sie zu schäumen beginnt, zwei Drittel des Zuckers und den Vanillezucker oder den Zimt einstreuen. Die Äpfel kreisförmig in der Form anordnen. Bei Mittelhitze schmoren, dabei nicht umrühren. Wenn zwischen den Äpfeln der karamelisierte Zucker erkennbar wird, Form vom Herd nehmen.

Teig 4 mm dick ausrollen. Auf die heiße Form legen. Mit dem Rollholz darüberrollen, so daß der überstehende Teig abgeschnitten wird. Der Teig sinkt nach unten: Sie brauchen nicht zu versuchen, die Teigränder nach unten zu drücken. Mit der Messerspitze mehrmals einstechen, damit sich der Teig nicht aufwölbt.

Backofen auf 230°C vorheizen. Torte so lange backen, bis der Teig goldbraun ist und sich fest anfühlt, wenn man mit dem Finger darauf drückt. Mit Papier abdecken. Temperatur auf 180°C herunterschalten und die Torte noch 10 Minuten backen. Form herausnehmen und auf ein feuchtes, vierfach zusammengelegtes Handtuch stellen. 10 Minuten ruhen lassen, dann 1 Minute bei starker Flamme erhitzen. Torte stürzen.

Die karamelisierten Äpfel sind an ihrem Platz geblieben. Die Torte lauwarm mit einem Schälchen ungezuckerter Crème fraîche servieren.

APFELKUCHEN MIT ZIMT

Am Ende einer Mahlzeit sind alle Arten von Apfelgebäck jederzeit willkommen. Am einfachsten ist es, einen Mürbeteigboden mit Apfelscheiben zu belegen; aber auch dieser gedeckte Apfelkuchen aus Blätterteig ist nicht schwierig zuzubereiten.

Für eine Form mit 26 cm Durchmesser:

- *1 Paket tiefgekühlter Blätterteig*
- *5 Äpfel*
- *4 EL Zucker*
- *¹/₂ TL Zimt*
- *1 Ei zum Bestreichen*
- *1 Stück Butter*
- *Mehl*

Aufgerollter Blätterteig eignet sich für diesen Kuchen am besten. Egal, ob Sie Teig in Scheiben oder aufgerollten Teig verwenden; zuerst muß der Blätterteig ganz und gar aufgetaut werden. Man legt ihn dazu 12 Stunden in das Gemüsefach des Kühlschranks.

Teig 4 mm dick ausrollen. In zwei ungleiche Teile schneiden: mit dem größeren wird die Form ausgelegt, der kleinere dient als Deckel. Form leicht buttern und einmehlen. Mit dem Blätterteig auskleiden; der Teig darf die Ränder der Form ringsum überlappen. Teigboden mit einer Gabel mehrmals einstechen.

Äpfel schälen und in kleine Würfel schneiden, Form bis zum Rand damit füllen. Zucker und Zimt vermischen; Äpfel damit bestreuen.

Den Teig am Rand der Form mit Hilfe eines Pinsels ringsum mit Eiweiß bestreichen. Den Teigdeckel darüberlegen und mit dem Rollholz fest andrücken; ebenfalls mit dem Rollholz den überstehenden Teig abzwicken. Den Teigdeckel mit einem scharfen Messer rautenförmig einschneiden. Das Eigelb mit etwas Wasser verquirlen, den Kuchen damit bestreichen.

Backofen 20 Minuten im voraus auf 220°C vorheizen. Kuchen auf die unterste Leiste einschieben. Nach 15 Minuten die Temperatur auf 180°C herunterschalten, Kuchen noch 40–45 Minuten backen. Dabei darauf achten, daß er nicht zu stark bräunt.

Lauwarm servieren. Sie können dazu ein Schälchen ungezuckerte Crème fraîche reichen.

LYONER KUCHEN

Diese Spezialität ist leicht zuzubereiten: in einen zarten Rührteig werden frische oder eingeweckte Früchte und gebrannte Mandeln eingebettet. Dazu stellt man ein Schälchen mit Crème fraîche auf den Tisch.

Für eine Springform mit 24 cm Durchmesser:

- *4 Eier*
- *200 g Butter*
- *200 g Mehl*
- *100 g Zucker*
- *12 gebrannte Mandeln*
- *1 TL Backpulver*
- *1 TL Vanillinzucker*
- *2 reife oder eingeweckte Birnen*
- *500 g reife oder eingeweckte Aprikosen*
- *Puderzucker*

Für den Teig die Butter und den Zucker mit dem Schneebesen durchschlagen. Sind sie gut vermischt, die Eier einzeln zugeben und jedesmal gut unterschlagen. Sobald die Mischung schaumig ist, das zusammen mit dem Backpulver und dem Vanillinzucker durchgesiebte Mehl zufügen und durchrühren.

Form einfetten; den Teig 1½ cm dick auf dem Boden verstreichen. Auf der ganzen Teigfläche die in dünne Scheiben geschnittenen Birnen verteilen. Mit einer dünnen Teigschicht bedecken; diese mit den Aprikosenhälften belegen – die gewölbte Seite der Früchte zeigt dabei nach oben. Mandeln in grobe Stücke zerkleinern und darüberstreuen. Mit dem restlichen Teig bedecken.

Backofen auf 180°C vorheizen, Kuchen in den Ofen schieben. Nach 10 Minuten die Temperatur auf 160°C herunterschalten, nach weiteren 15 Minuten die Temperatur auf 140°C senken und noch 30 Minuten backen. Ofen ausschalten und den Kuchen noch 10 Minuten im Ofen lassen. Insgesamt benötigt er eine Garzeit von 1¼ Stunden; die angegebene Temperatur muß sorgfältig eingehalten werden.

Erkalten lassen, mit Puderzucker überstreut servieren.
Falls Sie eingeweckte Früchte verwenden, sorgfältig trockentupfen.

GEDECKTER KIRSCHKUCHEN

Dieser einfache Kuchen schmeckt sehr lecker und bleibt mehrere Tage frisch.

Für eine Springform mit 24 cm Durchmesser:

- *500 g schwarze, reife Kirschen*
- *150 g Crème fraîche*
- *150 g Zucker*
- *275 g Mehl*
- *1 Päckchen Backpulver (1 gehäufter TL)*
- *5 Eier*
- *4 EL Kirschwasser (nach Belieben)*
- *1^1/$_2$ dl Milch*
- *20 g Butter*

Kirschen waschen, entstielen und entkernen. Die Crème fraîche in einem Schälchen mit dem Zucker vermischen. So lange rühren, bis sich der Zucker fast aufgelöst hat. Das Mehl zusammen mit dem Backpulver in eine Schüssel sieben, drei Eigelb und zwei ganze Eier zugeben. Durchmischen, dabei nach und nach die gezuckerte Crème fraîche und das Kirschwasser zugeben.
Teig durchrühren, bis er weich und klümpchenfrei ist. Er soll schwer reißend vom Löffel fallen. Nacheinander jeweils ein Drittel der Milch unterrühren, bis der Teig geschmeidig ist. Da nicht alle Mehlsorten die gleiche Aufnahmefähigkeit besitzen, darauf achten, daß der Teig nicht zu dünnflüssig wird, sonst sinken die Kirschen alle auf den Boden der Form. Die drei Eiweiß zu sehr steifem Schnee schlagen. Vorsichtig unter den Teig heben; weder rühren noch schlagen.
Form mit Butter einfetten und mit Zucker ausstreuen. Zwei Drittel des Teigs hineingeben. Kirschen darauf verteilen und mit

dem restlichen Teig bedecken. Der Teig soll nicht höher als bis
1 cm unter den Rand der Springform reichen.
Backofen auf 200°C vorheizen und den Kuchen in die Ofenmitte
einschieben. Nach 45 Minuten die Garprobe machen: mit einem
Messer in die Kuchenmitte stechen. An der Klinge darf kein
flüssiger Teig haften bleiben. Kuchen in der Form abkühlen lassen, bis er lauwarm ist, dann aus der Form nehmen, auf ein Kuchengitter legen und völlig erkalten lassen.

AMERIKANISCHER KÄSEKUCHEN

Bei diesem Rezept liegt das Geheimnis des Erfolgs darin, den
Quark gut abtropfen zu lassen. Beim Backen steigt die Quarkfüllung manchmal sehr stark in die Höhe. Dies ist kein Grund
zur Beunruhigung. Ist der Kuchen durchgebacken, drückt man
die Käsemasse bis zum Formrand hinunter. Bevor man den Kuchen aus der Form nimmt, läßt man ihn erst abkühlen, bis er nur
noch lauwarm ist, und legt ihn dann auf ein Gitter. So verhindert
man, daß er auseinanderfällt.

Für eine Springform mit 25 cm Durchmesser und einem 6 cm hohen Rand:

- *500 g gut abgetropfter Magerquark*
- *100 g durchgesiebtes Mehl*
- *4 Eier*
- *200 g Puderzucker*
- *$1/3 - 1/2$ l Milch*
- *1 Orange oder 1 Zitrone*
- *8 große Butterkekse*
- *250 g Himbeerkonfitüre*

In einer Schüssel den Magerquark mit dem durchgesiebten
Mehl, den Eigelb und 100 g Zucker verrühren. Mit ein wenig
Milch flüssiger machen. Wieviel Milch man braucht, hängt von
der Aufnahmefähigkeit des Quarks ab. Es soll eine glatte Masse
entstehen, die langsam, aber ohne zu reißen, vom Löffel fließt.
Mit abgeriebener Orangen- und Zitronenschale aromatisieren.

Eiweiß sehr steif schlagen, mit den restlichen 100 g Zucker durchschlagen. Unter die Käsemasse heben, dabei nicht umrühren oder schlagen! Form mit Butter einfetten. Butterkekse zerkrümeln. Boden der Form damit auslegen. Die Himbeerkonfitüre mit einem Löffel darauf verteilen; dabei darauf achten, daß sich die Keksbrümel nicht vom Boden lösen. Die Quarkfüllung darauf verstreichen; sie soll bis 1½ cm unter den Rand der Form reichen.

Backofen auf 200°C vorheizen. Kuchen 30 Minuten backen, dann die Temperatur auf 150 °C herunterschalten und den Kuchen eine weitere Stunde backen. Aufpassen, daß die Oberfläche nicht zu stark bräunt.

Dieser köstliche Kuchen hält sich im Kühlschrank über 8 Tage.

ORANGENMARMELADE

Am besten schmeckt diese Marmelade mit den Orangen aus Malta, die im Februar auf den Markt kommen. Die in feinste Scheiben geschnittenen Früchte ziehen zweimal 24 Stunden in Wasser und werden anschließend gewogen, damit die benötigte Zuckermenge festgestellt werden kann.

Für 1 kg Orangen (6—7 Stück):

– *1 Zitrone*
– *Zucker, je nach Gewicht der Fruchtmasse*
– *Wasser*

Falls die Zitrusfrüchte garantiert ungespritzt sind, nur mit kaltem Wasser waschen. Im Zweifelsfall in heißem Seifenwasser waschen, dabei gründlich bürsten. Ganze Früchte auf einem Holzbrett mit Hilfe eines sehr scharfen Messers in möglichst dünne Scheiben schneiden. Kerne herauslösen, in ein Mullsäckchen binden und beiseite legen.

Geschnittene Früchte abwiegen. 24 Stunden in kaltem Wasser ziehen lassen; pro 500 g Obst rechnet man 1 l Wasser. Dann die gesamte Mischung in einen großen Topf geben, zum Kochen bringen und 15—20 Minuten köcheln lassen. Im Topf nochmals 24 Stunden ziehen lassen.

Vor der Zubereitung der Marmelade nochmals abwiegen. Pro 500 g Obst 600 g Zucker zugeben. Mullsäckchen mit den Kernen in die Masse hängen und das Ganze zum Kochen bringen. Die Marmelade ist fertig, wenn die Schale der Zitrusfrüchte glasig wird. Dies dauert etwa 1 Stunde; Garvorgang überwachen.
Bevor die Marmelade abgefüllt wird, sollte sie abkühlen, bis sie nur noch lauwarm ist, sonst steigen die Fruchtstücke nach oben.

RHABARBERMARMELADE

Mit Frühlingsrhabarber, der Ende Mai voll ausgereift ist, schmeckt diese Marmelade am besten.

Für 3 kg Rhabarber:

- *3 kg Einmachzucker*
- *1 Stückchen Butter*

Rhabarber waschen und trockentupfen. Im Frühling braucht man die Haut von der flachen Seite der Stengel meist nicht abzuschälen; überprüfen Sie, ob die Haut nicht zu hart ist. Rhabarber in 1 cm lange Stücke schneiden. Abwiegen, zusammen mit der gleichen Menge Zucker in eine Schüssel geben. Durchmischen, über Nacht ziehen lassen. Am nächsten Morgen den gesamten Inhalt der Schüssel in ein Sieb schütten, Saft auffangen und in den Einmachtopf gießen.
Bei Mittelhitze einkochen, bis nur noch die Hälfte der Flüssigkeitsmenge übrig ist. Dann den Rhabarber zufügen. Bei starker Hitze aufkochen, dabei gelegentlich umrühren. Sobald sich reichlich Schaum gebildet hat, ein nußgroßes Stückchen Butter in die Mitte des Topfs geben. Daraufhin zieht sich der Schaum an die Ränder zurück. Abschäumen, Kochplatte herunterschalten. Leise köcheln lassen, bis die Marmelade so dick ist, daß sie den Löffel überzieht. Dabei öfter umrühren. Wenn die Marmelade eindickt, brennt sie leicht am Topfboden an.
Auf Einmachgläser verteilen und sofort verschließen. Nach 24 Stunden ist die Marmelade gebrauchsfertig.